国家自然科学基金资助项目研究成果（项目批准号70763001）
广西哲社规划项目研究成果（项目批准号06BJL001）
广西"新世纪十百千人才工程"人选专项研究成果(项目批准号2006227)

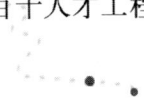

# 边境区位价值及其开发利用研究

## ——以中国—东盟边境地带为例

BIANJING QUWEI JIAZHI
JIQI KAIFA LIYONG YANJIU

黎鹏 等著
—YI ZHONGGUO–DONGMENG
BIANJING DIDAI WEILI

中国财经出版传媒集团
经济科学出版社
Economic Science Press

图书在版编目（CIP）数据

边境区位价值及其开发利用研究：以中国—东盟边境
地带为例/黎鹏等著．—北京：经济科学出版社，2017.11
ISBN 978 - 7 - 5141 - 8785 - 4

Ⅰ.①边…　Ⅱ.①黎…　Ⅲ.①边疆经济学 - 区位经济
学 - 研究 - 中国、东南亚国家联盟　Ⅳ.①F061.5

中国版本图书馆 CIP 数据核字（2017）第 305521 号

责任编辑：李　雪
责任校对：徐领柱
责任印制：邱　天

边境区位价值及其开发利用研究
——以中国—东盟边境地带为例
黎　鹏　等著
经济科学出版社出版、发行　新华书店经销
社址：北京市海淀区阜成路甲 28 号　邮编：100142
总编部电话：010 - 88191217　发行部电话：010 - 88191522
网址：www.esp.com.cn
电子邮件：esp@esp.com.cn
天猫网店：经济科学出版社旗舰店
网址：http://jjkxcbs.tmall.com
固安华明印业有限公司印装
710×1000　16 开　15 印张　250000 字
2017 年 11 月第 1 版　2017 年 11 月第 1 次印刷
ISBN 978 - 7 - 5141 - 8785 - 4　定价：52.00 元
（图书出现印装问题，本社负责调换．电话：010 - 88191510）
（版权所有　侵权必究　举报电话：010 - 88191586
电子邮箱：dbts@esp.com.cn）

# 目　　录

第一章　绪论 ·········································································· 1

第一节　研究背景与研究意义 ································· 1
一、研究背景与问题提出 ······································· 1
二、研究意义与应用前景 ······································· 3
第二节　研究目标与研究方法 ································· 5
一、研究目标 ························································· 5
二、研究方法与技术路线 ······································· 6

第二章　相关研究成果回顾与述评 ······················· 8

第一节　边境区位的相关研究 ······························· 8
一、相关研究综述 ················································· 8
二、简评及指导意义 ············································· 11
第二节　边境区位价值的相关研究 ······················· 12
一、相关研究综述 ················································· 12
二、简评及指导意义 ············································· 17
第三节　跨境地区合作开发的相关研究 ················· 19
一、相关研究综述 ················································· 19
二、简评及指导意义 ············································· 26
第四节　相关研究的欠缺与本书研究的作用 ············ 27

一、已有相关研究的欠缺 ………………………………… 27

二、本书研究的主要作用 ………………………………… 28

**第三章 边境区位价值及其开发利用的基本理论问题** ……… 29

第一节 边境区位与边境区位价值的形成基础 …………… 29

一、边境与边境区位的特点 ……………………………… 29

二、边境区位的资源属性及其价值形成基础 …………… 31

第二节 边境区位价值的理论依据与理论内涵 …………… 34

一、区位理论依据及其指导意义 ………………………… 34

二、价值理论依据及其指导意义 ………………………… 40

三、边境区位价值的理论内涵与基本构成 ……………… 42

第三节 边境区位价值的动态演化规律 …………………… 45

一、边境区位价值动态演化的引致因素 ………………… 45

二、边境区位价值动态变化机理与变化趋势 …………… 46

**第四章 边境区位价值"存量"评估模型** ………………… 48

第一节 边境区位价值"存量"评估的指标体系 ………… 48

一、边境区位价值"存量"影响因子的确定 …………… 48

二、边境区位价值"存量"指标体系设定的原则 ……… 52

三、边境区位价值"存量"指标体系的建立 …………… 54

第二节 边境区位价值"存量"评估模型的构建与应用 … 60

一、边境区位价值"存量"评估的样本选取及数据

收集 …………………………………………………… 60

二、边境区位价值"存量"评估模型的建立与运用 …… 67

三、边境区位价值"存量"评估值的空间差异与梯次结构 … 74

四、边境区位价值"存量"评估模型构建与应用的

可靠性分析 …………………………………………… 78

**第五章　边境区位价值动态变化测度与影响因素贡献差异研究** ……… 83

　　第一节　边境区位价值动态变化测度的内涵及意义 ……… 83

　　　　一、边境区位价值动态变化内涵 ……… 83

　　　　二、边境区位价值动态变化测度的意义 ……… 85

　　第二节　边境区位价值动态变化测度指标体系及影响因素 ……… 85

　　　　一、边境区位价值动态变化测度指标体系 ……… 85

　　　　二、边境区位价值动态变化影响因素分析 ……… 88

　　第三节　边境区位价值动态变化测度的实证研究 ……… 89

　　　　一、实证样本选取及数据来源 ……… 89

　　　　二、边境区位价值动态变化测度 ……… 90

　　第四节　边境区位价值动态变化测度影响因素贡献差异分析 ……… 95

　　　　一、边境区位价值动态变化的分类影响因素贡献差异 ……… 95

　　　　二、经济价值及其具体指标的动态影响 ……… 100

　　　　三、政治价值及其具体指标的动态影响 ……… 100

　　　　四、文化价值及其具体指标的动态影响 ……… 101

　　　　五、社会价值及其具体指标的动态影响 ……… 101

　　　　六、生态价值及其具体指标的动态影响 ……… 101

**第六章　中国—东盟边境区位价值开发利用：驱动因素与分类**
**价值促进路径** ……… 103

　　第一节　经济因素优化与经济价值促进路径 ……… 103

　　　　一、加强边境地区产业升级 ……… 104

　　　　二、加强金融合作，加速人民币国际化 ……… 105

　　　　三、进一步加强交通、网络、金融基础设施建设 ……… 106

　　　　四、开发和保护边境旅游资源 ……… 107

　　第二节　政治价值提升与促进路径 ……… 109

　　　　一、边境区位政治价值的内涵 ……… 109

二、边境区位政治价值的一般性 ·············· 110

三、边境区位政治价值的特殊性 ·············· 111

四、边境区位政治价值的提升路径 ············· 113

第三节 文化价值提升与促进路径 ·············· 113

一、边境区域文化价值的内涵 ··············· 113

二、边境区域文化价值的研究视角 ············· 114

三、边境区域文化价值的构成 ··············· 114

四、边境地区文化价值失范问题 ·············· 115

五、边境地区文化价值提升的具体措施 ··········· 116

第四节 社会价值提升与促进路径 ·············· 118

一、边境区位社会价值的含义 ··············· 118

二、边境区位社会价值提升的措施 ············· 118

第五节 生态价值提升与促进路径 ·············· 120

一、边境区位生态价值的内涵 ··············· 120

二、边境区位生态环境价值受损的原因 ··········· 121

三、边境区位土地资源基本情况 ·············· 123

四、边境区位水资源基本情况 ··············· 124

五、边境区位矿物资源基本情况 ·············· 125

六、边境区位生态价值提升的措施 ············· 125

第七章 中国—东盟边境区位价值开发利用：口岸经济带加快
开发促进路径 ·················· 128

第一节 中国—东盟边境口岸经济带加快开发的时代必要性 ········ 130

一、各国经济复苏缓慢背景下亟须通过口岸经济带促进
经贸发展 ·················· 130

二、中国—东盟深化合作下亟须口岸经济带发挥桥头堡作用 ····· 131

三、沿边人民强烈发展愿望下亟须口岸经济带合作开发来
带动发展 ·················· 132

第二节　口岸经济带发展与边境区位价值开发利用的内在关系 ······ 133

　　一、口岸经济带与边境区位价值协同演化关系 ············· 133

　　二、口岸经济带发展与边境区位价值开发的互动机理 ········· 136

第三节　中国—东盟边境口岸经济带加快开发的方法途径 ······ 139

　　一、加强双边高层政治互信和顶层设计的协调对接 ········· 139

　　二、加强口岸增长极的布局优化 ·············· 140

　　三、推动跨境经济合作区的深入发展 ············ 140

　　四、加强沿边优势资源整合 ·············· 141

　　五、推动"园岸一体化"发展 ·············· 141

　　六、积极探索"一城两国"口岸发展模式 ··········· 142

　　七、探索口岸与边境城市的"双核"发展模式 ·········· 142

第八章　中国—东盟边境区位价值开发利用：跨境合作区开发
　　　　升级促进路径 ················· 143

第一节　中国—东盟跨境合作区开发升级的现实紧迫性 ······· 143

　　一、跨境合作开发区升级是现行国家战略的需要 ········· 144

　　二、跨境合作区开发升级是地缘经济发展的需要 ········· 146

　　三、跨境合作区开发升级是保护边境生态环境的需要 ······· 147

　　四、跨境合作区开发升级是国际产能合作的需要 ········· 148

　　五、跨境合作区开发升级是提升政治互信的需要 ········· 150

　　六、跨境合作区开发升级是提高中国软实力与文化
　　　　影响力的需要 ················ 151

第二节　跨境合作区发展升级与边境区位价值开发利用 ·········· 152

　　一、跨境合作区发展与边境区位价值开发的基本条件与
　　　　障碍因素 ················· 152

　　二、跨境合作区发展与边境区位价值开发的主要特征 ······· 156

　　三、跨境合作区发展与边境区位价值开发的基本原则 ······· 158

　　四、跨境合作区发展升级与边境价值开发利用的内在关系 ······· 160

第三节 中国—东盟跨境合作区发展升级与边境区位价值
　　　　开发的方法途径 ……………………………………… 161
　　一、东盟跨境合作区"中介效应"提升 ………………… 162
　　二、东盟跨境合作区创新力提升 ………………………… 163

第九章 中国—东盟边境区位价值开发利用：梯次开发与渐远式
　　　　辐射带动路径 ………………………………………… 167

第一节 边境区位价值的梯次开发利用 …………………… 167
　　一、边境区位价值梯次提升与开发利用 ………………… 167
　　二、边境区位价值提升与开发利用途径的综合运用 …… 179
第二节 区位价值开发利用的渐远式辐射带动 …………… 180
　　一、渐远式辐射带动形成机理 …………………………… 180
　　二、边境区位价值渐远式辐射开发路径 ………………… 183
　　三、边境区位价值渐远式辐射开发合作现状与趋势 …… 185
第三节 中国—东盟边境区位价值梯次开发与渐远式辐射
　　　　带动的方法途径 ……………………………………… 189
　　一、促进西南边境地区与周边省区协同发展 …………… 189
　　二、促进西南边境地区与跨国区域协同发展 …………… 190
　　三、构建"N国N方"区域合作机制 …………………… 191

第十章 提升与开发利用边境区位价值的保障措施 ………… 193

第一节 综合动员整合外力推进与内力奋进的协同助推 … 193
　　一、加强宣传指导与组织推进 …………………………… 193
　　二、加强"一带一路"建设与边境区位价值开发的"互嵌耦合" … 194
　　三、加强 CAFTA 升级版打造动能的"边境集聚" ……… 195
　　四、边境地带基于区域结构与功能优化重塑的自我发展能力
　　　　提升 …………………………………………………… 195
第二节 加强政治互信与政策沟通 ………………………… 197

一、创造稳定的国内政治环境 ························ 197

二、建立高效的政策沟通机制 ························ 197

第三节 建立立体化的设施联通体系 ················ 198

一、建设综合交通运输体系 ························ 198

二、搭建高效信息联通网络 ························ 199

第四节 进一步促进贸易网络畅通 ················ 199

一、促进产业的国际分工 ························ 200

二、大力发展互补性贸易 ························ 201

三、提高口岸通关的便利化水平 ················ 202

第五节 增强风险管控下的资金融通 ················ 203

一、加快沿边金融综合改革试验区建设 ············ 203

二、提高金融服务边境投资的水平 ················ 203

三、切实防范跨国金融风险 ························ 204

第六节 以文化交流促进民心相通 ················ 204

一、形成边境文化交流机制 ························ 204

二、加强边境旅游合作 ··························· 205

三、提升跨国教育交流合作水平 ················ 205

第十一章 结语 ································· 207

第一节 研究结论与创新之处 ···················· 207

一、基本结论 ································· 207

二、创新之处 ································· 211

第二节 不足之处与遗留问题 ···················· 212

一、理论研究还不够系统深入 ···················· 212

二、相关国家边境地带资料不够充分 ·············· 213

参考文献 ····································· 214

后记 ········································ 226

# 第一章

# 绪　　论

## 第一节　研究背景与研究意义

### 一、研究背景与问题提出

#### 1. 经济全球化与开放发展"合力"的相互作用

在经济全球化、区域经济集团化背景下，各国各地区的经济联系更加广泛深入、日益加强与日益融合，处在各国各地区这些不同经济体之间的边界，特别是国家经济体边界的"边境区位"具有特殊的地位与重要的价值，使跨国边境地带形成重要的空间资源和区域经济发展中新的增长极，在新的时代背景下这样的边境地区具有显著的"价值蕴藏"及其开发活动的价值附加，这样的价值还将随着经济全球化、区域经济集团化的加强与邻国开放合作贸易的提高而不断提升。经济全球化促进各国经济的日益融合，也促进各国经济的日益开放，经济全球化与各国各地区开放发展相互促进及相互作用，使"边境区位"的"价值蕴藏"得到动态提升的持续推动"合力"。因此，经济全球化继续深入的必然，开放发展不断推进的必然，以及经济全球化与开放发展相互促进的必然，决定了"边境区位"的"价值蕴藏"具有不断提升的必然趋势，也决定了对边境区位价值有必要进行深入研究与开发利用的必然趋势。

2. "一带一路"建设对跨国边境地带开发的巨大促进

"一带一路"包括新丝绸之路经济带和 21 世纪海上丝绸之路,"一带一路"更有力地促进沿线国家的开放合作。其中与我国接壤的国家更是在沿边开放基础上,边境口岸地区、边境跨国地带在"一带一路"建设的推动下,更是得到了巨大的推动,有"五通"的促进与保障,有口岸及其边境地带"增长极"新生力量的促进,有跨境经济合作区的有力支撑,有"点(边境城镇)轴(跨境交通线)跨国经济走廊"对接发展的持续推动,有边境城镇发展壮大的辐射带动等,再结合"一带一路"建设保障商务物流与经济合作发展走得通、走得远,走得出合作共赢,走得出更大的合作带动效果等,由此使边境区位价值的提升与开发利用得到巨大与持续的促进。

3. 中国—东盟自由贸易区"升级版"的综合打造

中国—东盟自由贸易区(China – ASEAN Free Trade Area,CAFTA),已经成功地走过了"黄金十年",正在打造"黄金十年"与综合深入合作的"升级版",这不仅使得中国与东盟两大经济体的全面深化合作进程加快、一体化程度加强,也同样使得中国—东盟前沿接触地带"边境区位"的"价值蕴藏"及其开发活动的价值附加得到提升;"边境区位价值"的开发与 CAFTA 深化合作的进程又是相互促进的。中国与东盟两大经济体的前沿接触地带——边境区位,既是值得和需要加快合作开发的地区,又是需要及时扶持与加紧开发利用的新的增长极。CAFTA 深化合作"升级版"的打造也为边境区位价值的合作开发提供了更为有利的背景与条件。

4. 中国—东盟边境地带特殊的地理位置和地缘关系

中国—东盟边境是我国与东盟国家之间陆地相连的唯一接壤地带,我国的西南地区与越南、老挝、缅甸接壤,并与泰国邻近。这一地带是我国通向中南半岛的陆路通道,以及经贸联系与合作的陆上枢纽地区,具有国际河流、国际铁路、国际公路,并与海岸线相连,边境两侧分布有越南首都河内、中国广西壮族自治区首府南宁和云南省省会昆明等大城市,以及众多的中小城镇。边境地带现有国家一类陆地口岸 14 对(包括广西边境的东兴、友谊关、凭祥、水口、龙邦口岸和云南边境天保、河口、金水河、磨憨、打洛、孟定、瑞丽、畹町、猴桥口岸），以及数十个地方二类口岸及边民互市点，经贸联系十分密切。这一边境地带地理位置重要，地缘关系特殊，边境区位及其边境区位价值受特殊地理位置和地缘关系的深刻影响，也因这样的地理位置和地缘关系，使深入研究与开发利用边境区位价值更有必要、更有条件、更有意义。

## 二、研究意义与应用前景

边境区位价值的开发利用实质上是集相邻国家的力量，遵照客观规律、采取有效的开发利用方式，进行共同与协调的开发，从而推动跨国边境地区进行区域结构与功能的重塑，加速边境区位有利要素的集聚与优化重组，建立经济全球化、区域集团化与世界空间经济系统运动发展及相互融合的有效机制或途径。这既是推进深度开放的重要手段之一，也是新时期下推进深度合作发展的重要任务。所以，从现实来看是当前助推开放发展的重要实践，从理论来讲是一个重要的研究课题。因此，边境区位价值及其开发利用的研究与实践推进，具有非常重要的意义。

1. 理论意义与学术价值

第一，以区位理论与价值理论等为依据，结合边境区位的基本特征及其资源属性，提出"边境区位价值"这一新的理论概念并分析阐明其理论内涵与基本构成。提出并界定了新的理论概念。

第二，探讨边境区位价值形成与动态演化的引致因素及其对边境区位价值的影响方式或路径，揭示边境区位价值形成演化的内在机理等理论问题。初步阐明了边境区位价值"形成演化影响因素——形成演化路径、机理"等基本规律与趋势。

第三，分析确定边境区位价值"存量"的影响因素及其影响指标，构建边境区位价值"存量"指标体系及其评估模型；确定边境区位价值动态变化测度方法及其选择，以分析边境区位潜在价值及其"增量"空间。

不仅赋予了边境区位价值及其形成演化的定性分析、逻辑分析，而且体现了边境区位价值及其动态演化的可衡性。

2. 实践意义与应用前景

提升沿边开放、加强沿边合作是世界性的趋势，边境区位价值理论概念的提出，对世界各国尤其是我国与周边国家携手提升与合作开发利用边境区位价值，都具有重要的现实意义与广阔的应用前景：

第一，在经济全球化、区域集团化趋势日益加强，以和平与发展为主流的时代，边境地带跨国区域的合作发展日益广泛，"边境区位价值"概念、形成演化机理及其开发利用途径与方法论思路等相关理论研究成果，将具有一定的普遍性指导意义与实际应用价值。为世界各国尤其是我国与周边国家合作开发边境地带跨国区域提供新的视角和新的组织实施形式。给中国与东盟国家接壤地带的开发与发展提供实践参考，对其他边境地区也有普遍性指导作用。

第二，以经济、政治、文化、社会、生态驱动因素促进路径分析边境区位价值的提升与开发利用，契合国际关系的相互关联内容与特征，切合实践操作的可行性，有利于找准方向、把握"抓手"和切入点，也有利于理论结合实际而有效推进实践活动，便于"落地"而生根结果。

第三，以口岸经济带加快开发促进边境区位价值的提升与开发利用的路径，充分利用边境口岸的特点与功能，充分利用口岸增长极"双核双腹"与跨国辐射带动特点与作用，阐明中国—东盟边境口岸经济带加快开发的时代必要性，弄清口岸经济带发展与边境区位价值开发利用的内在关系，在此基础上提出中国—东盟边境口岸经济带加快开发的方法途径，使边境区位价值的提升与开发利用以及边境口岸经济带加快开发都得到恰当方法论思路的指导，以及实践操作方法。

第四，以跨境合作区开发升级促进中国—东盟边境区位价值开发利用的路径，运用最具有综合性实质内涵和要素集聚程度最高跨境经济合作区的开发、演化升级发展，来促进边境区位价值的提升与开发利用，既具有跨境经济合作区本身运动发展规律或趋势的保证，又最能集聚各种资源与要素、具有强劲的发展能力，以及辐射带动能力，再将具有强有力的推动效果，促进边境区位价值的提升与开发利用实践。

第五，对边境区位价值开发利用将注重渐远式辐射带动，由边境地带核心区逐步影响外围地区，使其辐射带动的效果与范围更大；同时，以边境区位价值开发利用为推动，也有利于提高相邻国家如中国与东盟接壤国家的开放合作水平，推进更广阔的开放合作领域与更快马加鞭的进程。

## 第二节　研究目标与研究方法

### 一、研究目标

总的研究目标可以高度概括为提升与开发利用边境区位价值，具体目标包括论证提出"边境区位价值"的理论概念并阐明其理论内涵、基本构成，分析确定边境区位价值的形成演化影响因素，研究揭示边境区位价值的形成演化机理；寻找科学合理的提升与开发利用边境区位价值的主要途径、模式或对策，并为有效提升与开发利用边境区位价值寻求有效的保障措施。围绕这一总目标，可分解为多个分目标：

第一，在总结分析边境区位及其开发利用有关理论与实践背景的基础上，以相关理论为依据，论证提出"边境区位价值"的理论概念并分析阐明其理论内涵、基本构成。

第二，分析边境区位价值形成演化的影响因素，研究揭示边境区位价值形成演化的机理，为边境区位价值形成演化的调控提供理论依据。

第三，从多个视角或不同维度分析研究，提出提升与开发利用边境区位价值的诸多有效途径或具体策略，为边境区位价值开发利用提供理论指导、实践方法与决策参考。

第四，针对边境区位价值本身的特征、基本内涵与基本构成，边境区位价值形成演化的机理与动态变化趋势，以及研究提出的提升与开发利用边境区位价值的对策途径等具体情况，针对性地提出提升与开发利用边境区位价值保障措施。

## 二、研究方法与技术路线

1. 研究方法

根据研究目标等方面的要求，需要采取如下主要研究方法：

（1）理论分析推理与理论逻辑归纳的研究方法

边境区位价值理论概念的推演，区位价值理论概念的理论概念、基本内涵与基本构成，以及影响因素及其对边境区位价值形成演化的影响、揭示边境区位价值形成演化机理等，需要采用理论分析推理与理论逻辑归纳的研究方法。

（2）多学科综合分析与研究的方法

研究对象涉及面广，需综合运用区域经济学、经济地理学、国际经济学、管理科学与系统科学等学科的理论、思维与方法手段，来实施边境区位价值及其开发利用等问题的具体研究工作。

（3）理论研究与实证研究相结合的方法

通过理论研究与一般逻辑推理分析，取得正确的理论与方法论思路是完成研究的基础。有效的实证研究的深化、验证理论研究，并取得有效应用的保证。在具体研究工作中重视理论指导和总体研究思路导向下的实地调研与实证分析工作。

（4）"间接考察"与实地调研相结合的方法

对国内外公开发表和公布的资料与成果进行广泛收集与综合分析，通过"间接考察"、资料整理、文献分析等；也要到边境地区进行广泛的实地调研，了解最具体的问题和实际情况，取得第一手资料。

（5）定性分析与定量研究相结合的方法

按照边境区位价值的具体特点，在定性分析、逻辑论证与理论推理等定性研究的基础上，对边境区位价值"存量"的分析与边境区位价值预期分析等研究内容中，采用数理统计及计量经济学方法等必要的定量研究，以体现边境区位价值的可衡性，也有利于提高研究成果的科学性。

## 2. 技术路线

按照研究对象以及研究目标任务的特点，以及需要采取的技术逻辑与技术流程、技术方法与技术手段及其相互关系等要求，需要采取以下技术路线（见图1-1）。

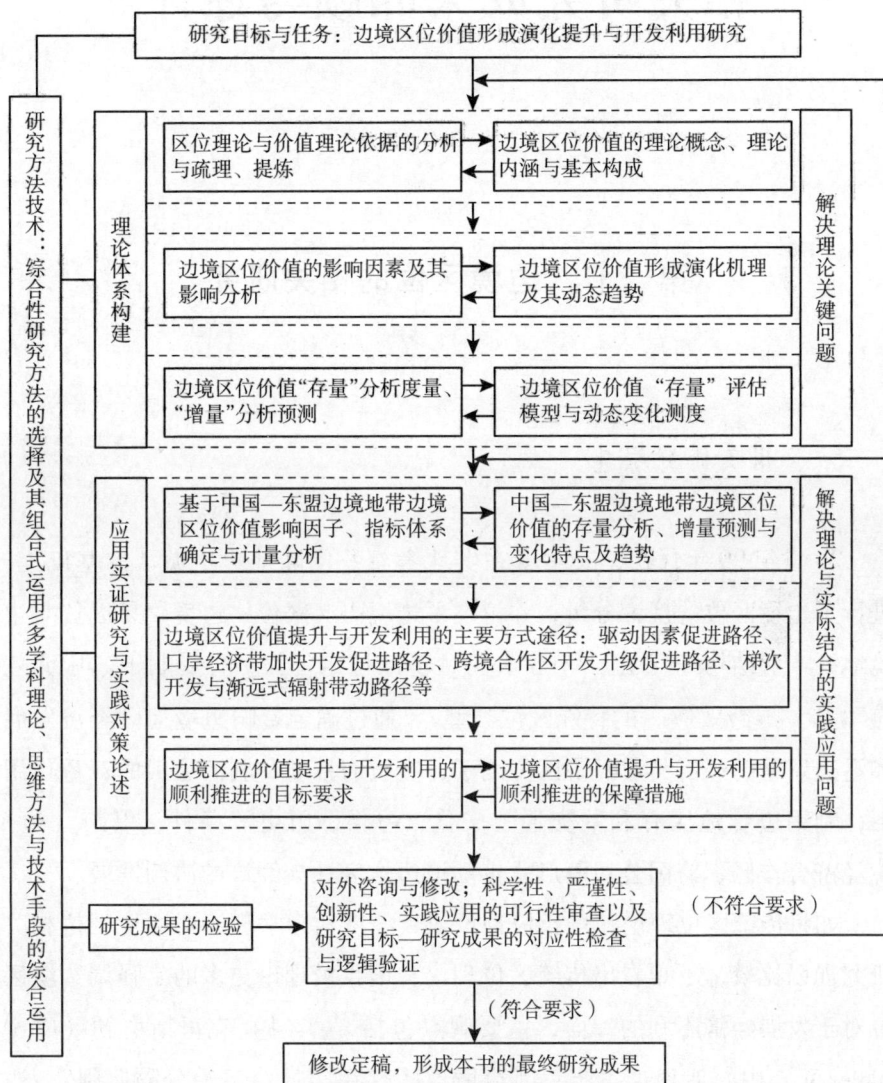

图1-1 技术路线示意图

# 第二章

# 相关研究成果回顾与述评

## 第一节　边境区位的相关研究

### 一、相关研究综述

20 世纪 90 年代初，有学者在实地考察我国陆地边境城镇的基础上，进行了边境区位的理论分析，并论述了边境人文区位、边境贸易区位与边境地区产业结构等问题。[1]有学者将边境区位定位为一种受制于"中介效应"和"屏蔽效应"的特殊区位类型。[2]通过确定影响边境地区经济发展和沿边贸易的经济与非经济区位因子，在政府推动和利润吸引的双重作用下，利用边境地区有利的交通、文化、习俗、历史等条件，以跨（边）境经济合作区、跨国公司等形式带动沿边地区社会经济的协调发展。

如将传统区位理论、增长极理论或新经济地理学理论对边境区位相关研究加以比较，不难看出传统区位理论和增长极理论更多的是强调边境区位对于发展经济不利的一面，主要观点包括[3]：（1）克里斯塔勒（Christaller W）中心地理论主张，因边境地区存在"社会政治分隔原则"，边境地区的空间组织过程以"国家的安全与主权"而不以经济合理性为原则，使边境地区范围内的中心市场区被边界分割、服务半径减小，影响了中心地的发展。（2）廖什（Losch A）的市场区位理论认为，在边境地区，由于经济边界与政治边界不一致导致市场区位发生变形与难以扩张。关税、语言、习俗、产品标准等的差异导致市场区在边境地区被割裂。特别的，边境地区往往是军事冲突的多发地带，这极端地阻碍了边境地区的发展。（3）认为边界两侧存在两种情况的成对边境区：第一种是两侧的边境区都是其国内的不发达地区，它们受国内增长极扩散作用均低而都成为相关国家的边缘区；第二种是一侧的边境区为发达地区（增长极），另一侧的边境区为不发达地区。但由于边境的存在而阻碍了增长极一侧向不发达地区一侧的扩散与带动作用。

但新经济地理学中有两个结论对研究边境区位不容忽视[4]：一是自由贸易化和经济一体化降低国际贸易成本并减弱边界对劳动力、资本等生产要素自由流动的影响，而改变国家间人口、经济活动的分布；二是开放边界条件下的自由贸易化使公司（经济活动主体）的外向性增强，进而改变国家内部人口、经济活动的分布。这也就说明了自由贸易化和经济一体化的空间效应：贸易成本降低与要素自由流动改变了国家资源、要素禀赋状况，使其经济活动的区位条件发生改变；国家内部的区位也受很大影响（在开放边界条件下经济活动区位指向是外向的），国内市场的重要性降低。

汉森（Hanson）认为自由贸易化和经济一体化对边境区是有利的：自由贸易化和经济一体化具有将边境区转变成大尺度区域共同市场的中心区的倾向——至少是在经济一体化的高级阶段，通过企业有效的前向、后向联系，从而使边界两侧市场区整合、边境区市场潜力大大提高，也使国家间跨边境贸易增多，吸引更多的企业、人口向边境区集聚。[5]其中，国际产业间垂直联系的企业向边境区移动的可能性更大。[6]

在探讨开放经济条件下边境区企业集聚问题时，应特别关注边境区企业集聚过程中相互交叉和相互影响的两种机制，即收益最大化机制（市场战略）和成本最小化机制（低成本战略）。集聚初期的动力，一般是以成本最小化机制为主，一旦边境区集聚形成一定规模后，生产成本会不断提高，集聚的动力则主要来自基于市场战略的收益最大化机制（见图 2 - 1）。从要素成本、空间联系成本、交易成本等方面可揭示低成本战略的实现机制，从市场拓展、优惠政策等方面可论述市场最大化战略的实现机制。以美—墨边界区企业集聚为例的实证研究表明：在开放条件下，边境区可能从先前一国内部的边缘区转变为更大地理空间的中心区，但这有赖于边界两侧产业关联性的提高；若相邻国家产业关联性强就可使边境区成为企业集聚区位之一的推断成立的话，那么在水平型的发达国家间边境区也可成为企业集聚区位；但由于相邻发展中国家在边境区之间的产业联系较弱，使这类边境区发展成为企业集聚区位的难度较大。[7]

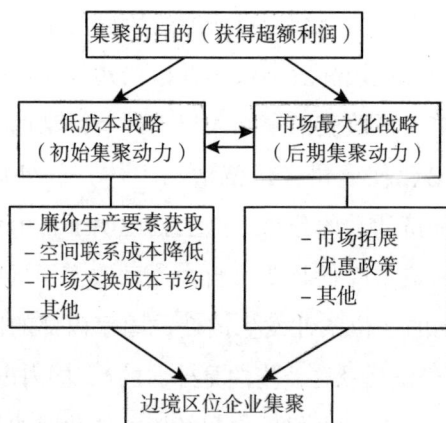

图 2 - 1　边境区企业集聚动力机制示意图

　　传统区位论是从内生的角度分析影响边境区位的因素，外生变量不在其分析范畴内，而且传统区位论将边境区位再创造这个能够极大提高边境区位价值的议题忽略，是理论上的一个缺陷。[8]实际上，"冷战"结束后，随着和平和发展成为时代的主题，地缘经济就成为国际关系的主导，边境地区从冷战前的军事冲突地带转变为各国经济合作的前沿地区，边境贸易、边境旅游、边境投资等活动日益兴盛，极大地提高了边境地区在经济发展中的地位，这个过程就是边境区位的"再创造"过程。在这个过程中，市场和非市场的力量都发挥着重要的作用，企业行为是不容忽视的动力之一，西方发达国家的实践表明，企业在边境地区的集聚和对外贸易、投资，对邻国具有非常强的经济外溢效应。同时，各类官方、非官方组织的作用也非常重要，尤其是地方和区域政府机构，在边境区位的再创造过程中发挥着越来越大的作用。

## 二、简评及指导意义

1. 边境区与边境区位应有明显的差别

边境区是一个纯的地理概念，是指空间上处在边境地带的区域，而边境区位则属于人类活动与边境地域的"结合体"，即人类活动占有与布局在边境地域上并相互结合后形成的特定的边境区域。它强调人类活动内容所占有与布局的地域空间，而不是无人类活动或不与人类活动内容及布局相结合的地域空间。这样的认识是推进边境区位开发利用的重要基础。

2. 边境区位研究要结合不同的国际经济与政治背景

这里所讲的不同背景，包括时间背景和地点背景。不同时期的国际经济与政治环境显然是有很大区别的，可以说"二战"结束之后至"冷战"结束之前，国际经济与政治环境的封闭性、冲突性与相互隔阂是很普遍的，现有文献分析已经指出传统区位理论更多地强调边境区位不利于发展经济，这正是其主要原因。"冷战"结束以后，经济全球化具有逐步加强的趋势，全球政治格局趋向缓和，和平与发展成了世界主流，各国开放发展，政治关系良好等，使边境地区的要素流动与合作开发减少了类似"冷战"结束前的藩篱与障碍因素。正如现实情况那样，许多边境地区都发展成为合作开发的热点与新的增长极，如增长三角等。因此在"冷战"结束至今的国际经济与政治背景下，所得的分析结论就会与以前大有不同。当然，同一时期的不同地区（地点背景），也是有很大差别的。当前在中东等一些冲突或国际摩擦较严重的地区，就是特例。但应该以国际经济政治主流形势，与代表主流形势的地区来研究与实践。

3. 相关研究强调"边境区位"与"边境区位优势"的再造

"边境区位"与"边境区位优势"是相互关联与相互促进的，边境区位的再造有利于形成、提升或巩固边境区位优势，边境区位优势的再造有利于边境区位地位与作用的提升，而又进一步推动边境区位的再造。随着外部环境与各种因素的变化，特别是在经济一体化和开放发展的背景下，邻国间经济活动的关联性不断增强，也在动态中不断变化。提高边境地区的地位与作用，强化其融合两国互补性因素、带动边境地区发展等功能就显得十分重要，这就需要通过有效的"再造"来实现，不但有必要"再造"，也应该积极推动其"再造"。在具体实践中，应该把二者的再造有机地结合起来，密切关注外部综合环境与条件的变化，集合有利因素，提高边境区位与边境区位优势再造的效果。

# 第二节　边境区位价值的相关研究

## 一、相关研究综述

对于边境区位价值的研究涉及的学者较少，黎鹏于 2006 年首次提出了"边境区位价值"的理论概念，指出边境区位具有价值，边境区位价值主要体现在经济、社会与生态环境三个方面的意义、效用与整体效果上，并从边境区位价值来源的角度对边境区位价值的内涵进行研究，指出可以将边境区位价值的构成归纳为经济价值、社会价值和生态环境价值三个组成部分。[9]王谷成等认为边境区位价值除了上述三个部分外，还应该包括边境地区所特有的边境价值，边境区位价值是自然价值、经济价值、社会价值与边境价值耦合而成的，四种价值缺一不可。[10]并且认为边境区位价值具有经济功能区带动性价值、跨边境社会经济关系复杂网络性、跨边境通道影响性的特点。[11]

1. 边境区位价值的构成要素

关于边境区位价值的构成要素，不同的学者有不同的看法。王谷成认为边境区位价值来源于边境区位资源的开发利用、边境区位能力的培育以及两者的匹配程度，边境区位价值的要素体系主要包括区位因子、内部因子、和外部因子三个方面，"关联"和"匹配"是边境区位价值要素体系的核心内涵，即一方面边境区位价值的提升要依赖于三个因子之间的相互影响与相互促进，另一方面边境区位价值的提升也要三个因子之间的完美匹配，只有各因子之间实现有效协同，才能实现综合价值的提升，见图2－2。[11]

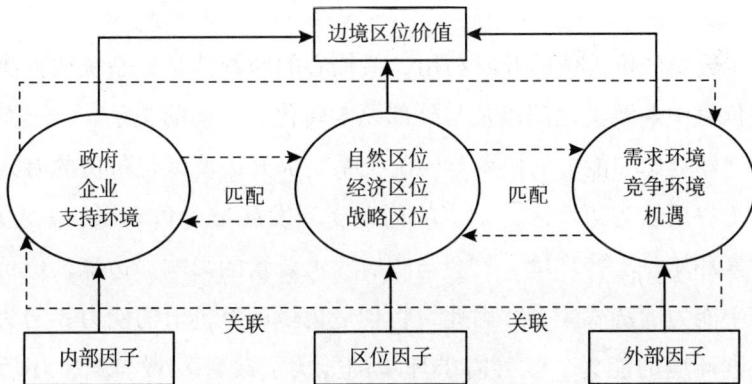

图2－2　边境区位价值要素体系

根据图2－2，边境区位价值的来源主要包括：边境区位原价值，包括边境区位的本身所拥有的经济、社会、生态价值，这是一种潜在性价值，只有通过人类的开发才能够体现出来；边境区位增值性价值，包括需求增加下的价值提升与设施完善下的成本节约两个方面；边境区位空间成长价值，是在有效管理下的资源整合所发挥的价值。

然而，其他学者对边境区位价值的构成要素有不同的看法。张必清等在科学性、代表性、综合性三原则下，总结了边境区位价值的要素体系，认为边境区位价值主要包括：政治政策要素、经济要素、社会要素、文化要素和生态环境要素。[12]而方晓萍等则在因地制宜、动态平衡、统一性的原则下，结合传统的区位理论，提出边境区位价值的要素体系主要包括：自然资源因素、劳动力因素、交通基础设施因素、市场因素、资本因素、政策因素、文化因素、医疗卫生因素、现有经济基础因素、科技创新因素、生态环境因素、社会安全因素、机遇因素等。[13]

2. 边境区位价值的开发

边境地区由于受特定的地理自然资源条件、历史发展状况等因素的影响，在制度黏性和路径依赖的作用下，其经济发展往往被"锁定"在较低的水平，分工位置、产业结构、管理制度以及社会文化网络都难以突破原有的发展路径和层次，使得边境区位价值的开发利用难度要远高于其他地区。

关于边境区位价值的开发利用，最核心的问题就是要系统地解决好边境区位价值中各要素之间以及与外部要素转化、互动的关系。

处理好资源和能力的协调与匹配关系是提升边境区位价值的有效路径之一。王谷成认为边境区位价值的创造受到发展与竞争环境、需求环境、生产要素环境、支持环境、机会与政府六大要素的影响。边境区位价值表现为若干能力的链式集合。因此，将创造边境区位价值的能力界定为改善生产要素环境的能力、改善需求环境的能力、改善发展与竞争环境的能力、改善支持环境的能力四大类。只有实现要素与能力的完美匹配，才能通过各种发展路径的优化提升边境区位价值。（见图2-3）[11]

要实现边境区位价值的提升，另一个有效的路径就是克服边境地区业已形成的低效率发展路径，更好地融入到全球价值链体系中，实现创新性发展。关于如何使得边境地区更好地融入全球价值链以提升边境区位价值，王谷成等提出了边境地区的生态位概念，将边境地区在全球价值链中的地位称为边境地区的生态位，并将边境地区的生态位划分为三个等级：一级生态位是以开发利用原始资源为发展动力，以初级开采、加工工业作为发展的主导，发展方式以粗放式为主，并辅以小额边境贸易和易货贸易；二级生态位则将发展中的区位、资源等优势转化为价值优势，通过合理的政府管理，提升产业协调发展能力，提高产品竞争力，在此基础上形成

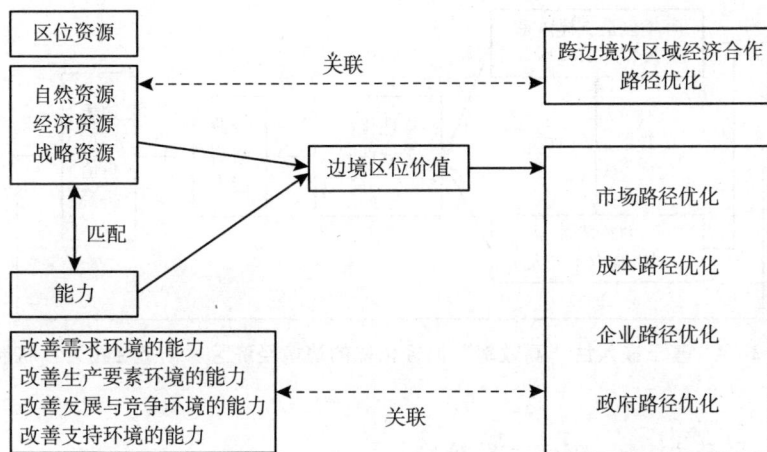

图 2－3　边境区位价值创造与跨边境次区域经济合作路径优化

具有一定规模的集聚能力，从而形成以工业和城镇化为基础的产业发展体系；三级生态位状态下，边境地区已经通过产业结构升级、产品技术创新、管理创新等途径，实现了区域的全方位提升，培养出了战略性核心竞争力，并开始向全球高端价值链顶端融入。在不同的生态位阶段，边境区位价值的提升策略存在差异，要实现提升策略与生态位层级的对应发展演化，才能真正实现边境区位价值由低端向高端的进化。[14]

对于突破低端路径依赖，实现边境区位价值提升，王谷成等认为只有通过将路径依赖的层级从低级发展到"高效率"，才能实现"创造性毁灭"，从而实现边境区位价值的跨越发展。要消除"低效率"的路径依赖，从而锁定高效率的路径依赖，第一要通过签署公共权威契约而克服"霍布斯困境"；第二要发挥国家共同决策与"强关系"的力量、努力实现全球产业链价值扩张与弱关系的作用等方式实现各类关系的协同与"聪明增长"；第三要通过技术创新、管理创新、产品创新等创新活动，实现"创造性毁灭"，从而跳出低端的路径以来，实现边境区位价值的提升。（见图 2－4）[15]

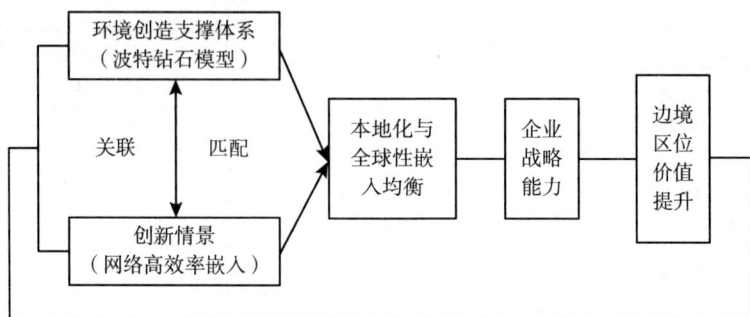

图 2-4 基于嵌入性"高效率"路径依赖的边境经济区"创造性毁灭"机制

### 3. 提升边境区位价值实践策略

边境区位价值理论目前来看虽然没有形成统一的理论框架和内涵，但是对于边境区位价值理论的应用已经成为学者们关注的内容。

方晓萍等确定了影响边境区位价值的因子，在此基础上构建了边境区位价值的综合评价模型，并运用主成分分析和因子分析方法，实证研究了我国与东盟国家接壤地带边境区位价值的大小，认为我国与东盟国家接壤地带的边境区位价值开发要遵循梯次规律，尊重边境地区区位价值各个梯阶的差异，通过点、线、面系统共生的全方位开放式多元化开发，来提升边境区位价值。[13]王谷成等从边境区位价值的构成出发，分析了各构成因素对桂越贸易的影响，发现人均生产总值、交通便利度、非农产业产值比重、教育规模、国家关税总水平5个指标与双边贸易相关度较大，并提出通过政策倾斜、加强基础设施建设、促进工业和服务业发展三个方面来提升广西边境区位价值。[10]张必清等实证分析了云南省边境口岸城市的边境区位价值，同样认为云南省边境区位价值具有梯度结构，其开发利用要遵循梯次开发理论，并提出通过增长极发展与边境口岸特色经济相结合、点轴开发与跨境经济走廊相融合、对开口岸城市的良性互动与跨境城市（镇）体系构建相结合以及上述三种复合的模式来提升云南的边境区位价值。[12]姚秋君将因子分析法和 DEA 方法运用到边境区位价值的分析中，分析了凭祥市经济发展的各项指标对边境区位价值的效率问题，认为由于边境区位价值的开发利用，凭祥市 2003～2012 年的经济发展处于规模报酬递增阶段，并认为产业结构优化、边境经济带建设、边境城镇体系建设等是今后提升边境区位价值的重点方向。[16]

## 二、简评及指导意义

随着中国—东盟自由贸易区升级版的打造和"21 世纪海上丝绸之路"倡议的推进，边境地带成为经济发展中的热点地区，提升边境地带的发展水平，就是要创造条件提高边境区位价值，通过边境区位价值的全方位提升，完善和提高边境地区整体的经济发展环境水平，从而为经济的持续发展提供动力。

1. 边境区位价值是一个复杂而系统的概念

边境区位价值强调的是边境地区的整体价值，是边境价值与区位价值相结合的一个概念。既包括边境地区的经济价值，又包括边境地区的生态环境价值、社会价值等，随着边境两边国家政治关系趋于向好，边境地区的人员交往会越来越多，边境地区的文化价值也会越来越被体现出来，这样边境区位价值就不仅包含了社会、经济、生态方面的价值，也包含着文化、民族等方面价值。从不同的视角分析边境区位价值，也可以将边境区位价值确定为内部价值、区位因素与外部价值的一个结合。

总之，无论是从哪个视角来定义和分析边境区位价值，边境区位价值都是一个复杂而系统的概念，它囊括了影响边境地区社会经济发展的所有内、外部条件，是整体指导边境地区发展的一个系统工程，只有总体上提高边境地区的边境区位价值，才能实现快速、可持续的发展。

2. 提升边境区位价值要注重"内外"结合

边境区位价值的"内"就是指边境区位价值所囊括的边境地区的各项价值，以及各项价值有机结合而产生的增值性价值。边境区位价值的"外"是指，相对于边境地区的其他地区的价值，特别是边境区位价值腹地的价值，或者说是边境地区腹地的系统性价值。边境区位价值的"外"

根据政治范围又可以划分为两个部分：边境区位价值的国内腹地价值和边境区位价值的国外腹地价值。边境区位价值国内腹地价值的开发利用较为便利，且容易实施，而边境区位价值国外腹地价值的开发利用则相对困难，需要国家间的高层协调。

提升边境区位价值就是要将边境地区的"内"价值与"外"价值进行有机的结合，这种结合可以是"内"的生产性功能与"外"的消费性功能的结合，也可以是"内"的消费性功能与"外"的生产性功能的结合，或者是"内"的生产性功能或消费性功能与"外"的生产性功能或消费性功能的同性质结合，更多的可能是边境区位的"内"价值的生产性功能或消费性功能与边境区位价值的"外"价值的生产性功能或消费性功能的交叉结合。

边境区位价值的"内"价值与边境区位价值国内腹地价值的结合就是要推动边境地区与国内腹地的一体化发展，打破行政界限的限制，实现行政区经济向经济区经济的过渡。边境区位价值的"内"价值与边境区位价值国外腹地价值的结合也可以通过区域经济一体化的方式来实现，但是由于国家间政治的敏感性，这种方式短期内基本无法实现，所以更多的是通过各种措施尽可能来降低"内"与"外"之间要素流动的各种阻隔，将两个国家接壤地带的双边边境区位价值尽可能融合到一起，从而拓展双边边境区位价值的影响范围，提升边境区位价值。

3. 边境区位价值是一个动态变化的过程

首先，边境区位价值随着双边关系的变化而变化。国家间的政治关系直接影响到边境区位价值的高低。当两个国家处于敌对状态时，边境地区往往是军事冲突发生的地区，边境地区的区位价值不但不能成为发展的优势，而且成了发展的一个负担，严重影响边境区位价值的提升。而当国家间处于和平状态，特别是两个国家为了经济的发展，建立次区域经济合作区、自由贸易区等发展组织时，边境地区的区位价值就被充分地体现出来，边境区位价值就会随着贸易和经济的不断发展而得到不断的提升。所以，边境区位价值是随着双边关系的变化而变化的。

其次，边境区位价值的内涵也是一个动态变化的过程。由于边境区位价值是一个复杂而系统的概念，囊括了边境地区的各种价值，而这些价值在不同的时段对边境区位价值的影响方向和影响大小都是有差异的，因此边境区位价值也会随着这些价值的变化而产生改变，是一个动态的变化过程。以边境的生态环境价值为例，当边境地区生态环境优美时，其对边境区位价值的影响就是正向的，而当边境地区的生态环境遭到破坏之后，其不仅直接降低了边境地区的生态环境价值，而且也间接地影响到构成边境区位价值的其他价值的提高，这就严重影响了边境区位价值的提升。所以，边境区位价值是随着构成边境区位价值的各种价值的变化而发生改变的。

# 第三节  跨境地区合作开发的相关研究

## 一、相关研究综述

有学者从地理学角度对边境区的合作进行了较系统的研究，归纳了经济地理学对边境及边境合作的观点：把边境视为经济一体化与区域经济合作的产物，边境及边境合作有利于扩大市场的潜力；新经济地理学运用区域经济和制度分析的方法，分析了边境区组织机构和主体之间的合作行为；20 世纪 90 年代以后，对边境区的研究引入了制度经济学的一些新概念与新理论，比如创新网络，学习型区域，交易费用，路径依赖，地区根植与企业联盟等（但这些新理论还缺乏在边境区合作中进行具体的应用）[17]。同时指出，发达国家之间的边境合作主要分布在欧洲和北美，而这些地区和国家之间边境通达性好、开放性强，且边境合作基础设施与经济结构协同性较强，整体合作发展条件优越。而发展中国家的边境合作，主要是在经济发展差异较大的地区之间，以东亚等地区为主，与欧洲边境合作区相比，其边境功能具有较强的过滤作用，其开放控制比较严格。

　　还有学者以东亚地区边界经济合作为研究样本，提出了跨国界经济合作的通道模式、贸易口岸模式和开发区模式，分析了各自在边界经济合作中的发展内涵及发展前景。认为双边经济合作的基本模式包括通道型、口岸型和开发区型3种。其中许多国家在主要口岸选择特定地区建设集边境贸易、商品市场、跨国投资于一体的口岸开发区（或自由贸易区、出口加工区等），使之成为边境地区国际经济合作的集聚地域，具有明显的经济效益（如1989年越南在边境口岸芒街开辟自由贸易区取得很好的效果）。三边或多边经济合作的地域模式主要是次区域经济合作与增长三角（或增长四角）。一般来说，次区域经济合作主要包括：[18]

　　第一，优惠贸易。从制度上说，次区域经济合作是一体化程度最低和最松散的组织形式。其成员方之间通过协定或其他形式，对全部或部分商品规定特别的关税优惠。一般来说，次区域经济合作内部都存在着竞争性和互补性两部分，互补性则是次区域经济合作组织形成的主要动力。

　　第二，政府间的协议性分工。对于竞争性较强的经济层面，应加强政府间的"协议分工"和"划分市场"等协议合作形式，彼此均应放弃部分利益，以换取更大的利益。

　　第三，多边合作的项目开发。次区域经济合作的重点往往是经济落后的陆地边界地区。各方均面临着交通闭塞、产业基础薄弱、资金匮乏等问题。因此必须统筹兼顾、扬长避短、先易后难地进行。由双边到多边进行项目开发。

　　第四，开发银行主持的财政转移。由于各方经济实力的差异和贫富不均，会引发合作成本和收益的不公平分配，需要成立一个次区域开发银行来进行财政上的转移支付。方式可以有协调政府间拨款、优先投资安排、生产和出口信贷倾斜等。通过政府间的财政转移，可以使各方之间可能发生的冲突化解到最低限度，并使次区域合作能够维持更长的时间。但由于边界效应的存在，这种财政转移与一个国家内部的财政转移略有不同，应以低息或无息贷款、政府无偿援助为主。在执行大湄公河次区域合作计划时，亚洲开发银行就起到了这样的作用。（见表2-1）

表2-1 东亚主要的次区域经济合作区

| 名称 | 核心地区 | 合作内容 |
|---|---|---|
| 孟中印缅经济走廊 | 孟加拉国、中国、印度、缅甸交界地区 | 加强各国在交通基础设施、投资和商贸流通、人文交流等具体领域合作 |
| 图们江经济圈 | 图们江入海口周围的中、俄、朝有关城市和港口 | 在三国交界处各自建立自由贸易区，沿海建立有国际水平的港口群，使之成为东北亚经济圈核心 |
| 北部三角地带 | 泰国南部、马来西亚北部和印尼苏门答腊北部地区 | 三国以各自的优势，共同合作开发相对落后区域 |
| 新柔廖增长三角 | 新加坡、马来西亚的柔佛州和印尼的廖内群岛地区 | 新加坡提供资本、基础设施、经营方法，马来西亚和印尼提供劳动力、土地和资源，三国优势互补、合作开发，并吸引日资企业 |
| 环阿尔泰山次区域经济合作 | 以中国、俄罗斯、蒙古、哈萨克斯坦等国环绕阿尔泰山的地区为主 | 在交通、能源、农业、旅游等产业方面进行全方位的合作 |
| 大湄公河次区域合作 | 包括澜沧江—湄公河流域的中国云南省、泰、缅、越、老、柬 | 以流域开发和交通等基础设施建设带动区域内的资源开发、旅游、贸易与投资、环境保护等方面的合作 |

资料来源：汤建中、张兵、陈瑛. 边界效应与跨国界经济合作的地域模式——以东亚地区为例［J］. 人文地理，2002（1）：11. 并根据发展实际进行了部分调整。

关于对边境区合作的制度安排、心理文化距离等对边境区合作的影响，有些学者结合辽宁省与朝鲜边境地区经济合作进行了实证研究。制度安排是在特定领域由约束人们行为的一组行为规则组成的，它能约束与规范人们的相互行为、帮助他们形成对别人行动的预期。其影响主要包括：在一定程度上增加跨边界经济合作的交易成本（由国家间政治体制、经济体制乃至法律法规存在的差异造成）；往往存在信息不充分和不对称现象而不利于企业的空间扩张；制度安排的差异可能导致边境地区风险来源和大小变化无常，风险通常较大。而心理文化距离，对边境区的合作也有很大的影响。同时也指出，国家、区域和经济行为体三个层次在边境区经济合作中发挥的作用是不可替代的。其中，区域和地方经济行为体的作用往往是先导，而交通网络的建设是边境区经济合作的物质基础并可能成为地区意识形成的标志。心理文化距离，在逐步推进的边境经济合作，通过多渠道的沟通以及具体项目的实施将会得到拉近，并在经济合作的有关方面或领域形成共同的意识。这方面明显的例子是，瑞典与丹麦边境地区的跨厄勒海峡大桥的建设这一具体项目的实施，就起到了这样的作用[19]。

有学者从上莱茵边境区合作的发展历史入手，对其组织机构设置和运行经验进行研究，分析总结了上莱茵边境区合作对我国开展边境合作的启示。[20]主要包括：

第一，明确边境区合作的目的。比如上莱茵地区边境区合的目的是营造一个良好的区域创新环境，增强本地区的竞争优势。

第二，进行"中间性"组织机构建设。不同类型地区之间的相互交流，必须有一个中介机构来协调，联络各方利益，融洽边境各方的合作，这种中介的职能往往是边境区合作成功的关键。由组织机构提供合作指导框架、相关政策和体制上的协调、统一。

第三，要有必要的法律条文和框架的支持。边境区合作面临多方面的差别，需要有规则的支持。

第四，要大力进行通道建设。边境区交往的渠道越顺畅，互相之间达成协议或建立合作组织的可能性越大。通道建设包括硬设施和软设施建设，二者缺一不可。

第五，发挥个人才干、激发个人的努力。上莱茵地区边境合作除作长期准备外，积极寻找工程开发的兴奋点，吸引各级政府、各方决策者、普通公民以及投资者的热情。

由于跨边境区域合作首先是在欧美地区展开的，国外对边境跨国合作的研究成果也较多。对此，笔者认为要给予特别的关注，要加以仔细的考察，以资借鉴。

在欧洲一体化进程中，边境区域及其发展引起了众多学者的关注，边界区域被认为是一个媒介角色，边界两边的经济体都必须向跨边界的经济联结，国家壁垒的撤离和更大的经济和政治的跨区域合作，导致对空间的认同和区域经济和市场的重新定义。

尤恩·森姆·富勒（Jorunn Sem Fure, 1997）对德国和波兰边境的区域发展进行了研究。认为对于存有争议的边界地区的一体化，必须考虑不同的边界区域格局、历史状况和当代的政治经济结构以及双边政治变化和各自内部的政治变化，以及不同政治状态下的机构的设置。[21]

马丁·凡德维尔德（B. Martin R. van der Velde, 1998）认为，跨边界的一体化并不总是成功的。其原因在于边界是多侧面的，边界的效应是不相同的，一切有赖于不同方面内容的互动（经济的、文化的、制度的）以及区域的本质特征，作者界定了边界的不同类型和边界区域，并对边界区域的劳动力市场的影响与变化因素进行了详细论述。[22]

莫里斯·希夫和艾伦·温特斯（Maurice Schiff & L. Alan Winters, 2002）认为，国家间区域合作受到历史问题、信任以及基础设施、环境等公共产品等问题的影响，边境地区首当其冲。无论是基础设施、环境等问题，还是由于历史原因形成的邻国间的政治与经济关系，以及相互信任的状况等，都会在边境地带体现得尤为突出。[23]约阿希姆·布拉特（Joachim Blatter, 2000）研究发现，边境经济合作，政府间和非政府间的专业协会的建设极为重要，如在欧洲康斯坦茨地区（Lake Constance）的边境经济合作实践表明，政府间和非政府间的专业协会的建设对于促进边境经济合作的作用很大。[24]

威廉·科利尔（William Collier）等（2002）认为，边界区域作为移动的经济要素的前沿位置，具有吸引新企业的持续能力。[25]劳拉（Laura, 2003）认为边境区域增加了在国家就业的份额，也促进了专业化的转变。[26]西尔维娅·斯蒂勒（Silvia Stiller, 2003）对德国和波兰的边界区域变为欧盟的内部区域所带来的变化进行了研究，认为波兰和德国的边界阻碍的清除有利于增加边界区域企业的国际贸易关系，容易受到一体化进程中贸易扩张的影响，人口和就业也出现了新的趋势，且出现了强烈的收入方面的不平衡。[27]

克里斯蒂安·克里格·博登（Christiane Krieger – Boden，2002）从新经济地理的观点出发所做的研究，他们认为欧盟的一体化将导致区域的不断专业化和极化，也会导致收入的核心与外围的分异，一体化过程中区域将会出现输赢的状况，因此，需要有补偿性的区域政策。[28]

蒂乌帕斯（Tiiu Paas，2003）的研究认为，社会转型的社会效果（贫困、社会排斥等）对波罗的海国家整合到欧盟具有负面的影响，人力资本的投资和国家战略的可持续发展是一体化不可避免的产物。[29]安德烈亚斯科尼特（Andreas P. Cornett，2005）从经济一体化和区位论出发，以波罗的海区域为例，从跨区域边界的视角进行的研究，认为边境区域的生产系统可以分类为内包区域和外包区域。[30]

艾泽特·艾卜勒杰克（Izet Ibreljic），萨利·库伦诺维克（Salih Kulenovic，2004）对东南欧的欧盟观察国进行研究，认为对欧洲生产者具有吸引力，是进入欧盟的首要条件，为此要通过"标准的自由贸易区或者贸易自由化"等方式强化国家间的区域合作，跨边界的合作也需要得到欧盟的支持，并对合作的可能性及区域的优先权做了研究。[31]

安娜伊拉和尤利亚（Anna Iara & Iulia Traistaru，2003）跟踪研究了匈牙利 1994～2000 年市场一体化对于区域生产结构和区域增长差异的影响。[32]得出的结论是，制造业的布局趋向于边境区域，尤其是临近欧盟的区域，专业化得到了深化，由 FDI（外国直接投资或称国际直接投资，在中国多称为外商直接投资）强度所导致的知识外溢与区域增长之间是正相关，区域制造业专业化与区域增长之间也是正相关。

美洲和亚洲也有较多的相关研究成果。莫拉莱斯和圣伊西德罗（Morales & Isidro，1999）对墨西哥边境地区的研究认为，北美自由贸易区（NAFTA）促进了墨西哥从公共政策向市场驱动领域转变，经济开放和经济主体分权激发了墨西哥的新区域主义，将会对 21 世纪产生巨大的影响，尤其是比邻得克萨斯和加利福尼亚的墨西哥边境地区的技术、资金和知识等流动资产，有利于出台市场导向的政策，外向型经济模式得到加快发展。墨西哥南北区域的不均衡也得到了强化，社会的凝聚力处于危机中，市场机制也不会自动解决这些问题。[33]

安德里亚·莫伦纳等（Andrea Molinari & Christian Volpe Martincus，2005）以阿根廷和巴西为实证，对贸易是否会导致跨国家的区域商业周期一致性进行研究[34]。结果发现贸易强度急剧上升，但是并没有产生商业周期的一致性，由此认为区域较高水平的贸易是由边境（边境效应）造成的，边境因素对促进跨国地区的贸易具有重要影响。

此外，戈登·汉森（Gordon H. Hanson，2001）以美国和墨西哥边境城市巴黎（Pairs）为实证，针对美墨一体化对边境地区经济活动的扩张进行研究。认为交通成本是重要的非政策性的贸易障碍因素，一体化导致区域边境地区制造业经济活动扩张，并对美国边境城市的就业增长具有作用。[35]

蒲田次郎（Shujiro Urata，2004）认为，东亚的经济整合已经从"市场导向"向"制度导向"转变，自由贸易协议（FTAs）是一种重要表现，会给区域或世界其他区域带来经济、政治、社会以及其他的利益。[36]

肖恩（Narine Shaun，2002）、梁启超（Leong, Ho Khai，2001）、萨斯潘·柴拉迪约（Suthiphand Chirathivat，2002）对中国和东盟自由贸易区的背景、含义与未来的发展进行了研究。对于中国与东盟的合作问题上究竟对东盟各国是友好还是竞争提出了质疑。对于东盟在21世纪的问题（缺乏政治、军事和经济资源）进行了分析，并对前景进行了展望，认为它不可能在亚太地区占据主要角色，只有通过自首更多的成员国来强化他的外交地位，东亚经济危机加剧了他固有的经济脆弱性，东盟的振兴需要各成员国进行制度上的改革与合作，但是前景似乎并不乐观。[37~39]

于晓江（Xiaojiang Yu，2003）和孔梅迪（Medhi Krongkaew，2004）研究认为，由于大湄公河次区域合作是由6个国家进行的，涉及到交通、电信、能源、人力资源、农业、贸易和投资等方面，面临国家利益、政策制定和制度问题等诸多障碍，需要各国进行改革。[40~41]

## 二、简评及指导意义

国内外关于边境合作的研究，明显地集中在两个地区：欧洲和东亚。这两个地区是边境经济合作较为紧密的地区，从目前的研究来看，主要集中在边境经济合作经验的总结和边境合作成果的归纳两个方面。虽然已经有了非常丰富的研究成果，但是这些研究对于边界的功能研究并不系统，显得零散，尚缺乏对于边境区位合作开发等方面的系统研究，需要从区位论、经济地理学、社会学、政治学等方面对边境区位合作开发进行系统而深入的研究。

通过对跨境地区合作开发研究的总结，对我们研究边境区位价值提供了一定的指导：

第一，跨境地区的合作开发具有层次性。现代经济理论普遍认为均衡发展理论对实际经济发展的指导意义有限，更多的现实是，在不同的区域范围产生多个中心—外围关系。在跨境地区的合作开发过程中，也会遵循这种发展的一般逻辑，首先在发展基础较好的口岸、边境城镇等地区形成经济发展的若干个增长极，然后以增长极为发展核心，以交通运输线为纽带，逐渐带动周边地区经济的发展，形成边境口岸经济带，最后，通过长期的发展，形成跨境地区的经济发展片区，从而带动整个边境地区的发展。

第二，跨境地区的合作开发是一个系统性工程。跨边境地区的合作开发从目前来看多以经济和贸易的合作为主，其他方面的合作开发仍然较少。但是不能就此认为跨境地区的合作开发不包括其他方面的内容。实际上，跨边境地区的合作开发具有阶段性，在合作开发的初级阶段，主要以经济和贸易为主，但是随着合作开发的不断深入和合作开发理念的不断发展，人文的交流、环境的保护以及各种社会往来也逐渐成为跨境地区和合作开发的主要内容，这就使得跨境地区的合作开发成了一个系统性的工程，包含政治、经济、文化、环境等多个方面，只有各个方面协调发展，才能真正提升跨境地区合作开发的成效。

## 第四节  相关研究的欠缺与本书研究的作用

### 一、已有相关研究的欠缺

综合已有的研究不难发现，以往的学者对边境区位、边境区位价值、跨境地区合作开发的研究已经非常丰富，无论是在理论指导方面还是在实践经验总结方面都具有重要的参考价值，但是从目前的结论来看，以往的研究并没有形成关于边境区位价值系统、完整的理论体系，甚至对于跨境地区合作开发的研究还没有形成统一的结论。总结以往研究，发现仍存在一定的不足。

第一，多数研究仍未能将区位理论与价值理论进行有效的整合。边境地区的最大优势在于区位，促进边境地区的发展最重要的就是要充分利用好边境的区位优势，开发边境地区的区位价值，促进边境的区位价值转化为经济价值。但是已有的研究只是单纯地分析边境区位在边境地区经济发展中的作用，并没有将区位理论与价值理论进行有机的整合，从而形成边境区位价值的整体理论。即使是已经提出边境区位价值的相关理论，也只是对区位理论和价值理论的简单整合，并没有系统地阐述边境区位价值的完整理论。

第二，从研究方法上来看，现有研究主要以实证研究为主，以边境合作与边境贸易较为频繁的欧洲地区、东南亚地区、中亚地区和北美地区为主要研究对象，主要研究这些地区的边境经济是如何在自由贸易区、次区域经济合作等国际经济合作框架下实现快速发展的，缺乏在理论上的系统分析，特别是采用跨学科的理论与分析方法，结合经济地理学、国际贸易学、国际经济学、人文地理学等相关学科，将边境地区的合作与发展纳入一个跨学科的理论框架之下。

第三，在指导实践的策略选择上，由于现有研究多数是以边境地区经济发展的某个方面为研究主题，所以其指导策略具有片面性，无法提出能够全面指导边境地区开放发展的整体策略。

## 二、本书研究的主要作用

本书研究将区位理论与价值理论进行有机的整合，提出边境区位价值理论，填补了相关理论研究的空白。本书研究系统地提出了边境区位价值的概念、理论内涵、基本构成等理论基础，构造了边境区位价值的存量评估模型与动态变化测度模型，提出了边境区位价值开发利用的驱动因素促进路径、口岸经济带加快开发促进路径、跨境合作区开发升级促进路径、"一带一路"沿边蓄势促进路径以及梯次开发与渐远式辐射带动路径等开发利用模式，并进一步提出了开发利用边境区位价值的保障措施。总体来看，本书研究已经形成了边境区位价值的系统理论，为今后边境区位价值的相关研究提供了理论参考。

# 第三章

# 边境区位价值及其开发利用的
# 基本理论问题

## 第一节 边境区位与边境区位价值的形成基础

### 一、边境与边境区位的特点

1. 边境与边境效应

边境的实质性含义就是邻国之间的边界（border），是划分国家领土与主权的界限。也是一种利益与安全的界限，因此它既是国与国之间的敏感地带，又是两国政治军事和经济文化等方面的异质地带，在国家关系和睦时期还将成为经济文化和民族交流的接触地带和经贸往来的渠道。[42]有鉴于此，边境具有"屏障"与"中介"两种效应，前者指边境成为阻碍空间相互作用的边界效应，后者指边境具有彼此接触和交流的空间中介效应；这两种效应都是动态的，并在一定条件下可以相互转化。[43]在当今经济一体化和区域集团化，世界经济以相互关联的空间经济系统运动发展的形势下，对经济活动、资源与要素流动、市场拓展等加以"屏障"就是一种负的效应，而积极充当有益的"中介"就是正的效应（有利作用）。

总之，负效应（不利作用）主要包括分割腹地、增加交易费用、位置边缘化等屏障作用，正效应（有利作用）主要包括减少边境阻力、改善双边关系、完善基础设施、吸引投资与提高边境地区经济实力等。[44]研究边境效应的目的，就是最大限度地降低或缓解负效应，提高与强化正效应。

2. 边境区位的特点

从前述分析可见，边境是边境区位得以存在或形成发展的自然基础，但边境区位从地域空间和物质内涵上又包含了边境。基于边境与边境区位的这种关系，本书第一章第二节对边境区位内涵的分析，以及世界经济政治格局的优化与加强合作的主流形势，使边境区位体现出以下主要特点：

（1）边境区位动态性

这种动态性不是指边境区位特别是其所包含的边境的"位移"，而主要是指边境区位人类活动内容或实体及其组合关系的变化，它的地位与作用的动态性等。

（2）地缘政治关联性

因为边境区位处于毗邻国家的边境地带，受相关国家地缘政治关系状况的直接影响是显而易见的。

（3）屏障效应弱化性和中介效应主流性

在走向一体化的世界空间经济系统运动及区域经济集团化等带有普遍性和长期性的推动下，屏障效应将逐步被弱化，中介效应成为主流并会逐步有所加强。

（4）内部结构优化性

在各国加强经贸交流，加强边境区位的合作等背景与趋势下，边境区位将从布局内容结构到空间组合结构都将逐步优化。

（5）经济实力的成长性

随着合作的加强，要素的集聚与边境区位经济社会的发展，使边境区位的经济实力体现出成长性的特点。

## 二、边境区位的资源属性及其价值形成基础

1. 边境与边境地带的自然资源属性

资源的概念源于经济学科，是作为生产实践的自然条件和物质基础提出来的，具有实体性。资源一般可以包括自然资源、资本资源和人力资源等。自然资源涵盖的范围很广，可从不同的概念阐述中体现出其内在含义：[45、46]

其中，较早给出自然资源较完备的定义的，是地理学家金梅曼（Zimmermann，1951）在《世界资源与产业》一书中的解释，他认为：无论是整个环境还是其某些部分，只要它们能够或被认为能够满足人类的需要，就是自然资源。

联合国环境规划署有关文件中指出，所谓资源特别是自然资源，是指在一定时间、地点、条件下，能够产生经济价值，以提高人类当前和未来福利的自然环境因素和条件。

联合国教科文组织的定义是：自然环境中除了人以外的所有要素都可以看作自然资源，但通常只是把他局限在对人有潜在用途的自然要素和自然条件。

《辞海》中称："天然存在的自然物，不包括人类加工制造的原料。如土地资源、水利资源、生物资源和海洋资源等，是生产的原料来源和布局场所。"

分析总结以上概念与内涵的阐述，笔者认为可以得出以下结论：

（1）自然资源最本质的属性就是其质的有效性（有用性）和量的有限性（稀缺性）

有效性是能够满足人们经济活动与社会生活的某种需要的属性；有限性是资源总量会被不断消耗，或资源的量虽然不会减少但也无法增加（如雄伟壮观的大瀑布）。一般认为，具备资源本质属性的对象都是自然资源。

（2）自然资源概念的内涵具有动态性（时空性）的特征

即自然资源会随着经济社会与科学技术的发展不断扩大它的内涵，使

以前不属于"资源"范畴的对象（如荒无人烟的沙漠、冰天雪地的极地等）到现在或将来也会成为资源。

（3）自然资源具有历史性和社会性

即历史与社会背景或科技条件是否能够使得本是"可以利用"的资源，是否能够真正被利用或者能够利用起来。

（4）自然资源包括物质性（原料性）资源和功能性资源

传统经济学上了解的自然资源主要是在生产过程中作为原料投入的物质性资源，但自然资源的实质性内涵包含了满足人们某种需要的功能性资源。功能性资源是指自然环境、阳光、旅游景观资源等（也有人称之为环境资源）。这种资源在消费过程中可以重复使用，但在容量（如承载能力）和数量等方面受到限制。

综上可见，自然资源是指一切能为人类提供生存、发展、享受的自然物质与自然条件及其相互作用而形成的自然生成环境和人工环境。[47]

从前述关于边境的概念及其中介效应（功能与作用）的分析看，边境地带具有自然资源的"有效性"和"有限性"两个根本属性。同时以动态的视角来看，当前和今后的社会经济与国际政治背景，能够并已经"被利用"了起来；自然资源包括能够"提高人类当前和未来福利的自然环境因素和条件"，包括"自然要素和自然条件"，包括"布局场所"，也包括"功能性资源"等。由此可见，边境地带具有自然资源的基本属性，也是能为人类提供生存、发展、享受的自然物质与自然条件及其相互作用而形成的环境，属于自然资源的范畴。

从自然资源的分类看，有多种分类法。常见的自然资源传统分类是分为可更新资源（renewable）和不可更新资源（non-renewable）两大类。著名地理学家哈格特考虑了风景、空间等其他资源的特点及其与可更新、不可更新资源的区别，将自然资源分为可更新资源、不可更新资源和其他资源（风景、空间）等三大类（见图 3-1）。

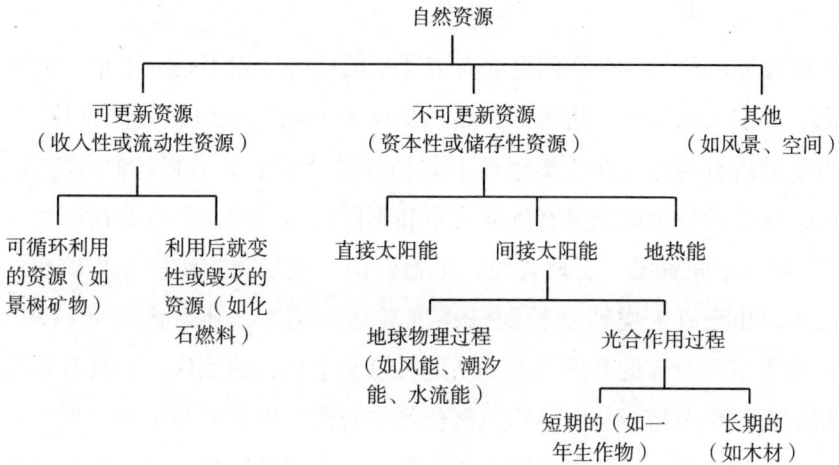

图 3 – 1 自然资源分类示意图

（资料来源：蔡运龙．自然资源学原理，科学出版社，2000：41）

自然资源与"空间"密不可分。而地理学角度对空间（space）的一般理解是，泛指地球上的空间（区别于宇宙空间），即以地面为基准，上下延伸到人类活动所能达到的地下和天空在内的一个圈带。在度量上是一个三维（长、宽、厚）的空间。对地球上众多的空间现象，国外学者把它分作景观空间、经济空间、文化空间、生活空间和聚落空间等。[48]

显然，在当今国际经济与政治关系背景下，边境及边境地带属于以上自然资源分类系统中的空间资源，具有经济空间、景观空间等方面的内涵。但长期以来，人们却没有把边境及边境地带看作一种资源来加快开发。

2. 边境区位：资源属性及其加快开发的必要性

这里有两点事实体现了边境区位的资源属性：一是从本书第一章第二节所阐述的边境区位内涵可见，边境区位同样具有"有效性"和"有限性"的自然资源属性；二是边境区位的形成发展以边境及边境地带为自然基础，在地域范围上包含边境、与边境地带共同占有相似（或基本相同）的地理空间，因而边境区位也和边境及边境地带一样具有自然资源的属性，是自然资源。

但边境区位与一般空间概念有着严格的区别：它不是一个单一的空间概念，如前文的分析，边境区位是人类活动与边境地域的"结合体"，即人类活动占有与布局在边境地域上并相互结合后形成的特定的边境区域。显然，这样的特定区域具有不同视角和不同层面上的几种资源在这里"叠合"，包括空间资源，土地资源，生物资源，或景观旅游资源与矿产资源等之外，由于有人类活动特别是经济活动的结合，还有人力（劳动力）资源与资本资源等的共同存在。从这种意义上讲，边境区位是具有多种资源相结合的资源组合体。对边境区位看作资源加以开发与加快开发具有时代意义，在经济一体化和区域集团化背景，以及各国特别是邻国经济联系日益增强实际情况下，加快边境区位的开发具有日益重要的意义。

## 第二节　边境区位价值的理论依据与理论内涵

### 一、区位理论依据及其指导意义

#### （一）一般区位理论解读

1. 区位理论的概念

区位理论（locational theory）是人类选择行为场所的理论，其中心就是通过合理的区位选择以最小的成本获取最大的利润。实质上，区位理论是研究空间对经济组织活动的影响的理论，是研究世界各国各地区某种经济活动区位的选择、形成和发展的科学，分析区位形成的原因与条件，预测其发展。[49] 它是通过地球表面的几何要素（点线面）及其组合的实体（网络、地带、地域类型、区域），是从空间或地域方面研究自然和社会现象，主要是研究经济现象，是关于人类活动特别是经济活动空间组织优化的学问。[50]

按照着眼点的不同，可分广义与狭义的区位理论：广义区位论是关于人类活动的区位及土地利用类型的区位理论；狭义区位论是对个别工厂进行最佳区位选择的区位理论。也有宏观与微观区位论之分，前者是研究多种对象集聚的空间类型，即从一个地区或一个国家来研究整体的区位或类型；后者是研究个别对象或者群组对象某一侧面的最佳区位（如某一工厂的运输区位）。还有静态与动态区位论之分，前者是以个别因素（尤其是距离因素）抽象孤立地分析与选择区位的（1940 年以前）；后者是以多因素的综合研究来分析与选择区位的，并与区域科学结合在一起，用计量的方法寻求多因素的最佳区位（1940 年后），以廖什的《经济区位论》和艾萨德的《区域科学导论》等著作为代表。此外，还有按生产部门（工业、农业）和研究领域（经济、地理）进行区分的。[51]按发展历程看区位论有古典区位论、近代区位论、现代区位论之分[50]。

按照人类活动内容的不同，可以把区位理论区分为农业、工业、运输、商业、聚落（城市）等区位理论。区位理论包含人类活动的空间选择与空间内人类活动的有机组合两层含义，前者是区位主体（人类活动内容）已知，而根据区位主体的固有特征出发，来分析该区位主体的可能空间，并进一步从中优选最佳区位；后者则反过来，即大的区位空间已知，要根据这一空间的地理特性、经济和社会状况等综合因素，来研究区位主体的最佳组合方式与空间形态。[52]

2. 区位理论中的区位条件与区位因子

（1）区位条件

影响区位主体（也即人类具体活动）区位选择的基本条件，就是区位理论中所说的区位条件。显然，不同区位主体具有不同的特点，所要求的区位条件也就不同。比如光水热与温度条件、土壤条件等是农业区位选择的主要区位条件，而对于工业区位的选择则不一定是。其中对区位主体影响大或重要的条件是主要区位条件，影响比较小的条件属于次要区位条件。[53]区位条件又可以分为当地条件和地域关系条件。不同的场所（地区）有不同的区位条件，不同的区位主体要求不同的区位条件（或者说不同的区位条件适合不同的区位主体），这就是不同的人类活动要求选择不同的区位，不同的区位适合于不同人类活动及其组合的原因。

（2）区位因子

区位因子是指影响区位主体分布的原因。韦伯（A. Weber）最早（1909年）提出这一概念时，认为区位因子是经济活动在某一特定地点进行时因费用节约所得到的利益。因此韦伯所追求的区位为生产费用最小的地点、节约费用（与获益）最大的地点。据此，韦伯提出了三组区位因子：一般区位因子和特殊区位因子；地域区位因子与集聚、分散区位因子；自然的、技术的区位因子与社会的、文化的区位因子。[54]

从以上分析看，区位条件与区位因子的主要区别就在于，区位条件是因场所不同而具有适合人类活动的诸条件，而区位因子则是由于场所相异而使人类活动（如生产）获得利益和费用节约。

**（二）工业区位理论与海港区位理论**

如上述按人类活动内容的不同，可把区位理论区分为不同的区位理论，与边境区位开发应用相关的或可借鉴的包括工业区位理论与海港区位理论等。

1. 工业区位理论及其集聚经济规律

韦伯1909年出版了《工业区位论》一书，系统介绍了他的工业区位理论思想。该书除了序言外，包括区位因素与区位力学、为了简化问题的假设、运输指向、劳动力指向、集聚、总体指向、经济系统中的制造业等共7章的内容。① 在其第5章中专门论述了工业集聚的因素及有关集聚规律等问题。韦伯认为，集聚的经济效益可以通过两种类型来实现：一是生产或技术集聚——是由于工业集聚的内部原因引起的，又可分为生产规模的扩大和企业间协作的加强两种方式；二是社会集聚——是由于集聚的外部原因引起的（如集中布局共享有关设施获得的成本节约等）。集聚将引起三种地域集聚类型，即地方性集聚（有限地区同类生产单位组成的整

---

① 韦伯著，李刚剑、陈志人、张英保译，朱立新校. 工业区位论，商务印书馆，1997.

体）、城市性经济（如城市形成后对企业成本下降而带来的利益等）和中心区工业（企业高度集中区域的工业整体）。

韦伯所讨论的工业区位集聚问题，已经被后来的经济和地理学者发展和应用。在韦伯工业区位集聚因子讨论的基础上，杨吾扬（1989）归纳了集聚规模经济的布局规模经济（区位规模经济）和城市化规模经济等的内涵。[55]他指出布局规模经济（区位规模经济），是指同一序列企业根据分工协作原则，利用生产的前向与后向联系，在地域上序列化排列，集中邻近布局，从节约运费、加强反馈与经济技术协作等获得的规模经济；而城市化规模经济则是因企业与行业的集中配置而加强纵向横向关系，因城市作为大型消费中心而缩短生产与消费领域的距离，因共享城市设施而减少企业在设施投资方面的支出，以及信息密集和管理方法的改进等带来的。实际上，集聚问题、集聚经济或集聚规模经济问题，至今依然是学术研究与实践探索的重要领域。

2. 关于海港区位理论

1934 年德国学者高兹（Erich A. Kautz）发表了他的著作《海港区位论》，系统地论述了海港区位理论的主要观点。[56]海港区位理论是以海港与腹地之间的关系为基础来创立的，认为海港区位主要由腹地的发展所决定、腹地是海港发展的最重要因素，海港建设的最优区位由"总体费用最小原则"决定，由此而受腹地指向、海洋指向、劳动指向和资本指向等的共同制约。同时在这些观点的基础上突出地强调了腹地因素对海港区位的主要决定作用。高兹认为随着经济的高度发展，腹地因素对海港区位起到决定性的作用，即腹地条件优越才是最重要的。在这样的观点和思想基础上，认为在优越的腹地位置条件下即使没有良好的港湾条件也应建立人工港，优越的腹地发展条件与发展需求下必须选择和建设能满足相应要求的出海港口。同时认为，尤其强大的腹地影响对港口的发展极为重要，腹地范围的大小、经济规模的大小、经济发展的活力是港口发展的动力和支撑，同时也对港口与腹地相结合的整体区域中的经济结构和经济活力等方面起着重要的决定作用。[57]

### （三）区位理论对边境区位价值研究与开发利用的指导作用

1. 区位理论对边境区位价值研究与开发利用具有广泛指导作用

区位理论，尤其是现代区位理论的各种派别从不同角度对区域经济发展提出独到的见解，他们对区位因子的分析方法有相通性，如自然因子（自然条件、自然资源等）、经济因子（发展水平、市场需求与竞争、聚集效果、资本等）、社会因子（经济区位、人口、文化、社会历史等）、技术因子（开发、加工、运输、组织的技术水平等）、制度因子（法律、体制、制度等），等等。区位因子分析涵盖的内容广泛，并具有针对性，这些都为我们研究区域经济发展问题提供了分析问题和解决问题的理论基础。[58]

对于跨国区域合作开发这一具体的人类活动（区位主体），如何选择最合适的"区位"？对于 CAFTA 背景下在中国—东盟陆地边境接触地带合作开发跨国区域，就是具有特殊价值蕴藏的边境区位，如何根据这一特定空间的地理特性、经济和社会状况等综合因素，来研究合作开发活动（区位主体）的最佳组合方式与空间形态？如何分析当地的具体条件和地域关系条件？对某些具体经济活动（如生产性地缘经济区建设等），如何选择具体的场所以实现理想的利益及费用节约等？如上述分析可见，区位理论对这些问题的研究与解决均具有指导意义。

2. 工业区位理论中集聚经济规律的指导作用

在边境区位及边境区位价值的开发利用中，资源的开发及其加工，边境地区增长极的组织，生产—贸易型地缘经济合作开发区的建设和边境贸易经济合作区的发展等问题，以及 CAFTA 背景下整个中国—东盟边境区位在合作开发过程中实现整体上的集聚规模经济问题，都可以借鉴工业区位理论中的集聚规模经济规律及其思路与方法。

3. 海港区位理论在港口—腹地经济发展中的指导作用

黎鹏在之前出版的《区域经济协同发展研究》等论著曾论述指出，海港区位理论不乏对港口—腹地区域经济一体化提供理论依据和指导作用的重要观点，比如前述的海港区位主要由腹地的发展所决定、腹地是海港发

展的最重要因素等观点①。这些观点给港口—腹地区域经济一体化问题提供了重要的相关启示和理论依据。笔者认为：[49]

（1）港口与腹地是相互依存的"区域对子"，没有广阔的腹地、没有良好的腹地发展条件与发展需求就没有相应的港口。因此，港口与腹地之间实质上是相互关联、相互依赖的分别以对方为存在和发展前提的特殊区域关系，必须把两者联系起来考察和研究。

（2）港口与腹地是高度"对应"的"区域对子"，对已有的港口、腹地要认真考察研究它们之间的对应性。包括港口与腹地范围的对应性，港口规模与腹地发展需求的对应性等。

（3）从港口的产生和发展看，港口与腹地是有机统一的区域组合体，港口与腹地之间有着内在的必然联系，客观上要求港口与腹地之间形成有序的要素流动与整体资源的优化配置，使这一区域组合体内部更加协调统一。

（4）海港是港口与腹地区域组合中最重要的集聚区位。由于海港建设遵循"总体费用最小原则"，联系腹地与海外市场（或资源地）的运输距离为最短，这是理论基础；港口建成之后，便成为港口—腹地区域系统的对外"窗口"和货物转运枢纽，由此而形成资源重组与优化配置的最佳场所，腹地要素可通过"窗口"出去，或在港口地区形成与其他要素的互补性优化配置，亦可通过"窗口"使外部要素进入腹地实现优化配置，产生新的效益。因此港口会形成港口—腹地区域系统的龙头，带动着类似于龙身的腹地，使二者密切相关、兴衰与共，俨然一体。

水运港口与陆运口岸，虽然分别面向海洋（河湖）与陆地的运输线路及其腹地，但它们均具有同样的功能，都是为了完成货物的运输、集散与进出口。设有海关口岸的港口更是如此，未设海关的港口通过邻近海关完成进出关手续也同样完成着货物的运输、集散与进出口的任务。因此，在西南边境跨国区域的主要陆地口岸，也有条件应用海港区位理论来实施口

---

① 黎鹏．区域经济协同发展研究，经济管理出版社，2003.10.

岸与腹地的经济联动乃至"一体化"的发展。

## 二、价值理论依据及其指导意义

价值理论研究表明，哲学上的"价值"含义是指：客体的存在、作用以及它们的变化对于一定主体需要及其发展的某种适合、接近或一致。反映客体的存在、属性和变化同主体需要之间的关系。[59]也就是客体与主体之间需要和满足需要的关系，当主体有某种需要时客体能够满足这些需要，那么对主体来说，这个客体就是有价值的。

在现代经济学中，存在两种价值理论：一种是马克思主义经济理论体系的劳动价值理论，另一种是西方经济理论体系的主观效用价值理论。笔者在此试图以边境区位的自然资源属性为基础，运用价值理论进行推理，探讨边境区位价值的客观存在性，阐释边境区位的价值理论依据。

1. 劳动价值论

劳动价值论的理论要点可以归结为：商品的价值决定于商品在劳动领域中所花费的生产费用，这种费用最终可以归结为劳动时间的耗费。[60]马克思的劳动价值论认为，商品价值实际上是表示人和人之间交换劳动的社会经济关系。商品价值是凝结在商品中的一般人类劳动，其实质是社会必要劳动时间。社会必要劳动时间指的是在现有的社会正常生产条件下，在社会平均的劳动熟练程度和劳动强度下，创造某种使用价值所需要的劳动时间。凡是资源均是稀缺的，随着人口数量增加和科技水平的提高，人们利用自然资源的能力不断提高，开发利用的数量规模在不断扩大，使自然资源变得越来越稀缺，自然环境负荷越来越大，完全依靠自然再生是不可能的，环境供需矛盾越来越紧张。假设为了保持平衡，人类就必须在自然资源的再生产过程中投入劳动，在这种假设前提下现存有用的稀缺自然资源就有了可比价值，其数值大小等于人们在自然资源再生产过程中投入的社会必要劳动时间。[61]

自然资源除了具有使用价值外也有价值。马克思指出"一个物可以是使用价值而不是价值，在这个物并不是由于劳动而对人有用的情况下是这样。例如，空气、处女地、天然草地、野生林等等"。但马克思在这里论述的前提条件是这些自然资源是天然存在，是没有经过人类的劳动加工就能为人类利用的，当然就不存在什么价值。然而，社会是在不断发展的，地球上所有进入了生态系统运转的自然资源，已不是那种不经过投入劳动就能自然成为使用价值的无"价值"物了。使马克思原先设定的条件发生了变化，但是马克思的劳动价值理论仍然是自然资源价值理论的基础，因为当今的自然资源是投入了人类劳动后才产生的，根据马克思关于价值"只是无差别的人类劳动的单纯凝结，即不管以哪种形式进行的人类劳动耗费的单纯凝结"的理论，它应该具有价值。这不仅不是对马克思劳动价值理论的否定，而正是在马克思劳动价值理论的指引下，使人们认识到自然资源是具有价值的。但有一点应该说明的就是那些已经存在但尚未被人类发现的自然资源（如深埋地底的各种油矿、汽矿、煤矿和有色金属矿藏）在人类还没有对其勘探前，仍不能被认为其具有价值，但这类资源一旦经过人类劳动发现和利用，该资源就具有了价值，因为这其中有了人类劳动的凝结。[59]

由此可见，自然资源是具有价值的。自然资源价值是指它同人的需要之间的关系，或指其能够满足人的需要的属性和能力。它是人的需要与自然资源客观存在之间的对立统一。[62]

马克思劳动价值论提出的另一个重要概念是"使用价值"，即物品对人的效用、用途、有用性或满足生产和人们消费的某种作用。自然资源只要对人有用或有效用，由于不是劳动产品而不具有价值，但具有使用价值，而且物对人的效用是由物的自然属性决定的。[63]

2. 效用价值论

效用价值论认为商品的价值是它的效用决定的，也就是有使用价值决定的。[62]因此，价值是人对物品满足人的欲望的主观估价。数量无限可自由取用的物品不会引起人们的关注，因而没有价值；只有与人的欲望相比是稀缺的物品，因其数量有限才会引起人们的重视，因而是有价值的。因此，效用是价值的源泉，稀缺性是价值条件，边际效用规律是价值的一般规律。边际效用决定价值，即将边际效用定义为价值。实际上，我们可以把劳动价值论和效用价值论结合起来，确立自然资源价值的观念、理论和方法。这样确立的自然资源的价值，相当于劳动价值论中的使用价值和效用价值论中的效用价值。[64]

综合前文所述，边境区位具有自然资源的属性，是自然资源。因此边境区位同样具有价值。

## 三、边境区位价值的理论内涵与基本构成

基于边境区位的自然资源属性，参考自然资源价值界定的一般思路和表述，对边境区位价值的含义与构成进行探讨。

（1）自然资源价值是指人类与自然资源相互作用与相互影响的关系中对于人类和自然资源这个统一整体的共生共存与共同发展所具有的积极意义、作用与效果。其中人类与自然资源是一个完整的统一体，在意义、作用与效果上必须是整合一致的；作用与被作用、影响与被影响在表现形式上是对立统一的双方，人类与自然资源之间绝不是此生彼亡的关系；自然资源更主要的本质特征是它的功能、效应和能力的恢复、替代和再生的可持续性。[65]

（2）边境区位作为特殊自然资源，在自然资源价值内涵的基础上，结合边境区位的特点及其资源属性，可以进行边境区位价值概念的初步概括。笔者认为边境区位价值的含义，是指人类活动与边境区位结合并相互作用与相互影响的整体关系，对人类活动与边境区位这一共同发展统一体所具有的积极意义、综合效用或整体效果。已有研究及传统方法是将自然资源价值的构成分为经济价值、社会价值和生态价值[64]。但万事需要与时俱进，在当前新时代新要求下，需要做到的是经济建设、政治建设、文化建设、社会建设、生态文明建设"五位一体"，这样才能科学合理地反映上述"积极意义、综合效用或整体效果"的本质内涵。而这种"积极

意义、综合效用或整体效果"相应会包括经济价值、政治价值、文化价值、社会价值与生态价值。也就是说边境区位价值主要体现在经济、政治、文化、社会、生态等五个方面的意义、效用与整体效果上。这五个方面的"积极意义、综合效用或整体效果",也正是边境区位价值的来源与构成。

按照边境区位价值的来源,可把边境区位价值（V）的构成归纳为经济价值（$V_1$）、政治价值（$V_2$）、文化（$V_3$）、社会（$V_4$）、生态（$V_5$）五个组成部分。

即：$V = V_1 + V_2 + V_3 + V_4 + V_5$

按照边境区位的具体内涵及其特点,可以将其价值构成进行进一步的分析与分解。

经济价值（$V_1$）。主要包括经济基础（$V_{11}$）、经济发展资本（$V_{12}$）、经济发展基础设施（$V_{13}$）、经济发展的市场（$V_{14}$）、经济发展的科技创新（$V_{15}$）等。经济基础（$V_{11}$）包括人均 GDP、第三产业增加值占 GDP 比重、经济外向程度、边境小额贸易量、工业总产值、工业增加值、社会消费品零售总额、基尼系数、居民消费价值指数、旅游人数等；经济发展资本（$V_{12}$）包括全社会固定资产投资、实际利用外商直接投资、外国直接投资入超净额等；经济发展基础设施（$V_{13}$）包括公路、铁路、机场等基础设施；经济发展的市场（$V_{14}$）主要是体现市场购买力的城镇居民人均可支配收入水平；经济发展的科技创新（$V_{15}$）主要是体现科技创新投入水平的 R&D 占 GDP 比重等。

政治价值（$V_2$）。主要包括政策（$V_{21}$）、机遇（$V_{22}$）等,其中政策（$V_{21}$）包括税率、经济自由化程度等；机遇（$V_{22}$）主要就是主要的机会等。

文化价值（$V_3$）。主要由边境地区的边界文化影响力（$V_{31}$）来体现。

社会价值（$V_4$）。主要包括劳动力支持（$V_{41}$）、医疗卫生支撑（$V_{42}$）、社会安全保障（$V_{43}$）等。

生态价值（$V_5$）。主要包括自然资源价值（$V_{51}$）、可持续发展能力

（$V_{52}$）等。

根据以上阐述，边境区位价值的基本构成分解如下（见图 3 - 2）。

这是对边境区位价值内涵与构成的分析是一个初步的探讨，有助于了解边境区位价值的来源与基本构成，有利于有针对性地研究边境区位价值的影响因素、变动的机理等，以寻找提升和开发利用边境区位价值的方法途径，促进边境区位与跨国区域的合作开发。这也是本书分析边境区位价值的最主要目的之一；也有利于通过对边境区位价值及其构成的分析，把边境区位提高到一种具有开发价值的资源的高度，让各国及国内特别是边境省区政府充分重视边境区位的开发与合作开发，推动边境区位的合作开发；以及在国际特别是邻国间经济交流与合作日益广泛与密切的背景下，了解边境区位价值的客观存在性及其价值的基本构成，利于在边境区位的合作开发过程中，在遵照国际合作一般原则等前提下，能够按照价值规律区认识与开发边境区位这一特殊资源。

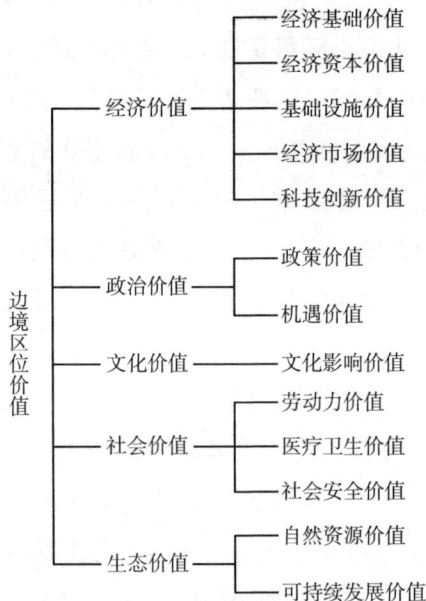

图 3 - 2　边境区位价值构成示意图

# 第三节　边境区位价值的动态演化规律

## 一、边境区位价值动态演化的引致因素

从上节分析可见，边境区位价值由经济价值、政治价值、文化价值、社会价值与生态价值构成，相对应地决定了边境区位价值的动态影响因素包括经济、政治、文化、社会、生态等五个方面的综合因素。

1. 经济因素

经济因素中经济基础、经济发展资本、经济发展基础设施、经济发展的市场、经济发展的科技创新等都直接影响着边境区位价值。经济基础越好，经济发展资本越充足、高效，经济发展基础设施越完善越高效，经济发展的市场越有利，经济发展的科技创新能力越强，越有利于边境区位价值的动态提升；反之就越不利于边境区位价值的动态提升。

2. 政治因素

政治因素中，税率、经济自由化程度等政策因素直接或间接影响着边境区位价值的提升或下降，税率高低是鼓励相关企业等行为主体经济活动积极性的构建因素，鼓励作用越大就越有利于相关企业等行为主体经济活动积极性提高，有利于创造价值而提升边境区位价值；机遇是边境地带经济发展与经济价值增加的有利因素，有利机遇越多或越好就越有利于边境区位的经济发展，也越有利于边境区位价值的提升。

3. 文化因素

不同的地方有着不同的文化传统与文化内涵，文化与人的思想观念、行为理念与行为方式等密切相关，由此而深刻影响到经济活动观念、决策与行动，进而影响经济效果与区位价值。边境地区的文化因素是跨境地区文化相互作用、相互融合的综合文化，这样的文化越有利于边境地带经济

发展先进观念形成、经济决策的科学合理性提高，越有利于经济行为主体经济行为规范与经济效果增强等，就越有利于边境区位价值的提升。相反则是不利于边境区位价值的提升。

4. 社会因素

一个团结和谐、积极上进、充满活力又安定有序的社会，肯定是有利于经济发展以及经济与社会协调发展的。社会因素中，越具有良好的社会安全保障，越具有有力支持的人力资源与劳动力支持条件，越具有有利的医疗卫生服务与支持条件等，就越有利于边境区位价值的提升。相反则是不利于边境区位价值的提升。

5. 生态因素

以自然资源与环境保护、可持续发展等为主要内涵的生态因素。自然资源的保护性开发、再生性自然资源持续性开发利用、非再生资源开发利用的生态环境保护，以及可持续发展的思想观念、决策与行动、措施与保障等决定的可持续发展能力等，都直接或间接影响边境地带发展的推进、发展的能力、发展的效果等，由此决定着边境区位价值的提升或下降。

以上五个因素综合影响着背景地带发展与边境区位价值的消长。

## 二、边境区位价值动态变化机理与变化趋势

上述影响因素对边境区位价值动态变化有着直接或间接影响，若将上述影响因素变化进行设定，以有利于边境区位价值提升与实现的变化为正向变化方向，以不利于边境区位价值提升与实现的变化为负向变化方向。则边境区位价值动态变化的机理可以简要归纳见图 3－3。

图 3－3 所反映的动态变化机理是显而易见的。边境区位价值始终受其各方面因素的综合影响。在单个或多个因素产生"同向"影响时，正向的同向影响会推动边境区位价值的提升，影响力量与作用越大越有利于边境区位价值的提升；负向的同向影响会导致边境区位价值的下降，影响力量与作用越大越容易导致边境区位价值的下降。既有正向影响也有负向

影响的多个因素共同影响时，边境区位价值的升降就决定于这些因素的"合力"，如果合力是正的（正向影响力大于负向影响力），同样可以推动边境区位价值的提升，如果合力是负的（负向影响力大于正向影响力），就会导致边境区位价值的下降。

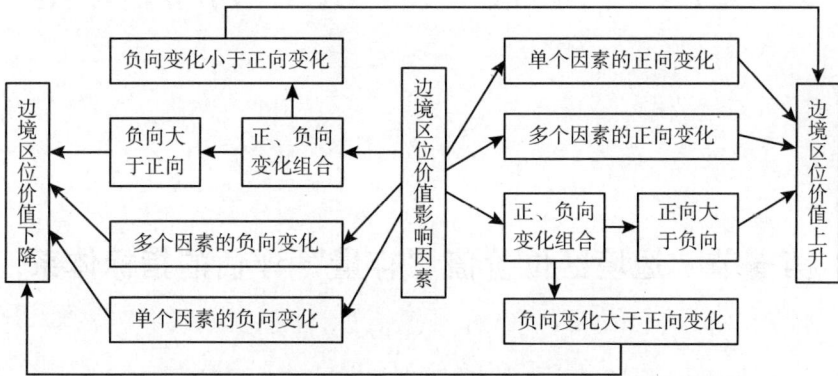

图 3 – 3 边境区位价值动态变化机理示意图

显然，从边境区位价值动态变化的机理与逻辑来看，边境区位价值既可以是上升的，也可以是下降的。但从当今经济全球化、区域集团化与邻国之间不断加强合作的主流趋势下，前述分析的影响边境区位价值的影响因素或影响因素的合力，将以推动边境区位价值的正向运动（价值提升）为主流。因此，除了国际关系不好的邻国边境地区之外，国际关系良好、经济联系与合作关系不断加强的邻国边境，其边境区位价值的影响因素多以正向影响或合力为正向的影响为主，使边境区位价值的变化趋势逐步提升或保持较高的边境区位价值（因为上升是有极限的）。从边境区位的经济价值而言，其存在与提升主要的理论性依据主要包括基于经济一体化理论背景下不同经济体边界的特殊性及其特有效用，比较优势理论背景下不同经济体边界地区资源或要素优化重组的互补共生效应，增长极理论与点轴开发理论背景下边界口岸开发与边境经济走廊开发的外向性辐射与带动作用，协同发展理论背景下边境地带合作开发的区域规模经济效应等。

# 第四章

# 边境区位价值"存量"评估模型

## 第一节　边境区位价值"存量"评估的指标体系

### 一、边境区位价值"存量"影响因子的确定

边境区位价值依托于区域及区域的发展，而区域发展受制于区域系统内的各项因素，因此在进行边境区位价值影响因子的分析选择时，当从区域系统内的各个方面进行考虑分析。在创新、协调、绿色、开放、共享五大发展新理念的指导下，在经济建设、政治建设、文化建设、社会建设、生态文明建设"五位一体"的总体布局下，笔者基于因地制宜原则、动态平衡原则、统一性原则等指标选取的原则，根据农业区位论、工业区位论、中心地理论和市场区位论、要素禀赋论等相关理论对影响区域发展的各种因素的分析，结合边境区位价值的内涵，对各项因素、指标进行筛选和优化，从经济价值、政治价值、文化价值、社会价值、生态价值五个维度选取边境区位价值存量影响因子指标并构建边境区位价值"存量"指标体系（见图4-1）。

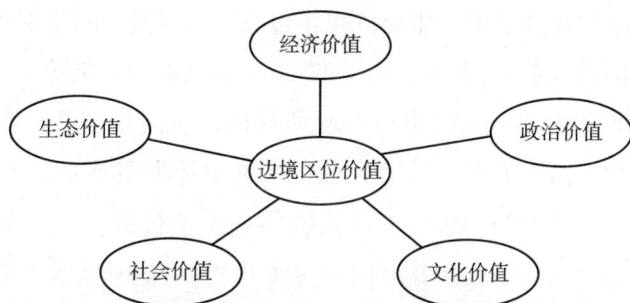

图4-1　边境区位价值维度

经济发展决定上层建筑，经济价值是指任何事物对于人和社会在经济上的意义。经济价值的大小在很大程度上影响着边境区位价值的"存量"水平。边境区位价值中的经济价值层面的影响因子，可以主要从现有经济基础、市场、资本等因素来考虑。

政治价值是政治行为的动机，是边境区域得以存在的基本价值所在。从根本上说，政治行为主体运用政治结构和政治手段，对决定政治价值取向的物质利益进行权威性分配，政治价值是社会物质利益关系在政治上层建筑中的集中表现。经验政治学家偏重将政治价值作为事实或资料来研究，而规范理论家、政治哲学家则注重其本质、结构和发展趋势。本书在研究边境区位价值中的政治价值层面时，更着重于对决定政治价值取向的物质利益及政策、制度因素进行考量。

文化价值向来是个不好量化的定性因素，尤其是边境文化复杂多样，其是边境地区人民在长期的社会生活中，逐步形成的以内地文化为根基，整合多种文化因素，反映边境地区地理环境与人文历史的特色文化。任何区域的发展都离不开其自身的文化因素的影响，其对于边境区位价值具有重要影响，且边界文化具有自身的特殊性，是一种观念上的转变与更新。在这里将采用边界文化影响力这个指标，采用"五分法"的评分法则，通过德尔菲法进行专业调查，得出一个量化的值，参与其后的边境区位价值"存量"的测度。

边境区域的社会价值，主要体现在边境区域在其自身发展过程中，为社会所做出的贡献和承担的责任。如对劳动力就业的贡献等。

生态价值自党的十八大报告中开始使用，生态价值是一种"自然价值"，即自然物之间以及自然物对自然系统整体所具有的系统"功能"。生态价值不同于通常我们所说的自然物的"资源价值"或"经济价值"，其是自然生态系统对于人所具有的"环境价值"。这种价值不是通过对自然的消费，而是通过对自然的"保存"实现的。十八大报告中明确指出："坚持节约资源和保护环境的基本国策，坚持节约优先、保护优先、自然恢复为主的方针"，为的是"给自然留下更多修复空间"，以推进绿色发展、循环发展、低碳发展。边境区域地带作为国家边境的屏障，其生态价值显得尤其重要。

基于以上经济、政治、文化、社会、生态五个维度的价值考虑，认为较为全面地衡量边境区位价值可从如下具体因素来进行考虑：

1. 经济价值维度的影响因素

经济价值维度的影响因素主要可以从经济基础、影响经济发展的资本、基础设施、市场以及影响经济可持续发展的科技创新等因素来衡量。

现有经济基础因素：任何发展都必须有一个基础，边境区位价值也不例外，其存在及发展都需要以一定的经济基础为起点。这里选择的经济因素的指标有：人均 GDP、第三产业增加值占 GDP 比重、经济外向度（进出口总额/GDP）、边境小额贸易量、工业总产值、工业增加值、社会消费品零售总额、基尼系数、居民消费价值指数、旅游人数等。其中，人均GDP、社会消费品零售总额、基尼系数、居民消费价值指数是对现有经济基础情况的一个总体性的描述；经济外向度是关于对外贸易量的指标；边境小额贸易量是针对研究主题边境区位价值而选入的；旅游人数是针对旅游在中国与东盟国家接壤的边境地带的大部分区域占有不可忽视的地位而选入的。

资本因素：选取全社会固定资产投资、实际利用外商直接投资、外国直接投资入超净额三个指标来反应资本因素。之所以选入外商直接投资、外国直接投资入超净额指标，是因为在开放性背景下，外资的引进对边境地带边界区域的发展至关重要。

交通基础设施因素：交通基础设施包括公路、铁路、机场等基础设施，是社会赖以生存发展的一般物质条件，行政因素的刚性约束使边境地带边界区域交通基础设施断头多，线路少，质量差，重复建设严重，影响了边境区域的联系和发展。这里选择了反映运输能力的指标—客运及铁路运输额、客运量总计、货运量总计、公路里程指标来衡量交通基础设施因素。

市场因素：采用城镇居民人均可支配收入来反应市场的购买力。

科技创新因素：一个区域的科技创新、科技进步率是其发展潜力的反应，这里选取 R&D 占 GDP 比重作为衡量科技创新因素的指标。

2. 政治价值维度的影响因素

政治价值维度的影响因素主要可从政策因素以及一些机遇因素来进行度量。

政策因素：政策对一个区域的发展起着不可估量的作用。在此采用税率、经济自由化程度（财政支出/GDP）两个指标来衡量政策因素。

机遇因素：选入机遇因素，使研究能灵活地适应时势的变化及区域的发展情况。由于机遇指标具有不可控性及不可预见性，所以该指标主要用来对模型进行最后的修正。在对所选样本进行定量的主成分分析及边境区位价值排名时，该指标采用德尔菲法进行专家调查。

3. 文化价值维度的影响因素

文化因素向来是个不好量化的定性因素，但任何区域的发展都离不开其自身的文化因素的影响，其对于边境区位价值的影响也是很重要的，边界文化具有自身的特殊性，是一种观念上的转变与更新。在这里将采用边界文化影响力这个指标，采用"五分法"的评分法则，通过德尔菲法进行专业调查，得出一个量化的值，参与边境区位价值"存量"评估模型的构建。

4. 社会价值维度的影响因素

社会价值维度的影响因素主要可以从劳动力因素、医疗卫生因素、社会安全因素等方面来进行衡量。

劳动力因素：劳动力因素可以从劳动适龄人口、就业率、受教育程度、地区智力密集程度等来反应。在此选取人口总数、城市登记失业率、普通中学在校学生数、科技活动人员数、公共教育经费占 GDP 比重来衡量劳动力因素。

医疗卫生因素：随着构建和谐社会口号的提出，医疗卫生条件已成为衡量某一区域健康发展的重要因素，这里采用医院、卫生院病床数（万张）来反应医疗卫生因素。

社会安全因素：受边境地带区域的边缘性影响，其社会安全问题不仅关系到人民群众生产生活，也关系国际边界区域的社会经济持续协调发展，更关系到其边境区位价值的大小。在这里采用犯案件数指标来进行衡量。

5. 生态价值维度的影响因素

生态价值维度的影响因素可以从自然资源、可持续发展因素等资源环境因素的角度来进行度量。

自然资源因素：自然资源是人类生存和发展的物质基础和社会物质财富的源泉，具有可用性、整体性、变化性、空间分布不均匀性和区域性等特点，可分为生物资源，农业资源，森林资源，国土资源，矿产资源，海洋资源，气候气象，水资源等。从边境区位价值角度出发，从便于量化的角度考虑，选择土地面积、平均气温、已发现矿产种数三个指标来反映自然资源因素在区域中的地域优势及资源优势。

可持续发展因素：发展要注重其可持续性。如发展过程中的环境保护、生态恢复的协作机制等，在此采用废水废弃物处理率、绿化覆盖率、工业废水排放达标量作为可持续发展因素的指标。

## 二、边境区位价值"存量"指标体系设定的原则

边境区位价值评价指标体系是建立在一定原则基础上的综合性指标的有机集合体。作为一个统一的整体，该评价指标体系并不是大量单项指标的简单堆积组合，而是在对区位价值的内部构成和边境区位特殊性进行深

入分析和研究的基础上构建起来的。为达到横向可比、各项指标均衡、定性定量相结合并使模型的运用留有发展空间的目的，边境区位价值指标体系的设计遵循如下原则：

（1）"存量"决定因子原则

因为指标过多或过于复杂，很容易使得指标之间出现高度相关性，从而产生多重共线性，使得指标之间因为相互作用而产生数据抵消或者放大[66]，从而使测度数值失真或失效，进而影响评价效果，故需选择在较大程度上能够决定当前"存量"大小、最能直接地对边境区位价值进行测度、评价和分析研究的主要指标。

（2）可量化原则

即力求所有指标都可量化，尤其是以统计数据来支持。在数据的搜集上，主要是以国家统计局或地方统计部门的指标数据为主，以各地区的数据、企业数据为辅，一定程度上保证了数据的全面、权威，可信度高，也保证了指标口径的统一性；对于其中的定性指标，均采用"五分法"的评分法则，通过德尔菲法进行专家调查，得出量化值，以方便进行进一步的统计分析及模型建立。

（3）可比性原则

对于一些受地域大小或人口数量影响较大的绝对指标进行相对化处理，转变成相对指标。相对指标为均质指标，更能体现边境区位价值的内在性与可比性。

（4）灵活性原则

在设计指标体系时，增加了一个机遇指标。重大发明的出现、国家政策的倾斜、国际上投资的重大变化、对外经济关系获得重大进展的关键时段等，都可以看作是一个区域的发展机遇。机遇指标具有不可控性及不可预见性，相对权重很小，在一般模型的构建时，可将此指标看作随机变量以用于模型的修正与调整。

# 三、边境区位价值"存量"指标体系的建立

## （一）边境区位价值指标体系的层次

目前国内外学者对边境区位价值的内涵还属探讨阶段，王谷成（2008）从资源与能力相匹配的角度对边境区位价值要素体系进行了研究[67]。在这里，从效应的角度出发，笔者认为，不加任何说明和修饰的边境区位价值是指对于边境区位价值的某个单元，其自身的发展所能带来的自身内部及外部周边地区的提升效应，从而促进整个社会主体发展完善的效应。为此，笔者对边境区位价值的影响因子及评价指标进行了研究。考虑到基础资料获取的困难和边境区位价值指标设计的直接性、可量化性、可比性和灵活性等基本原则，笔者构建了由三个层次组成的边境区位价值指标体系，包括边境区位价值总目标层、目标层和指标层。总目标层G是单一目标层，也是核心目标层；目标层N有5个方面，从经济价值、政治价值、文化价值、社会价值、生态价值五个层次、五个维度反映边境区位价值的情况，各个维度分别选用影响因素来进行度量；指标层I总共包括35项具体指标，能较全面地反映边境区位价值的各个方面。

**总目标层G：**本书研究的最终目的在于通过全面分析边境区位价值的影响因子，并综合评估中国与东盟国家接壤的边境地带边境区位价值的大小，为各边境区位价值的开发提供综合决策依据。

**目标层N：**目标层是将边境区位价值的经济、政治、文化、社会、生态五个维度作为目标层的分析平台，以分析及度量这五个方面相互影响、相互促进、耦合而成的边境区位价值。

**指标层I：**在5个目标层下面，分别选择主要的因素，并考虑到指标选取的原则，选择35项具体指标，用以详细体现5个目标层及通过构建模型计算衡量边境区位价值的大小，它们是目标层具体目标的承载和体现。

## （二）边境区位价值指标体系的内容

通过前述的分析，边境区位价值指标体系的构建见表 4 - 1，表中，$X_{ij}$ 表示第 i 个目标层的第 j 个指标。

表 4 - 1　　　　　　　　　　边境区位价值指标体系

| 总目标层 G | 目标层 N | 指标层 I | | | 备注（单位） |
| --- | --- | --- | --- | --- | --- |
| | | 因素层 | 指标名称 | 指标代码 | |
| 边境区位价值 | 经济价值 | 现有经济基础因素 | 人均 GDP | X11 | 元/人 |
| | | | 第三产业增加值占 GDP 比重 | X12 | % |
| | | | 经济外向度 | X13 | / |
| | | | 边境小额贸易 | X14 | 亿元 |
| | | | 工业总产值 | X15 | 万元 |
| | | | 工业增加值 | X16 | 万元 |
| | | | 社会消费品零售总额 | X17 | 万元 |
| | | | 基尼系数 | X18 | 逆指标 |
| | | | 居民消费价值指数 | X19 | 上年 = 100 |
| | | | 旅游人数 | X110 | 万人次 |
| | | 交通基础设施因素 | 旅客出入境吞吐量 | X111 | 万人次 |
| | | | 客运量总计 | X112 | 万人次 |
| | | | 货运量总计 | X113 | 万吨 |
| | | | 公路里程 | X114 | 公里 |
| | | 市场因素 | 城镇居民人均可支配收入 | X115 | 元 |
| | | 资本因素 | 全社会固定资产投资 | X116 | 万元 |
| | | | 实际利用外商直接投资 | X117 | 万美元 |
| | | 科技创新因素 | R&D 占 GDP 比重 | X118 | % |
| | 政治价值 | 政策因素 | 关税总水平 | X21 | % |
| | | | 经济自由化程度 | X22 | / |
| | | 机遇因素 | 机遇因素 | X23 | 德尔菲法 |
| | 文化价值 | 文化因素 | 边界文化影响力 | X31 | 德尔菲法 |

续表

| 总目标层 G | 目标层 N | 指标层 I | | | 备注（单位） |
|---|---|---|---|---|---|
| | | 因素层 | 指标名称 | 指标代码 | |
| 边境区位价值 | 社会价值 | 劳动力因素 | 人口总数 | X41 | 万人 |
| | | | 城市登记失业率 | X42 | %，逆指标 |
| | | | 普通中学在校学生数 | X43 | 人 |
| | | | 科技活动人员数 | X44 | 人 |
| | | | 公共教育经费占 GDP 比重 | X45 | % |
| | | 医疗卫生因素 | 医院、卫生院病床数 | X46 | 床 |
| | | 社会安全因素 | 犯案件数 | X47 | 起，逆指标 |
| | 生态价值 | 自然资源因素 | 土地面积 | X51 | 平方公里 |
| | | | 已发现矿产种数 | X52 | 种 |
| | | | 年平均气温 | X53 | 摄氏度 |
| | | 可持续发展因素 | 废水废弃物处理率 | X54 | % |
| | | | 绿化覆盖率 | X55 | % |
| | | | 工业废水排放达标量 | X56 | % |

资料来源：作者设计。

对于边境区位价值指标体系中目标层 N 已经在前文关于边境区位价值影响因子的确定中进行了详细的说明。在这里就指标层 I 的 35 个指标解释及赋值进行具体介绍①。

X11——人均 GDP（元/人）：人均 GDP 是反映经济发展整体水平的重要指标，按可比价格计算，上年 = 100。

X12——第三产业增加值占 GDP 比重（%）：第三产业增加值占 GDP 比重是反映经济发展水平和结构变化的重要指标，这一比重越高，产业结构越高级化，经济发展越现代化，其经济发展水平所体现的那一部分区位价值也越大。

---

① 对指标定义的解释均来源于国有统计局：主要统计指标解释。在书中不再一一注释。

X13——经济外向度：经济外向度反映地区对外开放程度。限于资料，这里以对国外进出口占该地区 GDP 比重表示，计算公式为：经济外向度 = 进出口总额/GDP。

X14——边境小额贸易（亿元）：边境小额贸易，系指我国边境地区经批准有边境小额贸易经营权的企业，通过国家指定的陆地边境口岸，与毗邻国家边境地区的企业或者其他贸易机构进行的贸易活动。因为对于边境口岸来说，边境小额贸易是其不可忽视的一个部分，在此引入边境小额贸易量这一指标是针对研究主题边境区位价值而选入的。

X15——工业总产值（万元）：反映一定时间内工业生产的总规模和总水平。1995 年全国工业普查对工业总产值（原规定）的内容及计算原则和方法做了某些修订，修订后的工业总产值（新规定）包括三项内容：本期生产成品价值、对外加工费收入、在制品半成品期末期初差额价值。这里按不含增值税（销项税额）的价格计算。

X16——工业增加值（万元）：指工业企业在报告期内以货币表现的工业生产活动的最终成果。这里的工业增加值以生产法计算，计算方法为：工业增加值 = 工业总产出 – 工业中间投入 + 本期应交增值税。

X17——社会消费品零售总额（万元）：指各种经济类型的批发零售贸易业、餐饮业、制造业和其他行业对城乡居民和社会集团的消费品零售额和农民对非农业居民零售额的总和。

X18——基尼系数（逆指标）：基尼系数反映一个国家或地区不同时期收入分配的差异程度，是用来表示社会收入分配不平均程度的指标，反映在洛伦茨曲线中是指实际收入分配曲线与绝对平等线之间的面积占绝对平等线与绝对不平等线之间的面积的比重。基尼系数越大，收入分配不平等程度越高，社会越不和谐，那么该地区的自身价值便会受到影响。在进行价值分析时，基尼系数是逆指标，应该越小越好，所以在此对基尼系数取倒数后再进行主成分分析。

X19——居民消费价值指数（上年 = 100）：该指数可以观察和分析消费品的零售价格和服务价格变动对城乡居民实际生活费支出的影响程度。

X110——旅游人数（万人次）：包括入境国际旅游者人数、出境居民人数和国内旅游者人数。

X111——旅客出入境吞吐量（万人次）。

X112——客运量总计（万人次）：指在一定时期内，各种运输工具实际运送的旅客数量。该指标是反映运输业为国民经济和人民生活服务的数量指标，也是制订和检查运输生产计划、研究运输发展规模和速度的重要指标。客运按人计算。旅客不论行程远近或票价多少，均按一人一次客运量统计；半价票、小孩票也按一人统计。

X113——货运量总计（万吨）：指在一定时期内，各种运输工具实际运送的货物数量。该指标是反映运输业为国民经济和人民生活服务的数量指标，也是制订和检查运输生产计划、研究运输发展规模和速度的重要指标（国家统计局主要统计指标解释）。货运按吨计算。货物不论运输距离长短、货物类别，均按实际重量统计。

X114——公路里程（公里）：公路里程指在一定时期内实际达到《公路工程［WTBZ］技术标准JTJ01－88》规定的等级公路，并经公路主管部门正式验收交付使用的公路里程数。两条或多条公路共同经由同一路段，只计算一次，不重复计算里程长度（国家统计局主要统计指标解释）。该指标可以反映公路建设的发展规模，也是计算运输网密度等指标的基础资料。

X115——城镇居民人均可支配收入（元）：指城镇家庭成员得到可用于最终消费支出和其他非义务性支出以及储蓄的总和，即居民家庭可以用来自由支配的收入（国家统计局主要统计指标解释）。计算公式为：可支配收入＝家庭总收入－交纳所得税－个人交纳的社会保障支出－记账补贴。

X116——全社会固定资产投资（万元）：以货币形式表现的在一定时期内全社会建造和购置固定资产的工作量以及与此有关的费用的总称。该指标是反映固定资产投资规模、结构和发展速度的综合性指标。

X117——实际利用外商直接投资（万美元）：指我国各级政府、部门、企业和其他经济组织通过对外借款、吸收外商直接投资以及用其他方式筹措的境外现汇、设备、技术等。

X118——R&D 占 GDP 比重（%）：反映地区科技投入强度。

X21——关税总水平（%），此处采用税率指标来衡量。税率是税额与课税对象之间的数量关系或比例关系，是指课税的尺度。为了分析的方便，这里采用关税总水平指标。

X22——经济自由化程度：计算公式为：经济自由化程度＝财政支出/GDP，该指标用以间接反映政府干预经济的程度。

X23——机遇因素：指重大发明的出现、国家政策的倾斜、国际上投资的重大变化、对外经济关系获得重大进展的关键时段等能推动一个区域发展的内在或外在机遇，机遇指标具有不可控性及不可预见性。

X31——边界文化影响力：是个反映边界文化具有自身特殊性的指标。在这里将采用边界文化影响力这个指标，采用"五分法"的评分法则，通过德尔菲法进行专家调查，得出一个量化的值，参与其后的主成分分析及模型的构建。

X41——人口总数（万人）：指一定时点、一定地区范围内有生命的个人总和（国家统计局主要统计指标解释）。年度统计的年末人口数指每年 12 月 31 日 24 时的人口数。

X42——城市登记失业率（逆指标）（%）：是城镇登记失业人员与城镇单位就业人员（扣除使用的农村劳动力、聘用的离退休人员、港澳台及外方人员）、城镇单位中的不在岗职工、城镇私营业主、个体户主、城镇私营企业和个体就业人员、城镇登记失业人员之和的比（国家统计局主要统计指标解释）。失业率是反映一个国家经济发展趋势的先行指标。

X43——普通中学在校学生数（人）。

X44——科技活动人员数（人）：指直接从事科技活动，以及专门从事科技活动管理和为科技活动提供直接服务，累计实际工作时间占全年制度工作时间 10% 及以上的人员[1]。该指标用来反映投入科技活动人力的规模。

X45——公共教育经费占 GDP 比重（%）：其计算公式为：公共教育

---

[1]　科技活动人员释义详见网址：https：//baike. so. com/doc/5989824 - 6202791. html.

的经费/GDP。

X46——医院、卫生院病床数（床）：医院包括综合医院、中医医院、中西医结合医院、民族医院、各类专科医院和护理院。卫生机构包括医疗机构、疾病预防控制中心（防疫站）、采供血机构、卫生监督及监测（检验）机构、医学科研和在职培训机构、健康教育所等。

X47——犯案件数（起）：是犯罪密度绝对指标之一，犯罪统计的重要内容。犯案件数是逆指标，在进行分析之前需作逆指标的处理。

X51——土地面积（平方公里）：指行政区划下所属土地面积。

X52——已发现矿产种数（种）：即该区域已发现的矿产资源种数。

X53——年平均气温（℃）：其统计计算方法为：年平均气温是将12个月的月平均气温累加后除以12而得①。

X54——废水废弃物处理率（%）：反映环保及可持续发展方面的指标。

X55——绿化覆盖率（%）：用作绿化的各种绿地面积占土地面积的比重。

X56——工业废水排放达标量（%）：是反映环保及可持续发展方面的指标。

## 第二节　边境区位价值"存量"评估模型的构建与应用

### 一、边境区位价值"存量"评估的样本选取及数据收集

#### （一）样本选取依据

本书研究中，样本选取采用目的性选样方法，这样可以用尽量小的样本量得到尽量大的信息量，以能为本书研究提供最多、最需要、最有价值

---

① 月平均气温是将全月各日的平均气温相加，除以该月的天数而得。

的信息为目标来确定最有代表性的样本。这里选取中国与东盟国家接壤的边境地带国家一类陆地口岸（包括公路口岸和铁路口岸）所处边境城市为样本进行分析。其选取依据为：

首先，由于数据的不可获得性，对于一些非国家一类口岸或是普通的县、镇等，很难有统一口径的官方的统计数据，所以从数据收集的可获得性来说，选择国家一类口岸所处边境城市是可行的。

其次，边境陆路口岸的设置必须是毗邻国家同时设置，所以中国与东盟接壤国家边境口岸彼此相对应，缺一不可，有严格的对应性（海运口岸和空运口岸没有对应性），所以某种程度上能很好地反映中国与东盟国家接壤的边境地带的共同特征。

再次，从统计学角度来说，一定程度上的样本能够代替总体进行统计分析，笔者认为在总体偏差率远远低于可容忍偏差率的原则下，中国与东盟国家接壤的边境地带国家一类陆路口岸所处边境城市在这里能在一定程度上代替中国与东盟国家接壤的边境地带这一总体来进行分析。

### （二）样本的选取

本书研究中选取中国与东盟国家接壤的边境地带国家一类陆地口岸（包括公路口岸和铁路口岸）所处边境城市为样本进行分析。具体来说，边境城市沿国界分布，由于不同的历史基础，不同的自然条件，不同的社会经济因素，决定了具有不同的城市类型。其类型大致有七种（按主次顺序）：口岸型城市、集贸型城市、资源型城市、枢纽型城市、政治中心城市、要塞型城市、加工基地型城市[68]。这里作为样本所选取的边境城市是特指实行沿边开放后的西部沿边地区与毗邻国家边境地带上的口岸城市。

"口岸"系指人员、货物（含国际邮件）、交通工具出入国境的机场、港口、车站、通道等[69]。它是国家对外开放的窗口和门户，担负着同外部世界交往、维护国家主权和经济利益的双重任务。从某种程度上说，它是一种特殊的国际物流结点。国家一类口岸是按口岸的重要性及管理层次对口岸进行分类所得的其中一类口岸。国家一类口岸通常称其为国家级口岸，是由有关部门（局）协同口岸所在地的省、市、自治区政府，与军方会商报国务院批准的港口、车站、通道、机场。按职能分为：对外籍船舶、飞机、车辆等交通工具开放的海、陆、空客货口岸；只允许我国籍船舶、飞机、车辆出入国境的海、陆、空客货口岸；允许外籍船舶进出我国领海内的海面交货点。我国口岸主要由检查检验、交通运输、供应服务、外贸及口岸综合管理等五部分组成。按照出入境的交通方式划分，可将口岸分为港口口岸、陆地口岸和航空口岸。口岸开放后，对其所在城镇的规划与建设、投资环境的改善、外资和技术的引进等有促进作用；同时使对外经贸和国际旅游业得到较快发展，并对口岸腹地经济振兴具有推动。口岸在对外经贸和地域经济发展上有着突出作用。本书研究中作为样本所选取的口岸城市，它们有的是经国家批准，实行沿边开放的特殊政策；有的是经地方各级政府批准，实行地方专门制定的沿边开放特殊政策。这些城市都具有独特的资源优势、区位优势与人文优势，因而大部分是西部边疆少数民族地区对外开放的前沿和经济发展的中心，它们的发展对于沿边开放的整体推进和边疆少数民族地区经济的整体发展具有非常重要的作用，对其边境区位价值的分析及其开发研究也具有非常重要的现实意义。这也是本书研究选取中国与东盟国家边境地带国家一类口岸所依托的边境城市作为分析样本的原因之一。

中国与东盟国家接壤边境有广西、云南两省区分别与越南、缅甸、老挝三国接壤。据《中国口岸实用名录》及《中国口岸年鉴》等相关资料表明，截至 2017 年中国与东盟接壤国家的陆地边境共有一类口岸 16 个，其中广西边境 5 个（凭祥口岸、水口口岸、龙邦口岸、东兴口岸、平孟口岸），云南 11 个（瑞丽口岸、畹町口岸、河口口岸、磨憨口岸、金水河口岸、天保口岸、腾冲猴桥口岸、孟定清水河口岸、打洛口岸、勐康口岸、都龙口岸）；共有二类口岸 13 个，其中广西边境 6 个（爱店口岸、平而口岸、科甲口岸、硕龙口岸、岳圩口岸、峒中口岸），云南边境 7 个（田蓬口岸、片马口岸、盈江口岸、章凤口岸、南伞口岸、孟连口岸、沧源口岸）。

　　根据前文所论述的样本选取依据，笔者选取我国与东盟国家接壤边境地带的 12 个较主要的国家一类陆地口岸所依托的 12 个口岸型城市或城镇作为本书研究的分析样本①，这些口岸型城市或城镇相关情况见表 4 - 2。由此即使表 4 - 1 的边境区位价值指标体系形成一个 12 × 35 矩阵，其中 12 代表选取的 12 个口岸城市样本、35 代表表 4 - 1 中影响边境区位价值大小的 35 项因子变量指标。

**表 4 - 2　　　　中国与东盟边境区位价值"存量"评估的样本**
**口岸城市（城镇）相关情况**

| 所选一类口岸样本 | | 口岸类型（按出入境交通方式） | 口岸城市或城镇（最小到县） | 对应邻国口岸 | 对应邻国 |
|---|---|---|---|---|---|
| 所在省区 | 口岸名称 | | | | |
| 广西 | 东兴 | 公路口岸 | 东兴市 | 芒街 | 越南 |
| 广西 | 友谊关 | 公路口岸 | 凭祥市 | 友谊 | 越南 |
| 广西 | 凭祥 | 铁路口岸 | | 谅山 | 越南 |
| 广西 | 水口 | 公路口岸 | 龙州县 | 驮隆 | 越南 |
| 广西 | 龙邦 | 公路口岸 | 靖西县 | 雄国 | 越南 |
| 云南 | 天保 | 公路口岸 | 麻栗坡县 | 清水河 | 越南 |
| 云南 | 河口 | 铁路口岸 | 河口县 | 老街 | 老挝 |
| 云南 | 金水河 | 公路口岸 | 金平县 | 马鹿塘 | 越南 |
| 云南 | 磨憨 | 公路口岸 | 勐腊县 | 磨丁 | 老挝 |
| 云南 | 打洛 | 公路口岸 | 勐海县 | 小勐拉 | 缅甸 |
| 云南 | 孟定 | 公路口岸 | 耿马县 | 腊戌 | 缅甸 |
| 云南 | 瑞丽 | 公路口岸 | 瑞丽市 | 木姐 | 老挝 |
| 云南 | 畹町 | 公路口岸 | | 九谷市 | 缅甸 |
| 云南 | 猴桥 | 公路口岸 | 腾冲县 | 甘拜地 | 缅甸 |
| 云南 | 勐康 | 公路口岸 | 江城县 | 兰堆 | 老挝 |
| 云南 | 都龙 | 公路口岸 | 马关县 | 箐门 | 越南 |

　　资料来源：根据《中国口岸实用名录》《中国口岸年鉴》、中国海关网口岸管理等资料作者整理。

　　① 这里以县为最小单位取口岸所属最小行政区划，下文中以"口岸城市"来简称。其中畹町市是全国最小的边境城市，于 1999 年并入瑞丽市，相关统计年鉴上不再单独统计畹町市的部分资料，所以在这里取瑞丽市。

### (三) 数据收集及数据处理

1. 原始数据的收集

原始数据的收集是取得指标体系中各指标具体量化值的过程，是后文进行统计分析及建模的基础。原始数据的收集过程中，对于定量指标力图做到取得准确、系统、可靠的统计数据；定性指标通过邀请关于边境区位及对中国东盟方面有深入研究的专家组成专家组进行评分，各专家的主观性在比较中互有抵消，从而力图获得较为客观真实的量化值。

受数据的可获得性限制，本书研究数据收集的基本来源如下：

（1）定量指标的原始数据来源。指标土地面积、普通中学在校学生数、全社会固定资产投资、医院、卫生院病床数、工业总产值、工业增加值等数据来源于《中国县（市）社会经济统计年鉴》等资料；指标年平均气温、人口总数、计算经济自由化程度所需的财政支出和 GDP、人均 GDP 等数据来源于《广西统计年鉴》《云南统计年鉴》等资料。其他指标数据根据《中国城市统计年鉴》、中国宏观数据挖掘分析系统、中国海关网、中国口岸协会等网站资料整理；指标经济自由化程度、经济外向度由笔者计算所得，其计算公式为：经济自由化程度 = 财政支出/GDP；经济外向度 = 进出口总额/GDP。部分缺失数据的获得及原始数据的处理见后述分析。

（2）定性指标的量化。定性指标其外延的不确定性和模糊性，决定了传统的数理统计方法已不再适用其量化，采用模糊理论的方法对定性指标的量化，将具有更大的实际意义和可操作性。本书研究采用德尔菲法进行专家调查，运用五分法，确定评语集：

$V = \{V1, V2, V3, V4, V5\} = \{好，良，一般，较差，差\}$，

由专家评价小组（一般由 8 至 12 名专家组成）根据各区域具体情况按设定的评语集对某定性指标 $X_{ij}$ 进行评议打分，设定函数集 $\{5, 4, 3, 2, 1\}$ 与评语集 $\{好，良，一般，较差，差\}$ 相对应。对于所需专家打分的指标，能得到 n 个评分 $y_{ij}$，n 为专家组中专家人数。为使指标值具有可公度性，进一步运用线性内插法原理对指标得分进行归一化处理，公式

为 $Y_{ij}=(y_{ij}-1)/(5-1)$，所得 $Y_{ij}$ 即为定性指标 $X_{ij}$ 的评估值，本书研究中对边界文化影响力、机遇因素进行德尔菲专家调查，其所得的评估值仍记为 $X_{ij}$ 参与后续研究分析。

2. 缺失数据的处理及数据标准化

在数据收集的过程中，误差是难免发生的，盲目地利用碰巧可以取得或者随手可以拈来的数据可能会得到劣质的、误导性的信息。统计数据的整理是对统计数据的加工处理过程，以使统计数据系统化，条理化，符合统计分析的需要，在此采用官方的统计数据作为定量指标的值，同时采用线性内插法和模糊理论的方法确定定性指标的量化值，为了保证得到值得依赖的、有价值的、尽可能准确的信息，在这里对某些空白数据采用了线性插值法予以补齐，对一些意外因素影响大的样本及可能出现突变的数据，进行了平滑处理。在此基础上，针对不同的指标作出了如下处理：

（1）指标的相对化处理

为了避免因地区面积、人口、经济等因素对指标所造成的影响，对部分指标求其相对于 GDP 或人口或土地面积的比值，以得到相对指标。本书研究中将指标已发现矿产种数、人口总数、公路里程分别除以土地面积；将指标普通中学在校学生数、科技活动人员数、医院卫生院病床数分别除以人口总数；将指标全社会固定资产投资、实际利用外商直接投资分别除以 GDP，处理后仍用其原指标代码表示，便于后续分析。

（2）指标的趋同化处理

对于逆指标的处理，笔者采用取其倒数的方法。此处对逆指标城市登记失业人数、基尼系数、犯案件数取倒数，进行指标的趋同化处理，处理后的仍用其原指标代码表示。

（3）数据标准化

由于边境区位价值影响因子指标体系的各个指标度量的单位不同，量纲不同，而指标体系数据量纲不同，会导致"噪声影响"，同时为了消除较大方差的变量过分地影响因子载荷的确定，为此必须对原始数据进行无量纲标准化处理，以利于更好地进行分析。无量纲化是指通过一定的数学变换来消除原始变量量纲的影响，需要将数据按比例缩放，使之落入一个小的特定区间，也就是对指标进行规范化处理，通过函数变换将其数值映射到某个数值区间，即需要对数据进行标准化处理。这里对于数据的无量纲化处理即数据标准化过程直接利用 SPSS 软件进行，其具体方法是选取 z – score 规范化也称零 – 均值规范化的方法。其原理为：属性 X 的值是基于 X 的平均值与标准差规范化，设 X 的值为 V，被规范化后为 VV，avgX 为 X 的平均值，stdevX 为 X 的标准差，则零—均值规范化方法的计算公式为：

$$VV = ( V – avgX )$$
$$stdevX$$

本书研究中，原始数据矩阵为由元素 $x_{k,ij}$ 构成的 $12 \times 35$ 矩阵，其中，$x_{k,ij}$ 为第 k 个口岸城市第 i 个目标层第 j 个指标的值，$k = 1, 2, \cdots, 12$；$i = 1, 2, \cdots, 5$；$j = 1, 2, \cdots, 35$。

由零—均值规范化方法的计算公式可知标准化后数据为：

$$z_{k,ij} = \frac{x_{k,ij} - \overline{x_{ij}}}{S_{ij}}$$

其中，　　　　$\overline{x_{ij}} = \frac{1}{12} \sum_{k=1}^{12} x_{k,ij}$，$S_{ij} = \frac{1}{12-1} \sum_{k=1}^{12} ( x_{k,ij} - \overline{x_{ij}} )^2$

$x_{k,ij}$ 为第 k 个口岸城市第 i 个目标层第 j 个指标的值，$z_{k,ij}$ 为标准化第 k 个口岸城市对应的第 i 个目标层第 j 个指标的值，为方便后文的表述，将其记为 $Z_{i,j}$，其中，i，j 是整数，$i \in [1, 12]$，$j \in [1, 35]$。

经过上述方法对原始数据进行修正处理后，在不失原数据真实性及所采用处理方法的科学性的基础上，增强了在处理后数据基础上进行分析的科学性及有效性。

通过数据收集、整理，并进行相应数据处理后的数据见本章附录①。

――――――――――

① 由于《中国口岸年鉴》等年鉴数据更新具有一定的周期性，本着尽量采用最新数据的原则，此处分析的数据为 2015 年数据。

## 二、边境区位价值"存量"评估模型的建立与运用

### (一) 评估模型的建立

权重在模糊决策中的作用非常重要，它反映了各个指标在综合决策过程中所占有的地位或所起的作用，直接影响到综合评价的结果。现阶段确定权重的常用方法有经验确定法、统计方法、模糊协调决策法、模糊关系方程法、层次分析法、熵权法等。这里采用统计方法里的主成分分析法作为确定权重的方法。

主成分分析是设法将原来指标重新组合成一组新的互相无关的几个综合指标来代替原来指标，同时根据实际需要从中可取几个较少的综合指标尽可能多地反映原来的指标的信息。其计算步骤是：

对原始数据进行标准化处理——相关矩阵 R——求 m 个主成分——求因子载荷矩阵 $A_{p \times m}$——对 $A_{p \times m}$ 进行旋转①——计算因子得分——求出综合评价模型。

本书研究利用 SPSS 软件对原始数据标准化、求相关矩阵 R 及相关矩阵 R 的特征值、方差贡献率、累积方差贡献率和特征值向量，从而构建总的边境区位价值评价模型。其原理如下：

设有 n 个样本和 p 个变量（指标），$z_{i,j}$ 表示第 i 个样本对应的第 j 个指标的值。样本相关矩阵：

$$R = (r_{i,j})_{p \times p},$$

$$r_{i,j} = \frac{S_{i,j}}{\sqrt{S_{i,i}} \sqrt{S_{j,j}}}$$

其中

$$S_{i,j} = \frac{1}{n-1} \sum_{i=1}^{n} (z_{i,j} - \overline{z_i})(z_{i,j} - \overline{z_j})$$

---

① 对因子载荷矩阵进行旋转是为了使主成分提取的变量信息最大，本书研究采用方差最大旋转法进行因子载荷矩阵的旋转。

设特征值为：

$$\lambda_1 \geqslant \lambda_2 \geqslant \cdots \geqslant \lambda_p > 0$$

相应的标准化正交特征向量为：

$$E_i = (e_{1,i}, e_{2,i}, \cdots, e_{p,i})^T, \ i = 1, 2, \cdots, p。$$

确定 m 个主成分，一般地，由累计贡献率大于85%来选择。特征值 $\lambda_i$ 的贡献率为：

$$\alpha_i = \frac{\lambda_i}{\sum_{k=1}^{p} \lambda_k}$$

m 个特征值的累计贡献率为

$$\alpha(m) = \frac{\sum_{i=1}^{m} \lambda_i}{\sum_{i=1}^{p} \lambda_i} (m < p)$$

方差贡献率 $\alpha_i$ 表示第 i 个主成分提取原始 p 个指标的信息量，累积方差贡献率 $\alpha(m)$ 表示 m 个主成分保留的原始指标的信息量。

因子载荷矩阵

$$A_{p \times m} = \begin{bmatrix} a_{11} & a_{12} & \cdots & a_{1m} \\ a_{21} & a_{22} & \cdots & a_{2m} \\ \vdots & \vdots & \vdots & \vdots \\ a_{p1} & a_{p2} & \cdots & a_{pm} \end{bmatrix}_{p \times m}$$

主成分矩阵

$$F = A^T R^{-1} Z, \ A^T = (a_{ji})_{m \times p}$$

这里的 A 为旋转后的因子载荷矩阵，R 为相关矩阵。把已经标准化处理后的每个样本点对应的变量值（$z_i, j$）代入，求出每个样本点的的得分，利用主成分 $F_1$，$F_2$，$\cdots$，$F_6$ 做出线性组合，并以每个主成分 $F_i$ 的方差贡献率 $\alpha_i$ 作为权数构造一个综合评价函数[①]：

---

① 据 MBA 智库百科－主成分分析法：对 m 个主成分进行加权求和，即得最终评价表，权数为每个主成分的方差贡献率。

$$F = \alpha_1 F_1 + \alpha_2 F_2 + \cdots + \alpha_m F_m$$

其中，$\alpha_i$ 为贡献率。将每个样本点的得分 $F_1$，$F_2$，$\cdots$，$F_m$ 代入综合评价函数，即可求出每个样本点的综合得分。为了便于比较与评价边境区位价值的大小以及后文分析边境区位价值梯度结构的需要，我们对 F 值进行相对化处理：令 u 为衡量边境区位价值的指标，用 $F(t)$ 来表示 $u(t)$ 为：

$$u(t) = \frac{F(t) - F_{min}}{F_{max} - F_{min}}$$

$$0 \leqslant u(t) \leqslant 1$$

从而可以得到各样本对应的 $u(t)$ 值，并进行综合得分的排序和分析。u 值越接近 1，则说明其边境区位价值越大；越接近 0，说明其边境区位价值越小。在这里，u 值是一个相对值。

本书研究选取 12 个样本 35 个变量标准化后的数据进行分析。利用 SPSS19.0 统计软件，根据累计方差贡献率达到 85% 以上的原则，提取五个主成分，并进行最大方差旋转后（旋转在 25 次后无法收敛），得到各主成分的特征值、特征向量、方差贡献率和累积方差贡献率，见表 4 - 3；特征值的值（纵坐标）与特征值序号（横坐标）的关系见图 4 - 2。

表 4 - 3　　　　　　　　　主成分特征值和方差贡献率

| 主成分 | 特征值 | 方差贡献率（%） | 累计方差贡献率（%） |
|---|---|---|---|
| Prin1 | 8.514 | 24.326 | 24.326 |
| Prin2 | 6.717 | 19.192 | 43.518 |
| Prin3 | 5.196 | 16.335 | 59.853 |
| Prin4 | 4.502 | 13.477 | 73.330 |
| Prin5 | 2.838 | 12.005 | 85.335 |

由表 4 - 3 可看出，这 5 个特征值都大于 1，其累计贡献率已达 85.335%，说明这前 5 个主成分基本包含了全部指标所具有的信息。由图 4 - 2 可知，虽然从碎石图中可看出，从第 11 个特征值后开始基本保持在 0，说明取 11 个主成分几乎可以代表 100% 的变量信息，但 11 个主成分过

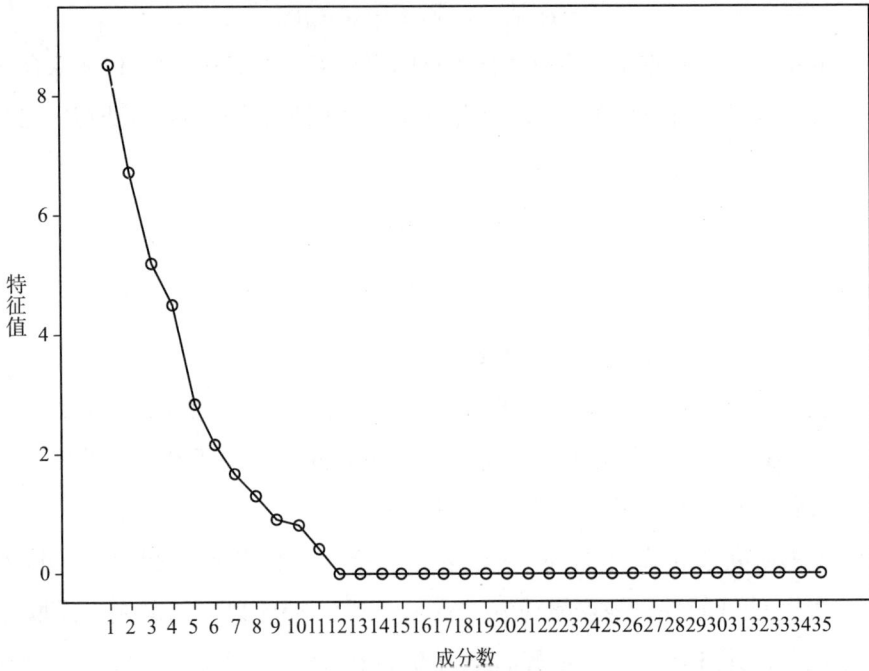

图4－2　特征值的值与特征值序号的关系

于繁琐且失去了降维寻找主成分的意义，且由图可以看出，取前五个特征值时，其变化曲线已从第5个特征值开始逐渐趋于平缓，即意味着余下的几个特征值的数值越来越小，故笔者选择累计贡献率达到85%以上这一原则，取前5个特征值，并计算出相应的特征向量 $e_i$，$i = 1$，2，…，6，得到旋转后的因子载荷矩阵 A，见表4－4。

表4－4　　　　　　　　　特征向量及旋转后的因子载荷矩阵

| 向量<br>因子 | Prin1<br>$e_1$ | Prin2<br>$e_2$ | Prin3<br>$e_3$ | Prin4<br>$e_4$ | Prin5<br>$e_5$ |
|---|---|---|---|---|---|
| z1 | 0.426 | 0.521 | 0.271 | − 0.367 | − 0.092 |
| z2 | − 0.46 | 0.238 | 0.555 | 0.49 | 0.223 |
| z3 | − 0.551 | 0.684 | − 0.088 | − 0.198 | 0.228 |
| z4 | 0.118 | 0.576 | 0.172 | − 0.486 | 0.206 |
| z5 | 0.753 | − 0.145 | 0.012 | − 0.095 | − 0.255 |

| 向量<br>因子 | Prin1<br>$e_1$ | Prin2<br>$e_2$ | Prin3<br>$e_3$ | Prin4<br>$e_4$ | Prin5<br>$e_5$ |
|---|---|---|---|---|---|
| z6 | 0.509 | −0.652 | 0.299 | −0.245 | 0.036 |
| z7 | 0.565 | −0.181 | 0.665 | 0.234 | −0.025 |
| z8 | −0.751 | −0.324 | 0.438 | 0.312 | 0.113 |
| z9 | 0.595 | −0.247 | 0.374 | −0.36 | 0.081 |
| z10 | 0.019 | −0.251 | 0.261 | 0.338 | 0.488 |
| z11 | 0.019 | 0.671 | 0.175 | 0.54 | −0.085 |
| z12 | 0.691 | 0.184 | 0.163 | −0.084 | 0.641 |
| z13 | 0.58 | 0.19 | 0.218 | −0.003 | 0.654 |
| z14 | 0.072 | 0.349 | 0.469 | 0.678 | −0.282 |
| z15 | 0.235 | 0.701 | 0.422 | −0.088 | −0.212 |
| z16 | −0.776 | 0.379 | −0.06 | −0.342 | 0.227 |
| z17 | 0.091 | 0.764 | 0.54 | 0.216 | −0.048 |
| z18 | −0.805 | 0.434 | 0.071 | −0.24 | 0.167 |
| z19 | 0.04 | −0.228 | −0.879 | 0.139 | −0.088 |
| z20 | −0.759 | 0.456 | −0.029 | −0.164 | 0.115 |
| z21 | 0.581 | 0.578 | −0.425 | 0.155 | 0.065 |
| z22 | 0.504 | 0.442 | 0.104 | 0.538 | 0.274 |
| z23 | 0.806 | 0.379 | −0.207 | −0.091 | 0.286 |
| z24 | 0.093 | 0.09 | −0.729 | −0.148 | −0.042 |
| z25 | −0.115 | −0.498 | −0.359 | 0.42 | 0.205 |
| z26 | −0.515 | −0.002 | 0.193 | 0.536 | −0.234 |
| z27 | −0.838 | 0.362 | 0.198 | −0.249 | 0.118 |
| z28 | −0.14 | −0.204 | 0.016 | 0.829 | −0.341 |
| z29 | 0.275 | 0.519 | −0.482 | 0.574 | 0.226 |
| z30 | −0.259 | −0.37 | 0.692 | −0.382 | −0.25 |

| 向量<br>因子 | Prin1<br>$e_1$ | Prin2<br>$e_2$ | Prin3<br>$e_3$ | Prin4<br>$e_4$ | Prin5<br>$e_5$ |
|---|---|---|---|---|---|
| z31 | − 0.46 | − 0.06 | − 0.569 | 0.392 | 0.498 |
| z32 | − 0.138 | 0.739 | − 0.32 | − 0.352 | − 0.419 |
| z33 | 0.155 | 0.507 | − 0.344 | 0.117 | − 0.49 |
| z34 | 0.135 | − 0.235 | − 0.199 | − 0.112 | − 0.039 |
| z35 | 0.601 | 0.449 | − 0.04 | 0.133 | − 0.347 |

从而可以计算出各主成分的值，见表4－5。

表4－5　　　　　各样本边境口岸城市（城镇）主成分值

| 主成分<br>样本 | $F_1$ | $F_2$ | $F_3$ | $F_4$ | $F_5$ |
|---|---|---|---|---|---|
| 东兴市 | 14.1093 | 7.5894 | 1.2464 | − 2.0354 | 3.4054 |
| 凭祥市 | 4.8087 | 6.7302 | − 5.6584 | 2.7397 | 0.8463 |
| 龙州县 | 6.8452 | − 2.2272 | − 7.4154 | − 3.6541 | − 3.8509 |
| 靖西县 | 8.8578 | − 0.307 | − 0.5003 | − 4.6563 | − 2.1358 |
| 麻栗坡县 | − 1.7247 | − 5.3303 | − 1.237 | − 0.058 | 3.4168 |
| 河口县 | − 17.2624 | 9.43 | − 0.9426 | − 6.132 | 2.203 |
| 金平县 | − 7.057 | − 7.3233 | − 7.365 | 4.8481 | 2.0575 |
| 勐腊县 | − 6.5564 | 1.0245 | 6.15 | − 2.6889 | − 2.192 |
| 勐海县 | − 2.7318 | − 2.6657 | 5.6577 | − 0.0019 | − 3.4136 |
| 耿马县 | − 4.3675 | − 7.0518 | − 1.5709 | 1.1367 | − 1.9072 |
| 瑞丽市 | − 0.334 | 8.9945 | 3.425 | 10.3253 | − 1.9394 |
| 腾冲县 | 5.4128 | − 8.8632 | 8.2105 | 0.1768 | 3.5099 |

记 t 地区的边境区位价值为 BJQWJZ(t)，根据上文构建边境区位价值模型为：

$$BJQWJZ(t) = 24.326F_1(t) + 19.192F_2(t) + 16.335F_3(t)$$
$$+ 13.477F_4(t) + 12.005F_5(t)$$

其中，$F_i(t)$ 为 t 地区对应的第 i 个主成分值。由此可以求得 12 个样本对应的边境区位价值的值，见表 4-6。

表 4-6　　　　　　　各样本口岸城市（城镇）边境区位价值

| 样本 | 东兴市 | 凭祥市 | 龙州县 | 靖西县 | 麻栗坡县 | 河口县 |
|---|---|---|---|---|---|---|
| BJQWJZ | 522.6893 | 200.7952 | -92.8350 | 113.0173 | -124.2235 | -310.5359 |
| 样本 | 金平县 | 勐腊县 | 勐海县 | 耿马县 | 瑞丽市 | 腾冲县 |
| BJQWJZ | -342.4865 | -101.9218 | -66.2012 | -274.8192 | 336.3165 | 140.2068 |

由表 4-6 可知：

$$BJQWJZ(t)_{min} = -342.4865,$$
$$BJQWJZ(t)_{max} = 522.6893,$$

将各指标对应的边境区位价值值进行相对化处理后，得到各样本对应的 u(t) 值（四舍五入保留 4 位小数，从大至小排序），见表 4-7。

表 4-7　　　　　　　各样本口岸城市（城镇）对应的 U(t) 值

| 样本 | 东兴市 | 瑞丽市 | 凭祥市 | 腾冲县 | 靖西县 | 勐海县 |
|---|---|---|---|---|---|---|
| u(t) | 1 | 0.7846 | 0.6279 | 0.5579 | 0.5265 | 0.3193 |
| 样本 | 龙州县 | 勐腊县 | 麻栗坡县 | 耿马县 | 河口县 | 金平县 |
| u(t) | 0.2886 | 0.2781 | 0.2522 | 0.0782 | 0.0369 | 0 |

## （二）对模型及其应用的说明

由表 4-4 中旋转后的因子载荷矩阵，可看出 $z_5$、$z_6$、$z_7$、$z_8$、$z_9$、$z_{12}$、$z_{13}$、$z_{16}$、$z_{20}$、$z_{21}$、$z_{22}$、$z_{23}$、$z_{27}$、$z_{35}$ 对 $F_1$ 的依赖较大；$z_1$、

$z3$、$z4$、$z11$、$z15$、$z17$、$z18$、$z20$、$z25$、$z32$、$z33$、$z34$ 对 $F_2$ 的依赖较大；$z2$、$z19$、$z24$、$z30$、$z31$ 对 $F_3$ 的依赖较大；$z14$、$z26$、$z28$、$z29$ 对 $F_4$ 的依赖较大；$z10$ 对 $F_5$ 的依赖较大。根据各指标所代表的信息，可以把 $F_1$ 看作是代表产业发展等全社会层面经济基础的综合因子，其中亦涵盖文化影响力信息；$F_2$ 看作是代表政策等宏观层面及生态环境等可持续发展方面的综合因子；$F_3$ 看作是综合代表第三产业发展、关税情况、城市登记失业率及自然资源基础等涉及社会民生、政策、生态价值方面的综合因子；$F_4$ 看作是主要代表社会福利、基础设施等社会方面的综合因子；$F_5$ 主要代表经济活力方面的综合因子。各主成分对边境区位价值的影响大小由其贡献率大小来测度。

在进行主成分分析时，将数据进行了标准化处理，用各个指标的平均水平作为零点，当某样本的得分为正时，则表示该地区边境区位价值在平均价值水平之上，反之亦反之。由表 4 - 6 可知：东兴市、凭祥市、靖西县、瑞丽市、腾冲县的边境区位价值大于 0，说明这五个县市的边境区位价值大于所选样本的平均边境区位价值水平；龙州县、麻栗坡县、河口县、金平县、勐腊县、勐海县、耿马县的边境区位价值的值小于 0，说明这七个县的边境区位价值小于所选样本的平均边境区位价值水平。

由表 4 - 7 可知所选样本边境区位价值从大到小的排序为：东兴市——瑞丽市——凭祥市——腾冲县——靖西县——勐海县——龙州县——勐腊县——麻栗坡县——耿马县——河口县——金平县。

## 三、边境区位价值"存量"评估值的空间差异与梯次结构

边境区位价值的"存量"评估，可以区分不同边境口岸城市或城镇边境区位价值的大小。结合上述研究的结果，将边境区位价值进行相对化处理后，东兴市、瑞丽市、凭祥市、腾冲县、靖西县的 $u(t)$ 值在 $0.5 \sim 1.0$（依次分别为：1、0.7846、0.6279、0.5579、0.5265）；勐海县、龙州县、勐腊县、麻栗坡县、耿马县、河口县、金平县的 $u(t)$ 值在 0.5 以下

（依次分别为：0.3193、0.2886、0.2781、0.2522、0.0782、0.0369、0）。由此体现出明显的空间差异，其中边境区位价值最高的 u(t) 值在0.5以上的5个边境口岸城市（城镇）有3个分布在中国—东盟边境接壤地带的东段（广西与越南接壤的边境区域），2个分布在西段（云南与缅甸接壤的边境区域）；边境区位价值最低的 u(t) 值在0.2以下的3个边境口岸城市（城镇）均分布在中国—东盟边境接壤地带的西段，即云南与越南、缅甸接壤的边境区域。

同时，根据 u(t) 值的大小我们可以将其分为三个梯阶，即 u(t) 值小于0.25的样本属于第一梯阶；u(t) 值小于0.5大于0.25的样本属于第二梯阶；u(t) 值大于0.5的样本属于第三梯阶。由此形成了3个梯阶组成的梯次结构（见表4-8和图4-3）。

表4-8　　　中国与东盟国家接壤的边境地带边境区位价值梯度结构

| 梯阶 | u(t) | 样本区域 |
|---|---|---|
| 第一梯阶 | u(t) < 0.25 | 耿马县、河口县、金平县 |
| 第二梯阶 | 0.25 < u(t) < 0.5 | 勐海县、龙州县、勐腊县、麻栗坡县 |
| 第三梯阶 | u(t) > 0.5 | 东兴市、瑞丽市、凭祥市、腾冲县、靖西县 |

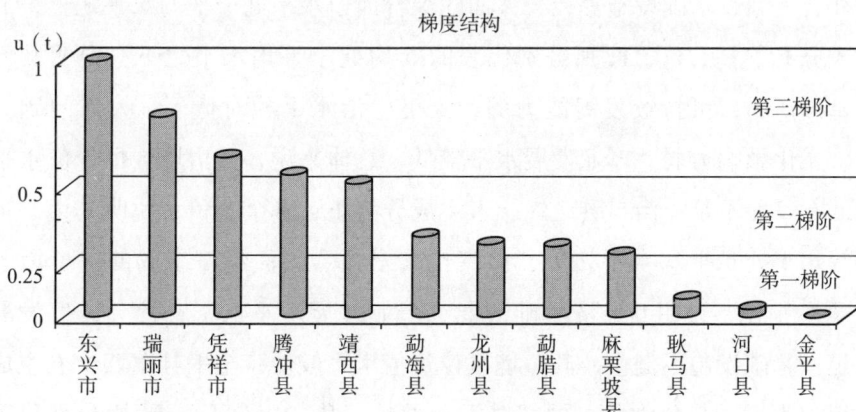

图4-3　样本口岸城市（城镇）边境区位价值的梯度结构

由表4-8和图4-2可看出中国与东盟国家接壤的边境地带边境区位价值的梯度结构：属于第一梯阶的样本区域有：金平县、河口县、耿马县；属于第二梯阶的样本区域有：勐海县、龙州县、勐腊县、麻栗坡县；属于第三梯阶的样本区域有：东兴市、瑞丽市、凭祥市、腾冲县、靖西县。

第一梯阶的样本口岸城市，其边境区位价值处于梯度结构的底层。由上文 SPSS 统计软件进行主成分分析的结果，可得第一梯阶的样本口岸城市各主成分得分见表4-9。

表4-9                           第一梯阶口岸城市（城镇）主成分得分

| 第一梯阶口岸城市 | $F_1$ | $F_2$ | $F_3$ | $F_4$ | $F_5$ |
|---|---|---|---|---|---|
| 耿马县 | -4.3675 | -7.0518 | -1.5709 | 1.1367 | -1.9072 |
| 河口县 | -17.2624 | 9.43 | -0.9426 | -6.132 | 2.203 |
| 金平县 | -7.057 | -7.3233 | -7.365 | 4.8481 | 2.0575 |

由表4-9可知：耿马县第四主成分为正，其余为负，根据上文所分析的各主成分所代表的综合因子，可知，对于耿马县，其主成分 $F_4$ 代表的社会福利、基础设施等社会方面的综合因子水平处于平均水平之上，而主成分 $F_1$、$F_2$、$F_3$、$F_5$ 所分别代表的等均处于平均水平之下，说明其经济基础薄弱、可持续发展能力弱、人民生活水平相对低下、人口问题突出、文化影响力弱、产业发展水平较低，总体来说，其边境区位价值水平较低，发展不足；河口县第二、五主成分为正，其余为负，说明其生态环境等水平处于平均水平之上，但其代表全社会层面经济基础的综合因子 $F_1$ 得分很低，说明其经济基础薄弱、产业发展水平低下、社会民生发展不足、基础设施不健全，其边境区位价值水平较低；金平县第四、五主成分得分为正，其余为负，可知对于金平县，其主成分 $F_4$、$F_5$ 所分别代表的社会福利、部分社会基础设施及经济的潜在活力处于平均水平之上，但

其全社会层面经济基础相对较低、文化影响力不足、政策等宏观层面无优势，且自然资源、生态环境等可持续发展力欠缺。

第二梯阶样本口岸城市的边境区位价值处于梯度结构的中层，其对应各主成分得分见表4-10。

表4-10　　　　　　　第二梯阶口岸城市（城镇）主成分得分

| 第二梯阶口岸城市 | $F_1$ | $F_2$ | $F_3$ | $F_4$ | $F_5$ |
|---|---|---|---|---|---|
| 龙州县 | 6.8452 | -2.2272 | -7.4154 | -3.6541 | -3.8509 |
| 勐海县 | -2.7318 | -2.6657 | 5.6577 | -0.0019 | -3.4136 |
| 勐腊县 | -6.5564 | 1.0245 | 6.15 | -2.6889 | -2.192 |
| 麻栗坡县 | -1.7247 | -5.3303 | -1.237 | -0.058 | 3.4168 |

由表4-10可知：龙州县第一主成分得分为正，其余为负，说明产业发展等全社会层面经济基础高于平均水平，而其政策层面、社会福利水平等较低，自然资源、生态环境等可持续发展水平低于平均水平，且经济活力较低，基础设施薄弱，第三产业发展较滞后。勐海县第三主成分为正，其余为负，说明其第三产业有所发展，就业率处于平均水平之上，自然资源等基础较好，但其经济基础薄弱、文化影响力、社会福利、基础设施、经济活力等均处于平均水平以下；勐腊县第二、三主成分得分为正，其余为负，说明其政策等宏观层面及生态环境等可持续发展能力处于平均水平以上，其全社会层面的经济基础薄弱，基础设施欠缺，经济活力较弱；麻栗坡县第五主成分得分为正，其余为负，说明其经济活力处于平均水平以上，但其经济基础较差，自然资源、生态环境等可持续发展能力处于平均水平以下，且其本身社会基础设施薄弱，社会、文化发展均需提升。

第三梯阶的样本口岸城市，其边境区位价值处于梯度结构的最高层。其对应各主成分得分见表4-11。

表4-11　　　　　　　　　第三梯阶口岸城市（城镇）主成分得分

| 第三梯阶口岸城市 | $F_1$ | $F_2$ | $F_3$ | $F_4$ | $F_5$ |
|---|---|---|---|---|---|
| 东兴市 | 14.1093 | 7.5894 | 1.2464 | -2.0354 | 3.4054 |
| 瑞丽市 | -0.334 | 8.9945 | 3.425 | 10.3253 | -1.9394 |
| 凭祥市 | 4.8087 | 6.7302 | -5.6584 | 2.7397 | 0.8463 |
| 腾冲县 | 5.4128 | -8.8632 | 8.2105 | 0.1768 | 3.5099 |
| 靖西县 | 8.8578 | -0.307 | -0.5003 | -4.6563 | -2.1358 |

由表4-11可知：东兴市第一、二、三、五主成分为正，第四主成分为负，说明东兴市在社会福利层面略低于平均水平外，其余方面均高于平均水平。瑞丽市第二、三、四主成分为正，第一、五主成分为负，说明其宏观政策、生态环境、产业发展、社会福利、基础设施建设等均高于平均水平，而其经济基础与经济活力略低于平均水平。凭祥市第一、二、四、五主成分为正，第三主成分为负，说明其涉及社会民生、生态价值方面的因素略低于平均水平，其余因素高于平均水平；腾冲县第一、三、四、五主成分为正，第二主成分为负，说明其生态环境可持续发展方面的因素低于平均水平；靖西县第一主成分为正，其余为负，说明其经济基础发展超过平均水平，但其社会基础设施、生态环境等可持续发展、经济活力水平等均低于平均水平。

## 四、边境区位价值"存量"评估模型构建与应用的可靠性分析

建立一个相对完整的指标体系，是准确、全面和科学衡量与测度边境区位价值的保证，因此，指标体系的可靠性，将决定着对边境区位价值的测度是否真实。本书研究选定的边境区位价值指标体系及模型构建具有较强的可靠性，具体体现在以下五个方面：

第一，指标有较强代表性和客观性。在选择测度指标时，要强调其独立性、可量化性等，以保证指标的代表性和客观性。没有独立性，指标互

相兼容，就不能多方面进行测度，就等于指标个数减少。本书研究所选用的指标绝大部分来自国家统计局和有关国家部门的统计分析指标，具有较强的代表性和客观性。

第二，具有逻辑结构的合理性。测度边境区位价值的 35 个指标内在关系明确，指标体系规模是适当的。指标太少，难以综合反映评价对象的特征；指标太多，有时会因为指标间的互补性掩盖评价对象之间的差异性。

第三，定性指标评分标准的规范性。边境区位价值的测度评分标准有两个基本点：一是每一指标的评分不论其分值如何，每一因素的评分中，其高低上下的相对关系是被测度并确定的；二是对分值的判断评定，虽有主观性，但其尺度是统一的，即主观性在比较中互有抵消。

第四，权重确定的科学性。本书研究的边境区位价值指标体系中，各指标并不具有同样的重要性，因而按重要程度对其加以区分并确定权重，是必需的。尽管在几个定性指标原始数据的评分上，判断难免带有一定主观性，但通过专家的判断校正，是具有相对合理性和可接受性的。本书研究对客观数据进行统计分析，通过主成分分析得出因子载荷，从而得其权重，在确定权重时以实际数据为基础，以数理统计方法为工具，是相对科学的权重确定方法。

第五，测度方法的选择提高了结果的可靠性。在测度中，特别考虑用三种办法来减轻可能的误差：一是充分使用相对指标，使之减弱绝对指标不够准确时的负面影响；二是尽量采用某一年度的数据作横向分析；三是笔者在模型构建的最后增加一个机遇指标来进行模型的修正，强调对当年国际政治、经济和科技重大变化的关注，并对受此影响不同的区域的边境区位价值做适当修正和调整，这项工作需要专家来完成，从而就使得最终用于具体计算时我们的测度可靠性增强。

# 本章附录

## 处理后数据

| 样本序号 | 东兴市 1 | 凭祥市 2 | 龙州县 3 | 靖西县 4 | 麻栗坡县 5 | 河口县 6 | 金平县 7 | 勐腊县 8 | 勐海县 9 | 耿马县 10 | 瑞丽市 11 | 腾冲县 12 |
|---|---|---|---|---|---|---|---|---|---|---|---|---|
| z1 | 2.00973 | -1.11188 | 0.09741 | 1.40525 | -0.7331 | 0.27941 | -1.31622 | 0.43874 | -0.6053 | -0.50937 | 0.55799 | -0.51266 |
| z2 | -0.71765 | -0.29798 | -1.46682 | -1.24758 | 0.23489 | 0.72887 | 0.14666 | 0.63874 | 0.44867 | -1.15728 | 1.8522 | 0.83727 |
| z3 | -0.21339 | 0.66631 | -0.52663 | -0.48313 | -0.50528 | 2.9215 | -0.50281 | -0.25984 | -0.50521 | -0.45366 | 0.38846 | -0.52631 |
| z4 | 2.49957 | -0.08409 | -0.49811 | -0.20821 | -0.81757 | 1.0642 | -0.84456 | 0.77743 | -0.00455 | -0.31164 | -0.81377 | -0.7587 |
| z5 | 0.70772 | -0.82355 | 0.98818 | 2.1427 | -0.46005 | -1.45612 | -0.18845 | -1.03113 | 0.21365 | -0.74345 | 0.24562 | 0.40486 |
| z6 | -0.12232 | -1.07727 | 0.95855 | 0.79565 | 0.27329 | -1.35524 | -0.50874 | -0.1157 | -0.25389 | -0.0529 | -0.84521 | 2.30379 |
| z7 | 0.07831 | 0.03849 | -0.45409 | 0.54365 | -0.38088 | -1.74043 | -1.19124 | 0.36928 | 0.03636 | -0.35511 | 0.8332 | 2.22247 |
| z8 | -1.35401 | -1.35401 | -1.35401 | -1.35401 | 0.677 | 0.677 | 0.677 | 0.677 | 0.677 | 0.677 | 0.677 | 0.677 |
| z9 | 1.82529 | -0.21903 | 0.07301 | -0.04381 | -0.16063 | -1.21199 | -1.09517 | -0.04381 | 1.18279 | 0.24824 | -1.56245 | 1.00756 |
| z10 | -0.25237 | -0.65875 | -0.19874 | -0.71552 | -0.26529 | 0.06161 | 0.96599 | -0.64701 | -0.80165 | -0.85196 | 0.81604 | 2.54766 |
| z11 | 0.37996 | -0.12317 | -0.54677 | 0.03338 | -0.57439 | 0.43689 | -0.54509 | -0.53672 | -0.5024 | -0.4597 | 2.95087 | -0.51286 |

续表

| 样本序号 | 东兴市 1 | 凭祥市 2 | 龙州县 3 | 靖西县 4 | 麻栗坡县 5 | 河口县 6 | 金平县 7 | 勐腊县 8 | 勐海县 9 | 耿马县 10 | 瑞丽市 11 | 腾冲县 12 |
|---|---|---|---|---|---|---|---|---|---|---|---|---|
| z12 | 2.01318 | 0.72172 | -0.80838 | 0.59071 | 0.85274 | -0.6446 | -0.84113 | -0.7569 | -0.90626 | -0.97683 | -0.30756 | 1.06331 |
| z13 | 1.83003 | 1.2782 | -0.68644 | -0.43797 | -0.04504 | -0.38885 | -0.76155 | -0.61132 | -0.72399 | -0.76444 | -0.41176 | 1.72313 |
| z14 | -0.41476 | 0.77416 | -0.51336 | -0.95938 | -0.54447 | -0.91906 | -0.9498 | 0.56556 | 0.65451 | -0.45083 | 2.43897 | 0.31844 |
| z15 | 1.09664 | 0.33754 | 0.00967 | 0.05042 | -0.81058 | 0.29973 | -1.42338 | 0.61902 | 1.2714 | -1.94486 | 0.95557 | -0.46117 |
| z16 | -0.42355 | -0.40007 | -0.57325 | -0.44823 | -0.46336 | 2.90426 | 0.55836 | 0.60885 | -0.39932 | -0.48237 | -0.34405 | -0.53726 |
| z17 | 1.21878 | 0.30999 | -1.25917 | -0.09649 | -0.99632 | 0.25044 | -1.00486 | 1.01081 | 0.42793 | -1.20265 | 1.72135 | -0.37982 |
| z18 | -0.69601 | -0.25234 | -0.66953 | -0.78155 | -0.27377 | 3.00213 | -0.2316 | 0.28192 | -0.10809 | -0.08816 | 0.16901 | -0.35201 |
| z19 | -0.86815 | 1.04178 | 1.51926 | 0.17363 | -0.08681 | -0.6077 | 1.99674 | -0.52089 | -1.04178 | -0.17363 | -0.5643 | -0.86815 |
| z20 | -0.70041 | -0.26676 | -0.75339 | -0.27094 | 0.22148 | 2.24672 | 0.48968 | 1.35386 | -0.58989 | -0.89809 | 0.33449 | -1.16675 |
| z21 | 1.71096 | 1.53879 | 1.17292 | -0.41967 | -0.59184 | -0.44119 | -0.52728 | -0.78554 | -1.17292 | -0.48424 | 0.74249 | -0.74249 |
| z22 | 1.65778 | 1.08209 | -0.58102 | -0.77292 | 0.63433 | -1.34861 | -0.35714 | -0.13326 | -0.32516 | -1.12473 | 1.52985 | -0.26119 |
| z23 | 1.74995 | 1.08634 | 0.24653 | 1.35356 | 0.23155 | -0.67565 | -0.8177 | -1.11132 | -1.22207 | -0.97105 | 0.11975 | 0.01011 |
| z24 | -0.24176 | 1.13806 | 2.3979 | -0.87418 | 0.60146 | 0.26736 | 0.23255 | -0.76066 | -0.3823 | -0.86308 | -0.64118 | -0.87418 |
| z25 | 0.01284 | -0.27059 | -0.46999 | -0.46495 | -0.28016 | -0.91953 | 2.95188 | -0.68288 | 0.23897 | 0.3659 | -0.43911 | -0.04238 |
| z26 | -0.7249 | -0.03821 | -1.16729 | -1.54288 | 0.08933 | -0.06866 | -0.10497 | 0.38043 | 0.81994 | 1.92464 | 1.2389 | -0.80633 |

| 样本序号 | 东兴市 | 凭祥市 | 龙州县 | 靖西县 | 麻栗坡县 | 河口县 | 金平县 | 勐腊县 | 勐海县 | 耿马县 | 瑞丽市 | 腾冲县 |
|---|---|---|---|---|---|---|---|---|---|---|---|---|
| | 1 | 2 | 3 | 4 | 5 | 6 | 7 | 8 | 9 | 10 | 11 | 12 |
| z27 | -0.77369 | -0.51954 | -0.75371 | -0.8755 | -0.26682 | 2.86319 | -0.28805 | 0.57288 | 0.21844 | -0.08527 | 0.12352 | -0.21545 |
| z28 | -0.60492 | -0.43124 | -0.3445 | -0.8487 | -0.8649 | -1.36115 | 1.38415 | -0.11972 | 0.48955 | 1.15263 | 1.84924 | -0.30043 |
| z29 | 1.10917 | 1.30418 | -0.12469 | -0.35628 | 0.11304 | -0.3134 | 0.52084 | -1.3946 | -1.20528 | -0.15765 | 1.66554 | -1.16087 |
| z30 | -1.12804 | -1.08092 | -0.30269 | 0.16575 | -0.29522 | 0.06077 | -0.76272 | 1.92097 | 1.18706 | -0.19957 | -0.90829 | 1.3429 |
| z31 | -0.56385 | 0.84612 | -1.02391 | -0.71768 | 0.76712 | 0.7106 | 2.27416 | -0.88885 | -0.92366 | 0.21766 | -0.02988 | -0.66784 |
| z32 | 0.16543 | 0.60658 | 0.91538 | 0.6507 | -0.93744 | 1.44476 | -0.93744 | 0.69481 | -0.54041 | -0.27572 | 0.34189 | -2.12855 |
| z33 | -0.77435 | 2.0801 | 1.29058 | 0.19738 | -1.38167 | 0.13665 | -0.71361 | -0.34921 | 0.19738 | -0.65288 | 0.80471 | -0.83508 |
| z34 | 0.00842 | -1.49817 | 2.27278 | -0.58322 | 0.44109 | 0.07057 | -0.32924 | -0.61011 | -1.3153 | 0.4895 | 0.37714 | 0.67655 |
| z35 | 1.12454 | 0.63737 | 0.53994 | 1.22197 | -2.28561 | -0.67797 | -0.38567 | -0.62925 | -0.09337 | -0.33696 | 1.07582 | -0.19081 |

第五章

# 边境区位价值动态变化测度与
# 影响因素贡献差异研究

## 第一节　边境区位价值动态变化测度的内涵及意义

### 一、边境区位价值动态变化内涵

对于边境区位价值"存量"而言，更多的是需要反映边境区位价值的现存状态。而对于边境区位价值动态变化，更需要突出边境区位价值变化趋势与主要变化驱动因素。在世界经济全球化与区域经济一体化趋势之下，需要更加突出边境元素对于边境区位价值变化的利好趋势及影响趋势。由上述的理论分析及边境区位价值测度模型可知，边境区位价值是边境区域的经济价值、政治价值、文化价值、社会价值、生态价值五个维度的价值耦合所得，并非一成不变的一个值。随着社会的发展，边境区域的经济发展有快有慢，甚至出现迅猛增长或者逐渐衰退的情况；边境区域的政治地位随着国与国、区域与区域之间发展平衡、发展政策的影响也会有所波动，甚至出现断层式的变动；边境区域的文化价值随着社会的发展得以延续或被新的文化、文明所取代；边境区域的社会发展亦不断前进、不断累积；边境区域的自然资源、生态环境随着经济的开发有所破坏，或随着生态环境的保护、生态修复的推进有所改善。边境区位价值的经济、政治、文化、社会、生态五个维度均随着时间的推移、社会的发展变化而变化，由其耦合而成的边境区位价值亦随之动态变化。故边境区位价值的动态变化既表现为边境区位价值本身这一价值值的数值变动，亦表现为其所反映的经济价值、政治价值、文化价值、社会价值、生态价值各个维度的变动，而其变动的动力及原因，更来自于五个维度下的影响因素与指标的动态变化。

由此，笔者研究总结了衡量边境区位价值动态变化基本价值构成框架，即边境区位价值动态变化由经济价值、政治价值、文化价值、社会价值及生态价值的动态变化耦合所构成，这五种价值共同作用、相互影响、相互增进，共同构成边境区位价值动态变化总和。即：

边境区位价值动态变化 = f(经济价值动态变化、政治价值动态变化、文化价值动态变化、社会价值动态变化、生态价值动态变化)

根据边境区位价值动态变化的演化因素构成及其相互关系，可得出边境区位价值动态变化与经济价值、政治价值、文化价值、社会价值及生态价值动态变化之间关系的基本假设：

a. 生态价值的动态变化是边境区位价值动态变化存在的基础。自然环境生态综合品质与价值是决定边境区位是否适合生存发展的首要因素，资源环境的可持续发展是区位价值开发提升的根本保证。

b. 经济价值动态变化是边境区位价值动态变化的最终体现。基础设施建设的完善、科学技术水平的提高、产业结构的优化和总体经济实力的加强等都是地区快速发展和经济价值提升的体现。

c. 社会价值、文化价值的动态变化为边境区位价值动态变化的维系提供保障。社会安定是地区发展的前提，科教文化事业的发展是地区提供高素质人力资源的保障，政府管理能力的提高是地区经济社会发展的必要条件，这些因素共同影响区位价值的提升。

d. 政治价值的动态变化为边境区位价值动态提升提供契机。边境地区处于国家边陲，其边境政治价值的开发利用有赖于与邻国的友好关系和经贸合作，通过互补贸易合作将"边陲"转化为"中心地"，挖掘、创造政治价值是提升整体边境区位价值的重要途径。

## 二、边境区位价值动态变化测度的意义

边境地区作为国家的边缘地区，其情况更为特殊。在经济全球化和区域经济集团化的今天，国际间的联系日益紧密，边境区域这一特殊的区位正面临新的机遇和挑战，其内生增长潜力及动态变化成为各界关注的焦点。分析边境区位价值动态变化的理论内涵及其构成与成因，揭示边境区位价值动态变化的影响因素，使我们对其价值动态变动来源和提升途径有更加清晰的认识，从而为决策者开发利用边境地区价值时提供有利的理论依据与决策参考。边境区位价值的提升和合理开发利用的过程伴随着新增长极的产生，这将有力地推动边境地区以及整个国家的经济发展。

# 第二节　边境区位价值动态变化测度指标
# 体系及影响因素

## 一、边境区位价值动态变化测度指标体系

由边境区位价值动态变化的理论内涵分析可知，边境区位价值的动态变化在数值上表现为边境区位价值本身这一价值值变动，在影响因素层面表现为其所反映的经济价值、政治价值、文化价值、社会价值、生态价值各个维度的变动，在边境区位价值动态变化动力及原因层面，来自于五个维度下的各指标的动态变化。故边境区位价值动态变化测度指标体系亦可由五个维度下的各动态变化的各指标所构成。边境区位价值动态变化示意

图见图 5 - 1。

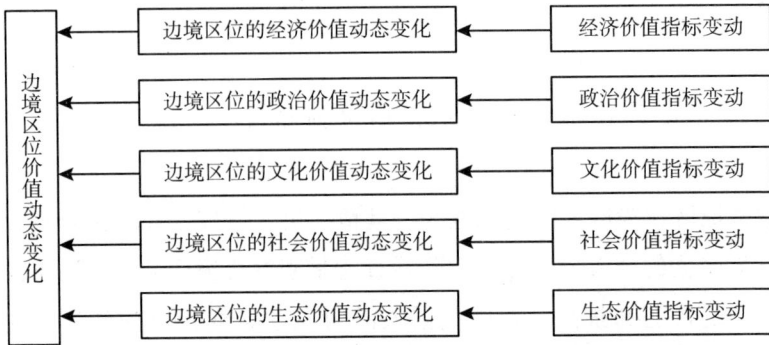

**图 5 - 1　边境区位价值动态变化示意图**

综合边境区位价值动态变化示意图及第四章中边境区位价值指标体系（见表 4 - 1）可相应构建边境区位价值动态变化测度指标体系，见表 5 - 1。边境区位价值动态变化测度指标体系在理论上延续了边境区位价值指标体系的内涵及架构，由三个层次组成，包括边境区位价值动态变化的总目标层、目标层和指标层。总目标层 G 是单一目标层，也是核心目标层；目标层 N 有 5 个方面，从经济价值变化、政治价值变化、文化价值变化、社会价值变化、生态价值变化五个层次、五个维度反映边境区位价值动态变化的情况，各个维度分别沿用边境区位价值影响因素来进行度量；指标层 I 总共包括 35 项具体指标，能较全面地反映边境区位价值及其动态变化的各个方面。

**表 5 - 1　　　　　　　　边境区位价值动态变化测度指标体系**

| 总目标层 G | 目标层 N | 指标层 I | |
|---|---|---|---|
| | | 因素层 | 指标名称 |
| 边境区位价值动态变化 | 经济价值变化 | 现有经济基础因素变动 | 人均 GDP |
| | | | 第三产业增加值占 GDP 比重 |
| | | | 经济外向度 |

续表

| 总目标层 G | 目标层 N | 指标层 I | |
| --- | --- | --- | --- |
| | | 因素层 | 指标名称 |
| 边境区位价值动态变化 | 经济价值变化 | 现有经济基础因素变动 | 边境小额贸易 |
| | | | 工业总产值 |
| | | | 工业增加值 |
| | | | 社会消费品零售总额 |
| | | | 基尼系数 |
| | | | 居民消费价值指数 |
| | | | 旅游人数 |
| | | 交通基础设施因素变动 | 旅客出入境吞吐量 |
| | | | 客运量总计 |
| | | | 货运量总计 |
| | | | 公路里程 |
| | | 市场因素变动 | 城镇居民人均可支配收入 |
| | | 资本因素变动 | 全社会固定资产投资 |
| | | | 实际利用外商直接投资 |
| | | 科技创新因素变动 | R&D 占 GDP 比重 |
| | 政治价值变化 | 政策因素变动 | 关税总水平 |
| | | | 经济自由化程度 |
| | | 机遇因素变动 | 机遇因素 |
| | 文化价值变化 | 文化因素变动 | 边界文化影响力 |
| | 社会价值变化 | 劳动力因素变动 | 人口总数 |
| | | | 城市登记失业率 |
| | | | 普通中学在校学生数 |
| | | | 科技活动人员数 |
| | | | 公共教育经费占 GDP 比重 |
| | | 医疗卫生因素变动 | 医院、卫生院病床数 |
| | | 社会安全因素变动 | 犯案件数 |

续表

| 总目标层 G | 目标层 N | 指标层 I | |
|---|---|---|---|
| | | 因素层 | 指标名称 |
| 边境区位价值动态变化 | 生态价值变化 | 自然资源因素变动 | 土地面积 |
| | | | 已发现矿产种数 |
| | | | 年平均气温 |
| | | 可持续发展因素变动 | 废水废弃物处理率 |
| | | | 绿化覆盖率 |
| | | | 工业废水排放达标量 |

注：边境区位价值动态变化测度指标体系在理论上沿用边境区位价值指标体系中的指标架构。

（1）总目标层 G

本书研究的最终目的在于通过全面分析边境区位价值动态变化的各个维度及影响因子的变化，综合测度边境区位价值动态变化情况，为各边境区位价值的提升、开发提供综合决策依据。

（2）目标层 N

目标层是将边境区位价值的经济、政治、文化、社会、生态五个维度作为目标层的分析平台，以分析及度量这五个方面的动态变化，并测度基于这五个维度的相互影响、相互促进、耦合而成的边境区位价值动态变化情况。

（3）指标层 I

在5个目标层下面，沿用边境区位价值测度指标体系中的35项具体指标，用以详细体现5个目标层及其动态变化所测度的边境区位价值动态变化情况，它们是目标层具体目标的承载和体现。

## 二、边境区位价值动态变化影响因素分析

由上述边境区位价值动态变化理论内涵分析及测度指标体系可知，边境区位价值动态变化主要受经济价值变化、政治价值变化、文化价值变

化、社会价值变化、生态价值变化五个层次、五个维度因素的影响。

其中，经济价值的动态变化主要由人均 GDP、第三产业增加值占 GDP
比重、经济外向度、边境小额贸易、工业总产值、工业增加值、社会消费
品零售总额、基尼系数、居民消费价值指数、旅游人数、旅客出入境吞吐
量、客运量总计、货运量总计、公路里程、城镇居民人均可支配收入、全社
会固定资产投资、实际利用外商直接投资、R&D 占 GDP 比重等指标的变化
所引起。经济价值的动态变化情况主要通过上述指标及因素变动来衡量。

政治价值的动态变化主要由关税总水平、经济自由化程度、机遇因素
的变动来衡量。主要反映了关税总水平、政府干预经济程度以及国家政策
等重大事项的变动对边境区位价值的影响。

文化价值的动态变化主要由边界文化影响力指标来衡量。

社会价值的动态变化主要由边境区域人口总数、城市登记失业率、普
通中学在校学生数、科技活动人员数、公共教育经费占 GDP 比重、医院、
卫生院病床数、犯案件数等反映社会价值层面的指标变化情况来衡量。

生态价值的动态变化主要由边境区域的土地面积、已发现矿产种数、
年平均气温、废水废弃物处理率、绿化覆盖率、工业废水排放达标量等反
映自然资源、生态环境、可持续发展方面的指标变化来衡量。

上述具体指标的指标解释及指标数据来源在第四章中已详细阐述，此
处不再赘述。


# 第三节　边境区位价值动态变化测度的实证研究


## 一、实证样本选取及数据来源

为实现边境区位价值"存量"测度与边境区位价值动态变化测度的一
致性，本章边境区位价值动态变化测度的实证研究样本依然遵循第四章中

所论述的样本选取依据，选取我国与东盟国家接壤边境地带的 12 个国家一类陆地口岸所依托的 12 个口岸型城市或城镇作为本书研究的分析样本（见表 4 - 2）。样本数据来源亦如上一章所示，定量指标的原始数据分别来源于省、市、县的统计年鉴及社会经济统计年鉴，《中国城市统计年鉴》、中国宏观数据挖掘分析系统、中国海关网、中国口岸协会等网站资料整理、计算所得；边界文化影响力、机遇因素等定性指标采用模糊理论的方法进行了定量化处理。

针对全部量化后的所有指标中的缺失数据采用线性插值法进行了修补。对一些意外因素影响大的指标及可能出现突变的数据，采用时间序列法进行了平滑处理。并对指标进行了相对化处理；针对于逆向指标采用倒数法进行了趋同化处理。在以上基础上采用零—均值规范化方法对指标数据进行了标准化处理。经过上述方法对原始数据进行修正处理后，在不失原数据真实性及所采用处理方法的科学性的基础上，增强了在处理后数据基础上进行分析的科学性及有效性，以便于后续比较分析。

## 二、边境区位价值动态变化测度

记第 t 期 i 样本边境区位价值值为 $BJQWJZ_i(t)$，经济价值为 $JJ_i(t)$，政治价值为 $ZH_i(t)$，文化价值为 $WH_i(t)$，社会价值为 $SH_i(t)$，生态价值为 $ST_i(t)$，则有：

$$BJQWJZ_i(t) = f(JJ_i(t)，ZH_i(t)，WH_i(t)，SH_i(t)，ST_i(t))$$

结合主成分分析方法，第 t 期 i 样本边境区位价值 $BJQWJZ_i(t)$ 可由下式计算所得：

$$BJQWJZ_i(t) = f(JJ_i(t))，ZH_i(t)，WH_i(t)，SH_i(t)，ST_i(t) = \sum_{k=1}^{p} \alpha_k F_k$$

$$(5.1)$$

其中，$F_k$ 表示第 k 个主成分成的值；$\alpha_k$ 表示第 k 个主成分的方差贡献率；p 表示在一定的累积方差贡献率约束下所取的主成分个数。

选取 12 个样本 35 个变量 2005、2010、2015 年度数据进行分析。笔者这里选择的是间隔五年取一组数据，一方面是受限于数据可得性的影响，另一方面是考虑到边境地带基于国家政治因素的考虑，其政策、制度等相对基本稳定，其文化发展相对缓慢，其经济发展相隔五年差异性更显著，其社会发展随着经济的发展具有一定的阶段性，其生态环境的变化亦随着经济的发展具有阶段性变化特征。对原始数据进行相关处理及标准化后，利用 SPSS19.0 统计软件，根据累计方差贡献率达到 85% 以上的原则，提取主成分，并进行最大方差旋转后，得到各主成分的特征值、方差贡献率和累积方差贡献率，从而可以计算各年度各样本的边境区位价值，并根据各主成分的特征值及指标数据可以计算出各年度各样本的边境区位经济价值、政治价值、文化价值、社会价值和生态价值。

从边境区位价值的值来看，边境地带样本口岸城市的边境区位价值有逐年上升的趋势，说明随着经济社会的不断发展，边境区域地带的经济价值、政治价值、文化价值、社会价值、生态价值的耦合得到不断提升。

为便于历年数据进行比较，计算出的边境区位价值值及经济价值、政治价值、文化价值、社会价值和生态价值的值，采用最小—最大值法进行归一化处理，转化为 [0，1] 区间。则 1 表示在本年度该样本所对应的边境区位价值值最大，0 表示在本年度该样本所对应的边境区位价值值最小。样本城市历年边境区位价值情况见表 5 - 2，这 12 个样本城市所代表的中国—东盟国家接壤边境地带边境区位价值动态变化见图 5 - 2。

表 5 - 2　　　　　　　　　　样本城市边境区位价值动态变化

| 样本 | BJQWJZi（2005） | BJQWJZi（2010） | BJQWJZi（2015） |
|---|---|---|---|
| 东兴市 | 0.70957 | 1 | 1 |
| 凭祥市 | 0.719451 | 0.7845 | 0.6279 |
| 龙州县 | 0.472408 | 0.3872 | 0.2886 |
| 靖西县 | 0.419311 | 0.4662 | 0.5265 |

续表

| 样本 | BJQWJZi(2005) | BJQWJZi(2010) | BJQWJZi(2015) |
|---|---|---|---|
| 麻栗坡县 | 0.339311 | 0.3037 | 0.2522 |
| 河口县 | 0.581945 | 0 | 0.0369 |
| 金平县 | 0.213028 | 0.0367 | 0 |
| 勐腊县 | 0.395484 | 0.3215 | 0.2781 |
| 勐海县 | 0.132779 | 0.1983 | 0.3193 |
| 耿马县 | 0 | 0.0332 | 0.0782 |
| 瑞丽市 | 1 | 0.8231 | 0.7846 |
| 腾冲县 | 0.441877 | 0.4655 | 0.5579 |

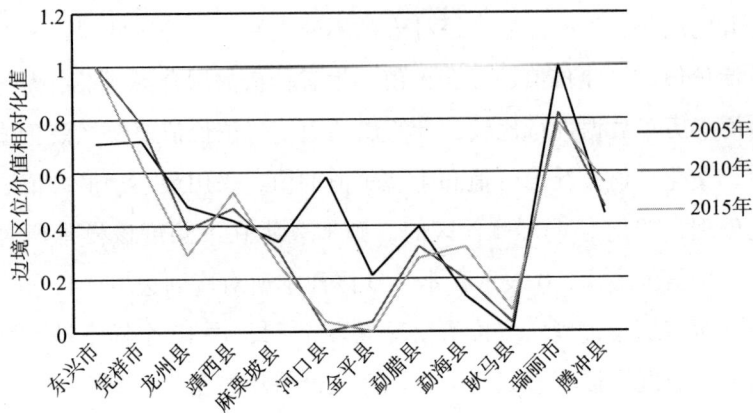

图5-2 中国—东盟国家接壤的边境地带边境区位价值动态变化

表5-2及图5-2中边境区位价值均进行了相对化处理，变换至了[0，1]区间，以便于横向比较，故其值体现的是各样本口岸城市边境区位价值的相对大小。由数据及图可知，东兴市、凭祥市、瑞丽市的边境区位价值一直处于样本口岸城市中的高值区域，其中，东兴市2010年和2015年均居于第一的位置，瑞丽市2005年居于第一，2010年和2015年

的边境区位价值居于样本口岸城市中第二的位置；龙州县、靖西县、麻栗坡县、勐腊县、腾冲县基本处于样本口岸城市中的中值区域；金平县、耿马县、勐海县一直处于样本口岸城市中的低值区域；而河口县则由2005年的中值偏上区域动态变化下降至边境区位价值的低值区域。

1. 边境区位价值高值区域动态变化

由图5-3可看出，东兴市、凭祥市、瑞丽市的边境区位价值一直处于样本口岸城市中的高值区域，其中，东兴市2005年居于第三的位置，2010年和2015年均居于第一的位置；瑞丽市2005年居于第一，2010和2015年的边境区位价值居于样本口岸城市中第二的位置；凭祥市2005年居于第二的位置，2010年和2015年居于第三的位置。

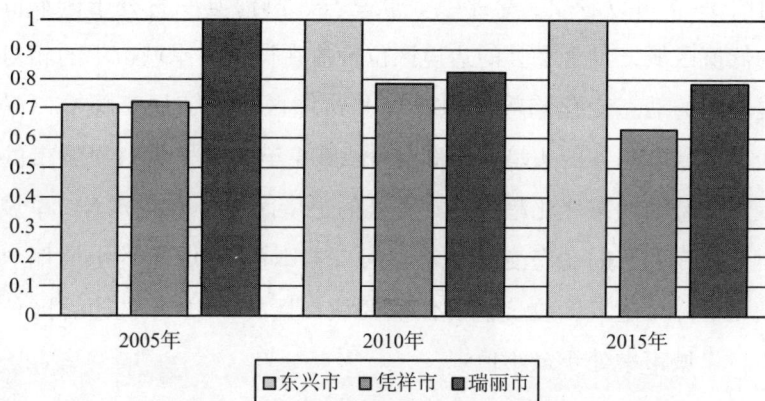

图5-3　高值区域边境区位价值动态变化

2. 边境区位价值中值区域动态变化

由图5-4可看出，龙州县、靖西县、麻栗坡县、勐腊县、腾冲县的边境区位价值一直处于样本口岸城市的中值区域，其中，龙州县、麻栗坡县、勐腊县的边境区位价值在样本口岸城市中的相对值存在下降的动态变化趋势；靖西县、腾冲县的边境区位价值在样本口岸城市中的相对值存在上升的动态变化趋势。

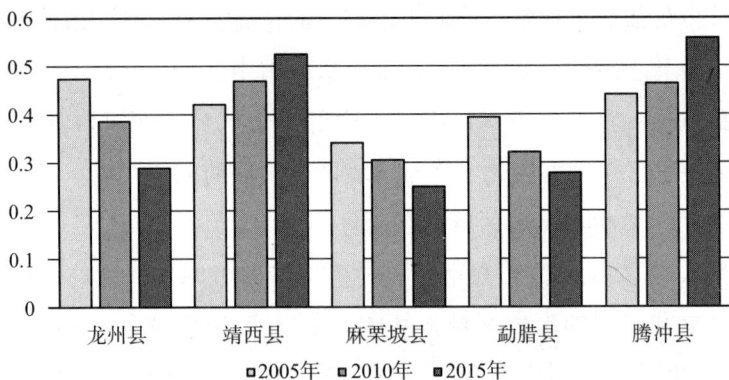

图 5 - 4　中值区域边境区位价值动态变化

3. 边境区位价值低值区域动态变化

由图 5 - 5 可以看出，金平县、耿马县、勐海县一直处于样本口岸城市中的低值区域，且金平县的边境区位价值在样本口岸城市中的相对值存在明显下降的动态变化趋势，2015 年其边境区位价值居于样本口岸城市中的最小值；耿马县的边境区位价值由 2005 年居于样本口岸城市的最小值慢慢有上升的动态变化趋势；勐海县的边境区位价值在样本口岸城市中的相对值存在上升的动态变化趋势；河口县则由 2005 年的中值偏上区域动态变化下降至边境区位价值的低值区域，且其 2010 年的边境区位价值在样本口岸城市中处于最小值。

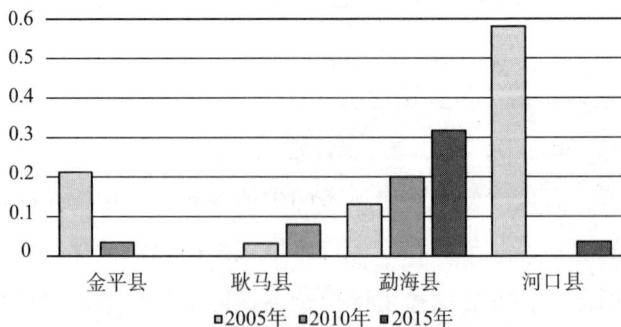

图 5 - 5　低值区域边境区位价值动态变化

# 第四节　边境区位价值动态变化测度影响
# 因素贡献差异分析

## 一、边境区位价值动态变化的分类影响因素贡献差异

根据上述对边境区位价值动态变化测度指标体系及影响因素分析可行，边境区位价值动态变化受经济、政治、文化、社会、生态等维度因素及各维度下指标变动的影响。由式 5.1 可知，边境区位价值可以通过各主成分的特征向量 $e_i$ 及因子载荷矩阵列，以及各维度下的指标来进行计算表示。即：

$$BJQWJZ_i(t) = f(JJ_i(t)), ZH_i(t), WH_i(t), SH_i(t), ST_i(t)$$

$$= \sum_{k=1}^{p} \alpha_k F_k = \sum_{k=1}^{p} \sum_j e_{jk} x_{ij} \alpha_k \qquad (5.2)$$

其中，j 表示第 k 个主成分主要反映的指标；$e_{jk}$ 表示第 k 个主成分对应在 j 指标的特征向量值；$x_{ij}$ 表示第 i 个样本口岸城市归入第 k 个主成分反映指标中第 j 个指标的值。

根据式（5.2）可进行经济、政治、文化、社会、生态等维度因素及各维度下指标对边境区位价值动态变化的影响测度与分析。

以第四章中测算数据为例，根据主成分特征值和方差贡献率（表4-3）：

$$\alpha = [24.326\%, 19.192\%, 16.335\%, 13.477\%, 12.005\%],$$

以及特征向量及旋转后的因子载荷矩阵（表5-4），可得边境区位价值计算式：

$$BJQWJZ_i = \sum_{k=1}^{p} \alpha_k F_k = \alpha_1 F_1 + \alpha_2 F_2 + \alpha_3 F_3 + \alpha_4 F_4 + \alpha_5 F_5$$

$$
\begin{aligned}
&= 0.24326(0.753x_{i5} + 0.509x_{i6} - 0.751x_{i8} + 0.595x_{i9} \\
&\quad + 0.691x_{i12} + 0.58x_{i13} - 0.805x_{i18} - 0.759x_{i20} \\
&\quad + 0.581x_{i21} + 0.806x_{i23} + 0.838x_{i27} + 0.601x_{i35}) \\
&\quad + 0.19192(0.521x_{i1} + 0.684x_{i3} + 0.576x_{i4} \\
&\quad + 0.671x_{i11} + 0.701x_{i15} + 0.379x_{i16} + 0.764x_{i17} \\
&\quad + 0.498x_{i25} + 0.739x_{i32} + 0.507x_{i33} + 0.235x_{i34}) \\
&\quad + 0.16335(0.555x_{i2} + 0.665x_{i7} - 0.879x_{i19} \\
&\quad - 0.729x_{i24} + 0.692x_{i30} + 0.569x_{i31}) \\
&\quad + 0.13477(0.678x_{i14} + 0.538x_{i22} + 0.536x_{i26} \\
&\quad + 0.829x_{i28} - 0.574x_{i29}) + 0.12005 \times 0.488x_{i0}
\end{aligned}
$$

化简后可得:

$$
\begin{aligned}
BJQWJZ_i &= (0.0999x_{i1} + 0.0907x_{i2} + 0.1313x_{i3} + 0.1105x_{i4} + 0.1832x_{i5} \\
&\quad + 0.1238x_{i6} + 0.1086x_{i7} - 0.1827x_{i8} + 0.1447x_{i9} + 0.0586x_{i10} \\
&\quad + 0.1288x_{i11} + 0.1681x_{i12} + 0.1411x_{i13} + 0.0914x_{i14} + 0.1345x_{i15} \\
&\quad + 0.0727x_{i16} + 0.1466x_{i17} - 0.1958x_{i18}) + (-0.1436x_{i19} - 0.1846x_{i20} \\
&\quad + 0.1413x_{i21}) + 0.0725x_{i22} + (0.1961x_{i23} - 0.1191x_{i24} + 0.0956x_{i25} \\
&\quad + 0.0722x_{i26} + 0.2039x_{i27} + 0.1117x_{i28} - 0.0771x_{i29}) + (0.1130x_{i30} \\
&\quad - 0.0929x_{i31} + 0.1418x_{i32} + 0.0973x_{i33} + 0.0451x_{i34} + 0.1462x_{i35})
\end{aligned}
$$

由上式可得边境区位经济价值、政治价值、文化价值、社会价值、生态价值的计算式分别为:

$$
\begin{aligned}
JJ_i &= 0.0999x_{i1} + 0.0907x_{i2} + 0.1313x_{i3} + 0.1105x_{i4} + 0.1832x_{i5} \\
&\quad + 0.1238x_{i6} + 0.1086x_{i7} - 0.1827x_{i8} + 0.1447x_{i9} + 0.0586x_{i10} \\
&\quad + 0.1288x_{i11} + 0.1681x_{i12} + 0.1411x_{i13} + 0.0914x_{i14} + 0.1345x_{i15} \\
&\quad + 0.0727x_{i16} + 0.1466x_{i17} - 0.1958x_{i18}
\end{aligned}
$$

$$
ZZ_i = -0.1436x_{i19} - 0.1846x_{i20} + 0.1413x_{i21}
$$

$$
WH_i = 0.0725x_{i22}
$$

$$
SH_i = 0.1961x_{i23} - 0.1191x_{i24} + 0.0956x_{i25} + 0.0722x_{i26} + 0.2039x_{i27} + 0.1117x_{i28} - 0.0771x_{i29}
$$

$$ST_i = 0.1130x_{i30} - 0.0929x_{i31} + 0.1418x_{i32} + 0.0973x_{i33} + 0.0451x_{i34} + 0.1462x_{i35}$$

其中，$x_{ji}$为第 i 个样本口岸城市对应的第 j 个指标标准化后的值。

从而可以计算出样本口岸城市边境区位经济价值、政治价值、文化价值、社会价值、生态价值的值，见表 5 - 3。

表 5 - 3　　　　　　　　样本口岸城市边境区位价值各维度值

| 样本 | 经济价值 JJ | 政治价值 ZH | 文化价值 WH | 社会价值 SH | 生态价值 ST |
|---|---|---|---|---|---|
| 东兴市 | 2.04291 | 0.49572067 | 0.120189 | 0.494096 | 0.037055 |
| 凭祥市 | 0.304848 | 0.11707532 | 0.078452 | 0.258915 | 0.248409 |
| 龙州县 | - 0.19478 | 0.08664365 | - 0.04212 | - 0.17101 | 0.292728 |
| 靖西县 | 0.75717 | - 0.0342171 | - 0.05604 | 0.358847 | 0.401832 |
| 麻栗坡县 | - 0.68483 | - 0.1120463 | 0.045989 | - 0.02648 | - 0.72604 |
| 河口县 | - 0.8144 | - 0.3898189 | - 0.09777 | - 0.8414 | 0.056713 |
| 金平县 | - 1.38864 | - 0.4516315 | - 0.02589 | - 0.22433 | - 0.54136 |
| 勐腊县 | - 0.18794 | - 0.2861196 | - 0.00966 | - 0.27229 | 0.299709 |
| 勐海县 | - 0.10798 | 0.09275971 | - 0.02357 | - 0.24055 | 0.20819 |
| 耿马县 | - 1.39704 | 0.12229757 | - 0.08154 | 0.150329 | - 0.21673 |
| 瑞丽市 | 0.729676 | 0.12420046 | 0.110914 | 0.541063 | 0.167193 |
| 腾冲县 | 0.941004 | 0.23513455 | - 0.01894 | - 0.0272 | - 0.2277 |

由表 5 - 3 可以看出各样本口岸城市边境区位价值各维度价值的大小。其中，东兴市、瑞丽市、腾冲县、靖西县、凭祥市的边境区位经济价值在平均水平以上，其余口岸城市在平均水平以下（见图 5 - 6）；东兴、腾冲政治价值得分最高，金平县、河口县、勐腊县政治价值得分最低（见图 5 - 7）；东兴、瑞丽、凭祥文化价值得分最高（见图 5 - 8）；河口县社会价值得分最低（见图 5 - 9）；麻栗坡县、金平县生态价值得分最低

（见图5-10）。这五个维度价值的动态变化会直接导致边境区位价值的动态变化。

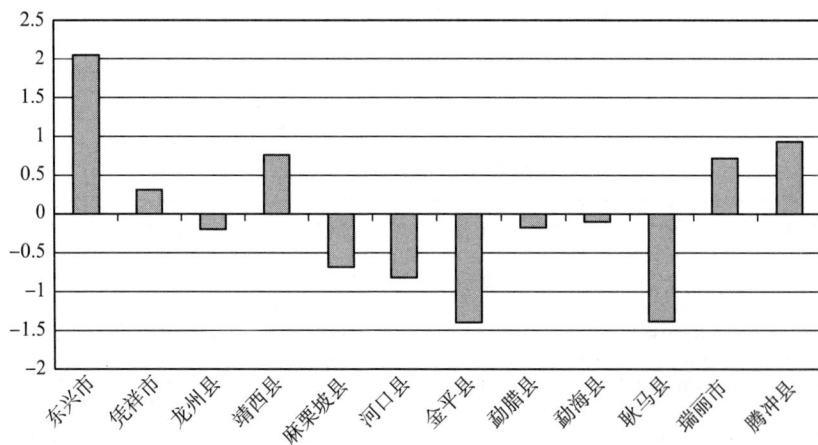

图5-6　边境区位经济价值

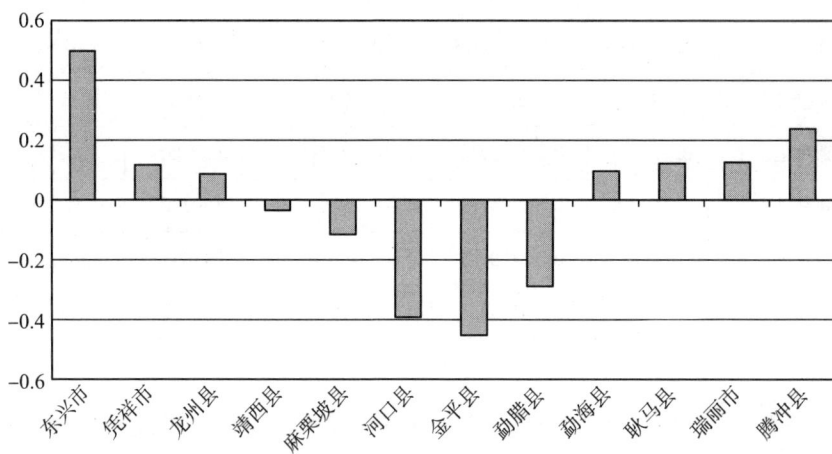

图5-7　边境区位政治价值

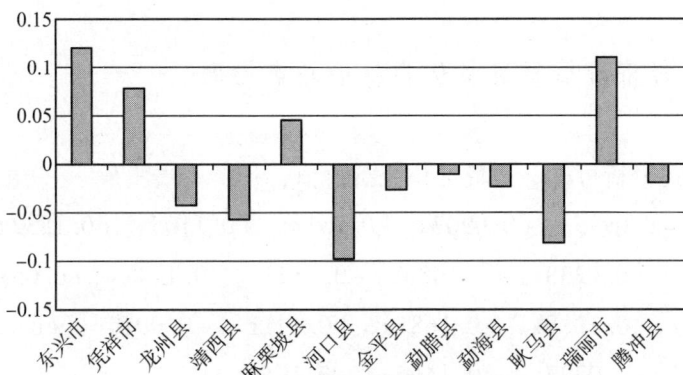

图 5 - 8 边境区位文化价值

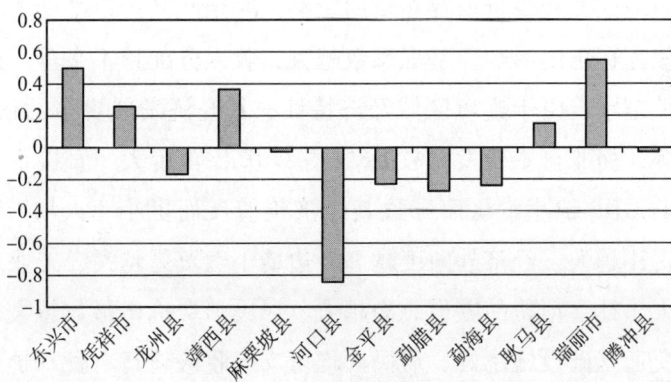

图 5 - 9 边境区位社会价值

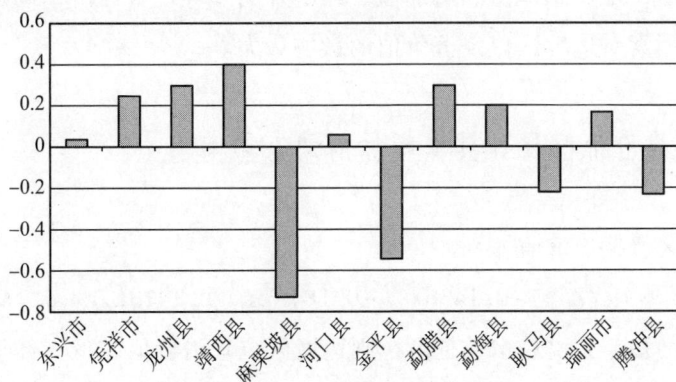

图 5 - 10 边境区位生态价值

## 二、经济价值及其具体指标的动态影响

由上述分析可知，边境区位经济价值：

$$JJ_i = 0.0999x_{i1} + 0.0907x_{i2} + 0.1313x_{i3} + 0.1105x_{i4} + 0.1832x_{i5}$$
$$+ 0.1238x_{i6} + 0.1086x_{i7} - 0.1827x_{i8} + 0.1447x_{i9} + 0.0586x_{i10}$$
$$+ 0.1288x_{i11} + 0.1681x_{i12} + 0.1411x_{i3} + 0.0914x_{i14} + 0.1345x_{i15}$$
$$+ 0.0727x_{i16} + 0.1466x_{i17} - 0.1958x_{i18}$$

虽然该式由选样计算得出，但由此可以基本认为，基尼系数和科技创新因素对边境区位经济价值存在负向影响，其余经济价值维度下的指标均对经济价值存在正向影响。基尼系数越大，收入分配越不平等，则边境区位经济价值越小；由于边境区域经济特性，其经济发展更多的依靠贸易、外来投资等，而非自主研发，故 R&D 占 GDP 比重越大，直接用于经济与社会发展的 GDP 越小，从而导致其经济价值反而更小。人均 GDP 越大、第三产业占比越大、经济外向度越高、边境小额贸易越大、工业总产值和增加值越大、社会消费品零售总额越大、居民消费价格指数越大、旅游业越发展、交通基础设施越好、居民人均可支配收入越高、资本越充足，则其边境区位经济价值越大，也同时提升了其边境区位价值。其由各指标的系数可看出，工业总产值和增加值、经济外向度等现有经济基础因素和市场、资本因素对边境区位经济价值的影响最大。

## 三、政治价值及其具体指标的动态影响

边境区位政治价值：

$$ZZ_i = -0.1436x_{i19} - 0.1846x_{i20} + 0.1413x_{i21}$$

由此可知，关税总水平越高，则边境区位政治价值越低。经济自由化程度在这里对边境区位政治价值的影响系数为负，是因为在这里经济自由化程度＝财政支出/GDP，代表了政府干预经济的程度，干预经济越多，

即经济自由化程度越低，则边境区位政治价值越低。政策等机遇因素因为经过了定量化、同趋势化的处理在这里对边境区位政治价值存在正向的作用。且可看出，关税总水平和机遇因素对边境区位政治价值影响的绝对值差不多，而经济自由化程度影响的绝值略大。

## 四、文化价值及其具体指标的动态影响

边境区位文化价值：

$$WH_i = 0.0725x_{i22}$$

由此可知，边界文化影响力得分越高，则边境区位文化价值越大。且得分每高 1 个单位，相对应的边境区位文化价值高约 0.0725 个单位。

## 五、社会价值及其具体指标的动态影响

边境区位社会价值：

$$SH_i = 0.1961x_{i23} - 0.1191x_{i24} + 0.0956x_{i25} + 0.0722x_{i26} + 0.2039x_{i27}$$
$$+ 0.1117x_{i28} - 0.0771x_{i29}$$

由此可知，城市登记失业率越高，则边境区位社会价值越低。犯案件数越高，则社会安全越受到挑战，相应边境区位社会价值越低。而人口越多，劳动力越多，科技活动人员数越多，公共教育支出越大，医疗卫生条件越好，则边境区位社会价值越高。

## 六、生态价值及其具体指标的动态影响

边境区位生态价值：

$$ST_i = 0.1130x_{i30} - 0.0929x_{i31} + 0.1418x_{i32} + 0.0973x_{i33}$$
$$+ 0.0451x_{i34} + 0.1462x_{i35}$$

由此可知，土地面积以及废水废弃物处理率、绿化覆盖率、工业废水

排放达标量等可持续发展因素对边境区位生态价值有正向促进作用；而已发现矿产种数对边境区位生态价值存在负向作用，可以认为，已发现矿产种数越多，出于经济发展的考虑，会加大对矿产的开采程度，进而对生态环境造成破坏，从而降低边境区位生态价值。

第六章

# 中国—东盟边境区位价值
# 开发利用：驱动因素与
# 分类价值促进路径

黎鹏较早地对边境价值的内涵作了表述，认为边境区位价值由经济价值、社会价值、生态环境价值组成[70]。方晓萍、黎鹏、丁四保将边境区位价值定义为："边境区域其自身的发展所能带来的自身内部及外部周边地区的提升效应。[71]"

结合实证研究的理论模型与前述当中所描述的边境区位价值相关指标体系，可以从以下五大方面驱动、提升边境区位价值：经济价值、政治价值、文化价值、社会价值、生态价值。虽然在后述当中将分别阐述边境区位价值驱动因素五个方面的提升路径，但要注意边境区位价值的五个方面是相辅相成、密不可分的，边境区位价值提升是系统工程。

## 第一节　经济因素优化与经济价值促进路径

发展经济既是人类活动的动力，又往往是这些活动的目的。区域经济价值的构成，以及如何提高区域的经济价值是经济学过去、现在、将来都不可回避的话题。边境区位的经济价值具有一定的特殊性，利用边境的区位的特殊性提升区位的经济价值需要注意以下几个方面：

## 一、加强边境地区产业升级

俗话说"靠山吃山，靠海吃海"，广西、云南的整体资源环境和周边省份相仿，与其他省份相比没有较为独特的、突出的资源禀赋。要想搞活经济就应该明确广西和云南"优势在边，潜力在边，出入在边"。西南边境地区的发展困局，没有能够真正做到"靠边吃边"是一个很大的原因。

中国西南地区与东盟之间的传统贸易往往局限于农产品、纺织品以及部分电器。主要的形式是"边民互市贸易，边境小额贸易和边境地区对外经济技术合作。[72]"尚没有建立起商品加工基地，没有充分利用西南地区沿边沿海的优势以及其靠近东盟国家能够较为方便地获得基本原料的优势以进行加工贸易。而是充当了一个东盟国家与我国其他省份之间的管道和物流中转的功能。这就使得当地政府在投入了一定基础设施的情况下没有办法获得充足的回报，阻碍了政府实现财政良性循环的可能性。"很大程度上导致了地方债务长期居高不下，产业聚集效应不高，效率较低，周期较长，成本较大等，单纯通道经济的局限性逐渐显现。[73]"

有专家认为一个地区应该注意发展自己的优势产业，因为优势产业不但能够带动经济，而且可以推动该地区的产业升级[74]。中国西南沿边要与东盟进行贸易往来，所要发展的优势产业应该能够整合西南地区及周边地区现有的资源，打造具有地方特色而又能够满足东盟国家市场的产业链。例如可以进口东盟地区的农产品进行再加工，提升产品附加价值。在优势产业建设过程当中还要特别注重产业布局的科学性和生态性，用较少的资源消耗与环境代价完成尽可能多的生产，避免给我国边境地区环境带来压力。还要注意建设产业集群，利用规模效应降低成本，提升产业的国际化和规范化。通过"不可替代性"来增加西南地区在优势产业方面的"议价权"和"话语权"。

除了来料加工行业外，还应该针对东盟市场在广西及云南地区适当地、循序渐进地发展高端制造业，这样既可以满足东盟国家对于物美价廉的产品的需求，同时利用外来的高科技公司和精英人才提升我国西南地区的整体形象。通过新的产业的引进和对于已有产业的升级，还可以带动当地就业，改善西南地区的收入水平。

## 二、加强金融合作，加速人民币国际化

中国与东盟地区的经济合作目前还是以贸易往来为主，但是双方想要在金融方面进行合作的意愿一直以来都十分强烈。这种强烈的意愿来自于多个方面，第一，亚洲金融危机给中国和东盟敲响了警钟。在亚洲金融危机伊始，IMF 并没有及时对东盟国家进行支援。因此东盟国家需要寻找更加可靠的金融伙伴。第二，亚洲金融危机之后世界经济复苏缓慢，增进了中国与东盟各国之间的彼此需要。第三，金融危机后对欧美国家国内的量化宽松政策，中国面临着人民币的升值压力。如果人民币升值的幅度过大，那么我国的外汇储备就会萎缩，损害国家和人民利益。推动人民币国际化可以缓解这种压力[75]。第四，中国与东盟国家的货币互换合作有降低金融风险的功能。这里的金融风险主要是指东盟国家和中国在长期持有美元作为主要外汇的过程当中所需要付出的持币成本以及承担美元贬值的风险[76]。第五，中国与东盟如果能长期建立货币互换关系，对于我国货币走向国际来说具有深远意义。

有专家认为中国与东盟经济周期有同步性，满足区域金融合作的前提条件[77]。但是总体来说在短期内要实现区域货币一体化还不现实。虽然中国与东盟国家之间的工作弹性较大，但是劳动和资本要素流动较为不通畅[78]。根据 Ronald I. Mckinnon 的理论，中国和东盟十国的开放程度尚不足以构筑区域货币一体化体系[79]。除了经济现状的制约外，各国之间在文化、宗教上的差异，政治上的猜忌以及历史上国家之间、民族之间的矛盾也会给中国东盟区域货币一体化的实现带来许多困难和阻碍。

此外，有专家对于中国西部广西壮族自治区与东盟之间金融方面的问题做了总结并提出了解决办法[80]。认为广西自身金融的不健全是广西与东盟金融行业发展不充分的内因，同时面对东盟各国参差不齐的开放水

平，广西的商业金融机构没能够国际化也是重要限制。而高端金融人才的与东部发达地区的区际差异也是广西金融无法在短期内提升的瓶颈。

在这样的背景下，中国与东盟要开展货币及金融合作，应该要遵循循序渐进的原则。金融基础设施是金融业发展的基本条件，中国与东盟国家发展金融业，第一应该解决中国与东盟在彼此境内商业银行较少的问题。第二，要明确中国与东盟金融的短期合作应该以贸易结算和帮助各国之间跨国投资融资为主要目标，以分享信息和防范金融风险为次要目标[81]。第三，随着中国与东盟之间日益增进的经贸往来，必然会出现"计价货币"。东盟各国之间存在利益博弈，无论是在经济还是政治方面都没有办法能够凝成一股合力，"以东盟为主导进行金融合作，既不符合区域各国的微观基础，也无法保证金融合作的成效[82]"。而中国作为亚洲人口最多、经济体量最大、国土面积最大、GDP 总量第二的大国，理所应当主导双方的经济往来，人民币应该成为计价货币。第四，开展金融合作要与文化价值、社会价值、生态价值和政治价值的提升相结合考虑。

### 三、进一步加强交通、网络、金融基础设施建设

我国边境地区基础设施发展水平与东部地区差距较大，不能满足经济发展的需求和人民对于幸福生活的要求。要想提高边境地区的基础设施，首先要了解造成目前边境地区基础设施落后的原因。

总体而言，五大原因造成了西部边境地区基础设施落后。第一，历史原因，西南边境自 20 世纪 50 年代到 80 年代边衅不断，国家对于边境地区的基础设施投入有所顾忌。第二，地理原因，边境线往往和高山、山脉重叠，地理环境复杂多变，增大了材料运输成本和基础设施建设成本。第三，人口因素，边境地区过去给人条件恶劣的印象，因此很多人才不愿意前往边境地区发展。第四，经济原因，边境地区经济长期落后，东部发达省市无法在财政上对基础设施做出足够的支持。第五，外部原因，国内外社会对于边境地区基础设施建设的关注不足。

经历了三十年左右的改革开放，中国边境地区的基础设施建设已经得到了很大改善，但是相较于发达地区还有一定的差距，基础设施还不能完全适应需求。边境的区位决定了边境地区应该以外向型经济为主。交通是边境地区和其他地区相互链接的先决条件，关系到生产要素和产品的流通，同时是物流业和旅游业的物质基础。

电子商务尤其是跨境电商是未来我国边境地区经济价值提高的主要方向。边境地区通信基础设施和金融基础设施的提高是顺应外向型经济发展、跨境电子商务发展的必然要求。为了满足电子商务发展的需要，物流基础设施建设要注意利用现代电子技术管理，推动"多式联运"[83]，将不同的运输形式进行整合。再结合金融基础设施的拓展和完善，形成物流与资金流的同步互动，就能够促进电子商务的发展。

交通设施的建设要"注重基础设施建设与经济增长的协调发展，不可盲目地扩展道路建设，忽略城市本身的承载能力[84]"。但是为了避免浪费，还应该预见地区未来的发展趋势，适当超前。此外要注意利用边境地区的政策资源，合理利用政府拨款。要加强财政拨款的针对性，做到专款专用，整合管理边境地区基础设施的财政拨款，统筹整个边境地区基础设施的建设。建立健全监督机制和绩效机制。"按公共财政要求，理协调地方'事权'与'财权'分配机制。[85]"将土地使用、税收方面的优惠政策，搭配基础设施改造的义务打包提供给企业，或者将基础设施若干年的收益权给予企业以换取基础设施的落地。总体而言，对于基础设施的建设既要开源——合理利用政策优势，包括西部大开发、边境政策、少数民族相关政策、广西壮族自治区还应该利用北部湾相关政策；充分利用不同的资金来源，包括政府的、企业的、国际的、外来的，还要注意节流——对于资金的管理和绩效评价，从两方面保证边境地区基础设施建设。

## 四、开发和保护边境旅游资源

"边境旅游是指相邻两国或地区的居民，在双方接壤的对外开放的边境城市或地区相互进行短程旅行游览的行为。它是国内旅游的延伸，国际旅游的重要组成部分。[86]" 国家颁布的《边境旅游暂行管理办法》对边境旅游定义为："经批准的旅行社组织和接待中国及毗邻国家的公民，集体从指定的边境口岸的出入境，在双方政府商定的区域和期限内进行的旅游活动。[87]" 边境旅游的特点和优势在于费用低，旅游资源特色强，客源地和目的地距离较短。边境旅游具有如下作用:[88]

（1）边境旅游可以促进边境地区国民经济的发展。旅游业是一种需要全社会、多部门、多产业相互配合的行业，旅游业的发展可以带动地方经济的发展;

（2）有利于促进边境经济外向型发展。边境旅游涉外性强，在与外方的频繁交往当中边境逐渐培养成外向型经济;

（3）通过旅游业的开展促进边境地区同其他地区的联系;

（4）增加财政收入和外汇储备;

（5）增加边境地区就业;

（6）加速边境地区社会的现代化;

（7）通过开展边境旅游实现旅游扶贫;

（8）加强睦邻友好。

边境旅游价值提升的策略主要是:

（1）尊重各地的文化、历史、现状，根据各地的实际情况，具体问题具体分析，进行特色开发，充分发挥不同地区的资源优势;

（2）择优开发，边境旅游资源非常丰富，应该先选取其中最为优秀的资源集中开发，起到示范效应以便吸引民间资本。在旅游地容量不足时，再引入次优旅游资源，循序渐进;

（3）联合开发，边境旅游的发展不应该孤立进行。根据旅游地理学的相关理论，观光游客总是希望在一段较短的时间内能够浏览更多的景点。[89]

边境旅游点应该和境内、境外旅游进行结合。我国西南边境的广西和云南省是旅游资源特别丰富的地区，云南的丽江，桂林的山水都是驰名中外的旅游景点。边境旅游和境内景点、境外景点打包，有利于吸引游客购买旅游产品。此外，广西不仅仅具有优良的内陆旅游资源，其位于沿海地区，因此也兼有滨海旅游资源。中国西南边境旅游的发展，应该要抓住如上的两大低替代性优势，注重山海联动、境内外联动。

此外，旅游业的最一般形式是观光旅游，观光旅游实际上渗透在旅游过程的方方面面中。因此，旅游业的开展会诱使边境地区自发地重视环境改造和生态保护。而旅游业所带来的收入又会进一步投入环境改造和生态保护当中。投入的资金来自于边境地区之外，对于边境地区本身并不会产生经济负担，而其收益又同时能够被游客和当地居民所共有，是一种良性循环。

# 第二节　政治价值提升与促进路径

## 一、边境区位政治价值的内涵

根据主流的价值研究，边境区位的政治价值可以有两种定义方式。第一种定义方式，以主客体之间的关系作为价值定义的基础。该理论认为价值是客体对于主体一致性的体现，客体对于主体存在效用性，"所谓政治价值就是表示政治主客体关系的一个范畴。它指的是政治客体对政治主体需要的满足程度，即包括政治个体和政治组织在内的'政治人'，即政治主体对政治生活的需求。[90]"可以将这种对于政治价值的研究视角称为"效用论"。

而第二种对于政治价值的研究视角是"本体论"。该理论认为："政治价值是在政治客体对政治主体的肯定关系的基础上，在人类政治实践与政治文化中实存、积淀并升华的关于政治社会的本原意义与应然意义，是政治对人自身生存与发展的肯定性价值，是人在政治实践中表现、确证、欣赏自己的完满性并'以一种全面的方式，也就是说，作为一个完整的人，占有自己的全面的本质。[91、92]"

如果用效用论解释边境地区的政治价值，首先要明确边境地区政治价值的主体和客体分别是什么。边境地区政治价值的主体应该是此边境地区所从属的国家主权及其所代表的利益集团，边境政治价值的客体是边境范围内的经济、社会、文化、生态、资源等能够被用于满足国家政治需求的资源。

因此，我们可以将边境地区的政治价值定义为边境地区在政治生活当中对于国家政权及其所属阶级的一致性和效用性。

政治价值由核心到外围由三个层次组成—价值信念、价值理念、价值规范。国家是以价值信念为基础的产物，价值理念是价值信念在国家的帮助下由价值信念在理性层面延伸的范畴。而价值规范则是指国家用来维护价值信念的具体工具。国界线两边无时无刻不在发生着这三个层次的较量。边境区域的政治价值有其特殊性和普遍性，他的特殊性是由于边境特殊的区位——两个边境之间政治价值较为强烈的碰撞造成的。而边境区位政治价值当中的特殊因素才是我们之间应该要着重研究的。从"边境区位"这个词本身而言，强调了边境的独特性。边境区位政治价值当中的普遍性很多时候要为边境价值的特殊性服务。这两个理由是之后研究当中，边境政治价值的特殊性被作为主要研究对象的原因。

## 二、边境区位政治价值的一般性

从边境地区政治价值一般性的角度而言，边境地区的政治价值在经济飞速发展的当代，和其他地区一样，也面临不断地价值重构。边境地区的民主政治也不断地从"利益代替"在往"利益代表"进行转变。权力的垄断、单向等性质在不断地被瓦解[93]。反映在经济上，则是经济自由化程度（政府对于经济的不干涉）越高，越有利于经济的发展。

因此对于边境地区而言，要增加政策反馈机制。增加政策反馈机制是增加政策纠错机制的基础，增加权力层面的互动，双方能够互相了解政治的价值选择才可以处理价值选择的不一致性。在传播学上，边境地区是所谓的"缓冲区"。边境地区行为主体的"价值选择"倾向与其他地区相比，可能会与利益代表有更大的差异，利益代表增加价值选择的反馈，既是监督的必要，也是对于其所代表政治价值做出价值选择调整的必要。其次，边境地区要激活市场机制，减少政府对于边境地区的不必要的干预，要充分利用市场"无形之手"。只要合理制定市场游戏规则，严格监督法律法规的实施状况，减少交易费用，就能达到刺激地方经济发展的作用。

## 三、边境区位政治价值的特殊性

从边境地区政治价值的特殊性角度来讲，其政治价值体现在与其他国家的交往当中。现代社会国家的财富是在财富的不断流通过程当中被积累的。优化边境地区的政治价值，首先要对于国际价值体系有一个清晰的认识。国际价值体系自"二战"后发生过几次重大变动，从原本的"美苏对抗"，演变为"一超多强"。而近年随着"中国崛起"，国际价值即将重新被调整。

有专家把这种现象称为国际关系的利益重构[94]。国际价值的利益重构主要体现在：

①经济价值重构，比如中国经济崛起，成为"世界工厂"，近几年又成为"世界买手"，要素的流入流出量有很大改变，这就是经济价值重构的直接表现。

②安全利益重构，核威胁、环境问题、恐怖主义是21世纪全球面临的三大风险[95]。随着全球恐怖犯罪的升级，单单依靠一个国家很难真正对在"暗处"、四处流窜的恐怖分子给予有力打击。因此，在"9·11"事件之后，美国以反恐阵营进行安全联盟，虽然由于美国在联盟的过程当中极力在非传统安全利益中渗透传统安全战略，使得安全利益重构受到挫折，但是新的安全利益重构已经成为国际关系价值的重要组成部分。

③各种行为主体跨国行为导致的利益重构。现代社会的技术发展模糊

了国界，行为主体在利益驱使下可以跨国进行投资、消费、就业。这种各种"流"的流动性往往积少成多，对于国际价值的重构也起到很大作用[96]。

在这种大背景下，边境政治价值提升应该怎样进行？在过去相当长的一段时间内，国家之间以国家利益为主导展开对抗或者合作。而在现代社会，新自由主义和现实主义是指导国家间关系的两大传统逻辑。"不难看出，新自由主义的理论对于国家作用的认识带有理想性成分，脱离了当前国际社会的多元化和世界多极化发展的趋势和实际。[97]"而"无论是摩根索的经典现实主义，还是沃尔兹的防御性现实主义以及米尔斯海默的进攻性现实主义等主流现实主义理论，都把权力、国家利益、冲突和国家安全作为核心理念，国际社会是争权夺利的竞技场，权利之争是国际政治的主旋律，非输即赢的'零和博弈'理念是现实主义理论群所坚持的理论框架。[98]"

新自由主义和现实主义思想都来源于西方发达国家，并且由于西方国家在经济上的强势，这两种思想得以传播。而在国际关系当中，各国的利益出发点都是自身，这一点无可厚非，但是在当今国际关系以联系和发展为主流的情况下，一味地强调自身利益，采用现实主义作为自己国家外交行为的指导思想，必然导致冲突与对峙。而采用新自由主义思想，则无法面对日益激烈的国际关系竞争。显然，无论是新自由主义或者现实主义，都没有办法引领现代国际关系的进一步优化。

中国是一个有着五千年灿烂文明的历史古国，中国的崛起使得中国文化、中国哲学在世界舞台展现风采。自古以来，中国的儒家思想当中就有"贵和"的思想。在儒家经典当中，"和"被认为是儒家最高的价值内涵，指的是人与自然、人与人、人与社会的和谐共生。运用好"贵和"思想，方能够使得国际关系价值得到进一步优化。儒家思想讲究"以和为贵"的同时，也看到了"和而不同"，认为和是内在的、抽象的，而同则是外在的、具体的。追求"和"是在承认、接受"不同"的基础上进行的活动。而"不同"本身也存在着价值，"和"首先能够开发"不同"的价值。其次，在国家之间交往的过程当中"和不弃争"，同时又"以和济争"。也就是说两国彼此合作的益处更大，能够弥合两国之间竞争的嫌隙。

此外，儒家思想还有平等，"己所不欲勿施于人""己欲立而立人，己欲达而达人"（《论语·雍也》）。这与西方国家的"霸权主义""单边主义""大国沙文主义""文化偏见"相左。最后，儒家思想当中的"中庸之道"，讲究的是一种处理问题的适度性，追求的是处理的时候不矫枉过正。

总体而言，儒家的治世理念与当今国际社会的核心价值"和平、独立、平等、正义[99]"是高度契合的，应该以现代的视角扬弃我国传统儒家文化，进行去其糟粕，取其精华。以"贵和"的哲学思想指导边境政治价值的提升。具体到中国与东盟的国际关系，可以但不限于采取以上政策措施。

## 四、边境区位政治价值的提升路径

作者认为边境区位政治价值的提升路径主要包括：一是继续深化改革开放策略，只有加入全球价值链，才可以利用比较优势发展我国经济；二是加强我国与东盟国家之间的安全合作，避免类似于"湄公河惨案"事件的发生。保障了社会秩序，才可以更好地发展经济；三是充分利用国内巨大的市场潜力，完善法律体系和市场制度，用优厚的条件和灵活的合作方式吸引外国友人来华投资；四是弘扬中国传统文化的同时也尊重东盟国家的文化。

# 第三节 文化价值提升与促进路径

## 一、边境区域文化价值的内涵

文化一直都是社会科学不能回避的重要研究对象，但是也许正是因为其重要性，导致了文化相关研究的复杂性和研究范式的多样性。普遍意义上的文化常常有两种解释，第一种解释将文化与自然作为二元结构来研究，也就是说所有与人类活动有关的，受其影响的内容都是文化的一部分。第二种解释则着重于不同人群对于自然的影响方式的不同来使用"文化"概念，是第一种解释下的"文化"概念的分类。本书将"文化"从社会、政治、经济和生态文明当中做了概念上的剥离，因此在下文当中，使用的是"文化"的第二种解释。

## 二、边境区域文化价值的研究视角

研究边境地区的文化问题，就不得不将国外的文化、中国的大众文化、主流文化以及少数民族文化同时作为比较研究的对象，因为现代社会文化的传播是无孔不入的，不同文化之间的碰撞既是文化发展的重要影响因素，也是"文化失范"的潜在威胁。"文化价值"强调的是文化的正面效应，但是预防文化产生负面效应是文化产生正面价值的基础。此外，就我国国情而言，研究中国的边境文化几乎必然涉及到少数民族文化，因为在中国的边境线上分布着大量的少数民族，尤其以中国的西南隅为最。中国西南边境二省当中广西是中国唯一的省级少数民族自治单位，而云南则有着26个少数民族，因此少数民族文化也是边境地区文化价值研究绕不过去的问题。

## 三、边境区域文化价值的构成

"主流文化从一般文化哲学理论说来，是特定历史时期占统治地位的生产方式所决定的、作为社会的统治思想的文化。[100]"主流文化的特性，就决定了它必须要对于价值失范和文化真空做出反应。因为文化的价值失范必然会影响到民族向心力、民心士气，而这是不为统治阶级所允许的。

大众文化的特点是传播性、通俗性、时效性、娱乐性，在改革开放后吸收了先进的传媒，大众文化发展迅速。特别是近年来微博、微信以及其他网络设施已经成为人们日常生活当中不可缺失的沟通方式和娱乐消遣。

而从生产的角度看，大众文化越来越市场化、规模化、标准化。资本对于电影业从最初的不闻不问，到现在的追捧，反映了大众文化产品产业链已经走过了引入期，开始走向发展期或者成熟期。大众文化产品生产不再是无序的，而是有序、有组织的、高效的。利用好大众文化产品，就可以更好地塑造文化及文化价值。

少数民族文化如何同民族文化共同发展、共生共荣？搞清楚这个问题不仅仅有利于我们开发边境文化，还能为我们提供文化之间如何互动的智慧。当今社会，文化不再是封闭的，而是多元的，不再是静态的，而是发展的。所谓的全球经济一体化实际上是一次西方思维，西方文化的全球性浪潮。对此，所有的文化都没有逃避的权利，只能够尝试着去适应，否则就将消亡。如果少数民族文化尚且没有办法在全球文化渗透下保全己身，中国的主流文化没有办法和少数民族文化一起成长，那么亨廷顿所描述的文化导致的战争估计也不远了。

少数民族文化对于建设社会主义核心价值观亦有不可忽视的意义：第一，社会主义价值观并不是凭空产生的，是在吸收包括了少数民族优秀文化的中华民族传统文化上产生的；第二，社会主义核心价值观要在少数民族价值观的基础上形成与发展；第三，少数民族的同胞对于社会主义价值观的认同，也需要基于少数民族文化；第四，少数民族文化是社会主义价值观的重要平台和载体[101]。

## 四、边境地区文化价值失范问题

"用社会学家的眼光定义文化，常常倾向于认为文化是一个群体或一种社会所共有的价值观和意义体系。[102]" 因此特定的"文化"概念本身就是基于特定的价值观和意义体系构建的，属于某种文化的群体对于该文化的价值观必然在相当程度上持肯定的态度。

然而近百年来科学技术日新月异，推动着经济的不断发展，也影响着文化。现代生活在瓦解了传统的文化体系后没能够及时提供一种替代品。

"价值失范"成了一种新的常态，文化体系还没能在世界的巨变当中找寻到一种新的发展之道。尤其是发展中国家，"价值失范"的过程更短，受到的文化冲击来自于民族外部，解决问题的手段往往趋于粗暴，在社会进程上又受到发达国家干扰[103]。这些因素使得发展中国家的文化"价值失范"情况更加普遍，后果更加严重。

边境地区是祖国的门户，有更多的机会受到外来文化的冲击，如何在传统文化"价值失范"，西方霸权主义文化渗透，大众文化冲击少数民族文化的情况下去建设边境地区文化事业，减少边境地区文化的副作用，甚至产生边境区位"文化价值"？

## 五、边境地区文化价值提升的具体措施

### 1. 树立正确的文化价值观念

洋务派曾经提出"中学为体，西学为用"的口号，他们认为西方的科学技术是"中性"的，仅仅在物质层面发生作用。然而，以现代的视角看，科学技术本身也是一种文化，接受科学技术的同时就难免要受到科技文化的影响。这个例子告诉我们，文化是一种系统化的结构化的人类精神产物，"取其精华去其糟粕"更多的是一种理想化的追求，现实当中很难将某种文化进行这种精准的分离。

所有的文化群体都对自己的文化有"自恋情结"，但是作为社会科学研究者，我们必须要有"文化自觉"。"文化自觉只是指生活在一定文化中的人对其文化有'自知之明'。[104]"也就是要求社会学研究者必须要能够客观冷静地看待自己所属的文化。

结合以上两点，就是要允许文化内核的变动和文化价值观的发展，而不是故步自封、抱残守缺、因循守旧地要求文化的外围吸收所谓其他文化的先进性，反倒排斥文化的内核部分的发展。

### 2. 发展、保护少数民族文化

有专家总结过少数民族的文化权利，大体上包含了能够与主流文化

对接的权利、维持少数民族自身文化的权利、平等地受教育的权利、跨文化和跨国界交流的权利。这些文化权利的保护历来是民族政策当中非常重要的议题，受到许多研究者的关注，并且也提出了许多科学有效的对策[105~111]。总结起来主要包括：在我国少数民族地区培育社会主义核心价值观；通过立法对于少数民族文化进行保护；适当的民族政策；积极推动少数民族文旅产品的发展；在少数民族地区实行双语、双文化教育；加大对外宣传当中中国文化构成多元化的成分；建立少数民族对外文化传播渠道；通过官方和非官方方式建立少数民族文化的研究以及传播组织。

3. 加强主流文化宣传力度、提升我国文化推广

主流文化应该起到文化领域"定海神针"的作用。主流文化的特殊性质，就决定了主流文化并没有办法在孤立于其他文化的情况下获得很好的宣传效果。主流文化具有一定的抽象性、理论性、系统性，固然不可以流俗于其他文化，但是却依然能够有和其他文化共同宣传的空间。

将主流文化发扬光大，提升影响力，加强主流文化对经济整合发展的影响力，提升我国文化在边境地带的对外推广，包容与融合跨境地区不同文化。通过加强宣传与弘扬中国文化及其对经济发展的支持作用，有力支持与服务边境地带经济发展与背景区位价值的提升、提高对边境区位价值开发利用的综合效果。

边境地区的特殊性决定了在边境地区开展文化宣传工作的难度，主流文化的宣传过程当中必然会产生许多宝贵的经验。对于这些经验做出必要的总结、提升、凝练，有利于应付未来的文化阵地战。具体应该采取的措施包括：①牢牢占领意识形态媒体议论主阵地，防止别有用心的敌对势力对于我国边境地区进行文化腐蚀。②充分利用各种文化宣传形式，尤其是在信息技术发达的当今社会，要灵活运用微信、微博、自媒体等先进的宣传媒介，对于造谣行为做出快速反应。③提升主流文化宣传品位，突出主流文化的现实性和高度，通过主流文化提升国家软实力。④理直气壮地同各种散布负能量的反社会的文化做斗争。⑤创办相应的研究协会和期刊刊

物，通过这种模式对主流文化宣传工作在边境地区的开展经验进行总结和提升。

### 4. 提高大众文化品位

大众文化是人们乐于接受的文化形式，其传播过程往往"润物细无声"。但是大众文化往往为了增加受众面，而降低自身的文化品位和产品水准。大众文化产品提供者不将提高人们的文化水平、思想境界作为自己的责任。对于利润的追求常常导致大众文化落入俗套。

提高边境大众文化要统一大众文化的人文情怀和商业要素，利用精英文化、主流文化引导自身发展。寻找大众文化和先进文化的共通之处，加强对于大众文化产品的制作过程、审核过程、宣传过程、传播过程的监督，通过立法手段对于大众文化产品进行规范，通过行业协会对于大众文化产品的方向进行引导。

## 第四节　社会价值提升与促进路径

### 一、边境区位社会价值的含义

边境区位社会价值主要包括边境区位社会与文化科技的发展提高，更新观念、兴边富民，加强边境地区的民族团结，巩固相关国家的国防等益处。边境区位社会价值的价值主体是边境区内生活的人民，而边境区位社会价值的价值客体是边境区位的整体社会环境。

### 二、边境区位社会价值提升的措施

边境区的社会环境是一个十分笼统的概念，根据本书第四章的指标以及社会实践，将边境区的社会环境大体上归结为教育、治安、城市等几大方面，具体措施如下：

1. 兴教育、留人才

如表 6-1 是中国边境与东盟地区接壤的广西、云南两省在 2016 年全国统计年鉴当中的受教育信息的排名（除第一项外其余越高越好）。可以看出广西和云南的教育水平较低，其中云南地区未上过小学人数较多，而广西地区研究生人数较少。整体而言，中国西南边境教育水平处于我国中下游水平，尤其是在大专及以上学历区间当中，中国西南地区普遍水平较低。要改变西南边境的"人文贫困"，提高社会整体水平，就必须继续加大教育投入。

表 6-1　　　　　　　　广西、云南 2016 年受教育信息排名

| 省区 | 未上过小学 | 上过小学 | 上过初中 | 中职 | 普通高中 | 大专 | 本科 | 研究生 |
|------|-----------|---------|---------|------|---------|------|------|--------|
| 广西 | 17 | 21 | 16 | 22 | 11 | 12 | 12 | 7 |
| 云南 | 27 | 24 | 20 | 23 | 16 | 13 | 13 | 17 |

在提高边境地区教育水平的基础上，还要设法留住人才，避免人才流失。要为边境地区的人才提供舒适的生活环境，使得人才，尤其是高端人才在边境地区能够无后顾之忧。

2. 遏制犯罪，保障治安

边境由于其特殊的地理位置，常年以来治安状况相较于内陆较差。中国西南边境是毒品犯罪、人口拐卖犯罪较为集中的地区。遏制犯罪不仅需要国内有关部门的努力，还要针对跨境犯罪，联系邻国政府展开长期的治理。目前，越南等国的政府已经开展了一些针对"金三角"地区罂粟种植的政策，例如通过引导农民种植其他经济作物来替代原有的罂粟。为了让越南政府的政策能够长期进行下去，中方可以购买这些农产品，通过加强经济联系产生对于"金三角"经济结构施加影响的可能性，帮助其经济发展回到正确的轨道。

### 3. 加强边境城市化进程

城市是孕育现代文明的摇篮，中国正处于新的一波城市化当中，边境地区城市化的过程可以产生集聚效应，形成地方性的经济中心，有利于民主融合和社会整合，对企业而言，可以加强社会分工，降低企业的成本。边境地区城市化能够增加市场透明度，更好地完善当地金融体系，也有利于外贸，金融的发展。同时城市化的进行是第二产业、第三产业发展的重要条件，能够为边境地区带来大量的就业岗位，增加城市人口。城市以陌生人交际为主，现代人的相处模式、契约精神、合作模式能够快速地传达给边境地区的人民，加速边境社会演化。

### 4. 文化多元与民族融合同时进行

民族融合是社会发展的必然，民族融合可以方便边境居民的生活生产。在促进民族融合的同时，应尊重边境少数民族的独特文化，允许正面的、正能量的多元文化并存。对于少数民族的物质与非物质文化进行保护，将其作为资源进行开发。

### 5. 加强宣传

边境地区的社会发展价值，需要有合理的管道，进行对内和对外的传达。宣传边境地区的社会进步成果，对外，可以增强投资商的信心，有利于贸易往来的进行；对内，则能够加强民族团结，巩固各民族友谊，有助于凝聚边境地区的信心、民心，更好地服务于"一带一路"建设。

## 第五节　生态价值提升与促进路径

### 一、边境区位生态价值的内涵

生态价值可以概括为生态环境功能价值、生态环境选择价值、生态环境存在价值以及生态环境经验积累价值。

　　生态环境功能价值是指人们从环境所提供的用来支持生产和消费活动的各种功能中间接获得的效益，如植被调节小气候、净化空气、涵养水源等，它是与生态环境服务功能有关的、养育或维持其他生命存活和发展等方面的价值。生态环境的功能价值体现的是生态环境在当前科技水平、社会环境下所能实现的功能。生态环境本身具有系统性，系统中的各要素、各子系统是彼此联系、相互作用的。这体现在不同的种群之间，也体现在地区与地区之间。国界、国境的划分可以阻碍经济要素的流动，可以影响人与人之间的联系，但是对于生态系统来说，则没有隔离效果。对于一个国家而言，要维持、提高自己国家边境地区的生态环境的功能价值，需要边境地区、内陆地区以及邻国的整体配合。这就让边境生态安全成为了一种国际问题、敏感问题。

　　生态环境选择价值指在今天的认识水平下，不知道生态环境在未来会有什么样的科学价值和使用价值，为了保证后代人对生态环境资源的可持续利用，当代人必须做出意愿选择支付的价值（有人把它叫做期权价值）。其价值具有模糊性、不确定性以及随人类文明发展而不断提高的特征。生态环境的选择价值，是潜在的未来生态环境的功能价值。应该是在保持现有生态环境功能价值的基础上实现的。在经济活动过程当中，如果有某个主体的生态环境遭受破坏，实际上难以对于生态环境功能价值做出量化，更多的是对于生态环境的选择价值进行补偿。

　　生态环境存在价值指为确保某种生态环境资源的继续存在而愿意支付所体现出的价值，是独立于人类活动以外的价值。

　　生态环境经验积累价值即人类在边境区位进行生态环境的建设、保护等活动中，积累起来的经验与技术，因其为今后边境区位的生态环境的建设、保护工作具有益处和借鉴意义，而具有经验积累价值。

## 二、边境区位生态环境价值受损的原因

　　目前跨境生态环境主要面对三种类型的威胁。第一个问题是跨境水问

题。水资源是人们生活生产的必需品，近年来世界多地因为水资源而爆发区域性冲突，从侧面证明了水资源的稀缺性以及跨境水资源调节面临的问题。"作为亚洲乃至全球最为重要的上游水道国，中国在跨境生态安全方面承受的挑战将越来越大。在国际环境伦理方面，中国既有承担上游对下游生态保护的义务，也有合理利用资源和发展经济应有的权利，以及获得国际跨境生态补偿的权利。"第二个问题，跨境土地利用土地覆盖变化问题。人文地理学界认为，组成国家的三要素是领土、人民（居民）以及政府，可见每个国家都将自己的领土作为自己的核心价值与核心权益。国家的重视，尤其是近年来对于土地景观的监控，对于跨境土地、土地覆盖问题的解决有很大帮助。但是经济增长对于土地的需求令边境土地生态价值受到威胁。最为明显的是城市化过程当中土地用途的转变，以及由于边境地区的运输成本优势使得边境地区的自然植被被人工植被所取代。第三，生物入侵。"生物入侵是指生物由原生存地经自然的或人为的途径侵入到另一个新的环境，对入侵地的生物多样性、农林牧渔业生产以及人类健康造成经济损失或生态灾难的过程。显然生物入侵具有跨境属性。"

以上三种生态环境威胁通常来自于企业，尤以跨国企业为主。跨境企业主要通过四种方式对生态环境价值产生危害。第一种形式是污染物的直接转移，发达国家在国内处理生产和生活垃圾成本较高，因此将垃圾直接运输至发展中国家，给予一定的费用。然而这些费用必然不足以这些"洋垃圾"的妥善处理，只能简单地将这些垃圾进行掩埋。最后牺牲的是发展中国家的生态自然环境和其人民的健康。第二种形式是发达国家将污染企业转移到发展中国家。发达国家通过投资、合资、建立跨国公司等形式将能源消耗巨大或者对于自然环境伤害大的企业由国内转移到国外，从而达到转移污染、节约其本国资源的目的。第三种形式是出售本国禁售的商品。发达国家对于产品及其制造环节的环保要求较高，而发展中国家则不然。为了抢占发展中国家市场，有时是为了销售在国内已经禁售的产品，发达国家的许多企业会将已经在发达国家禁止销售的产品销往发展中国家。第四种方式是购买和消耗别国的资源。在消耗发展中国家资源的过程当中，发展中国家往往只能提供未加工的初级产品，而且很多时候需要向发达国家进口生产工具。由于技术限制，发展中国家在开发资源（例如矿物资源）的时候往往给环境带来不可修复的伤害，受到很大的剥削。

导致跨境企业长期危害生态环境的经济原因是多方面的，从经济学的角度看，最主要的原因在于环境的外部性无法内化。也就是说企业不需要对环境的破坏负责。而如何解决环境的外部性问题呢？主流的思路有两种，分别基于庇古的理论和科斯的理论进行。庇古认为环境的外部性是一种市场失灵，而政府可以通过罚款等惩罚机制解决市场失灵问题。科斯则认为，造成生态环境外部性的原因在于产权不明晰，人们是否有生态资源的使用权并且是否能够对于生态资源使用后果负责并不明确。

## 三、边境区位土地资源基本情况

我国虽然地大物博，但是人均拥有土地面积较小，人地矛盾较为突出。虽然边境地区历来给人以"地广人稀"的错觉，但有研究指出"对于西部地区，经济增长也存在着较大的土地资源束缚。[112]"

要让边境地区土地有序开发，增加土地的经济价值，让边境地区土地价值可持续发展，首先要完善土地相关法律法规。目前我国土地的相关法规主要有《宪法》《土地管理法》《物权法》。"《宪法》确定了我国的土地制度，《物权法》对土地资源的流转和登记制度进行了规定。对土地资源管理的相关规定最为全面的是《土地管理法》，该法对土地资源的保护、规划、综合利用等方面进行了较为全面的规定，是当前我国土地管理当中最为重要的法律。[113]"除了依赖于《宪法》《物权法》《土地管理法》之外，自治地区的自治条例和单行条例也是我国土地管理当中的执法依据。必须确保边境地区土地管理有法可依，有法必依，建立健全完善的土地监管机制。

在法律允许下，合理规划边境地区土地利用方式。通过土地规划，根据边境地区的社会、生产、文化、生态合理使用土地资源。在保障土地可持续利用、不破坏代际土地使用公平的前提下，尽量满足当代人对于土地的合理需求。对于农业用地，定期检查所划定的红线，对于工业用地，注意维护土地生态，对于建设用地则要优化使用，最大化其价值。

此外，还应该增加使用土地过程当中的科技含量。可利用如 3S 的先进技术对于边境地区的土地进行规划、监管。其次，科技可以提升各个产业的单位土地面积产值，减少资源消耗，缓解人地矛盾，达到土地可持续利用的目的。

## 四、边境区位水资源基本情况

水资源不仅仅是发展经济的必要条件，更是人们生活的必要保障，是涉及到粮食国家安全战略的战略性资源。我国是一个水资源匮乏的国家，人均淡水拥有量远低于世界平均水准。除了近年来气候变化的原因之外，经济发展过程当中对于水资源的改变和破坏使得水资源匮乏问题更加棘手。我国西南边境有许多跨国、跨境河流，流域内的自然环境及人文环境都较复杂。有国外学者提出了"水资源风险"的概念，而位于我国西南的邻国印度、老挝、缅甸、越南的水资源安全都存在一定问题。有研究表明我国与以上四国之间都有发生水资源争端的潜在性[114]。因此，我国西南边境水资源的开发，不能忽视下游国家的感受，要加强水资源的利用效率和水资源的保护。

通常学术界将水资源紧缺问题的解决理念分为四大层次：一是供给层次，通过对于水资源的调配解决水资源短缺问题；二是技术层次，通过先进的技术，在生活生产等环节节约用水；三是内部结构管理，通过对区域内社会结构进行调整改变区内的用水需求结构；四是社会化管理，区域作为系统当中的一部分，可以通过求助于自身所处的系统，与系统的其他部分相互交易达到进口"虚拟水"的目的[115]。

东盟、东南亚是中国重要的粮食进口国，中国又是许多途经东盟国家河流的上游。从"虚拟水"理论角度看，保护好这些水源，就是在保护中国潜在的进口农产品。因此保护水资源不仅仅是为了我国的国际声誉和我们与周边邻国的国际友谊，也是为了缓解我国粮食供求矛盾，为国家粮食安全战略提供更多的保障。

## 五、边境区位矿物资源基本情况

有学者认为，对于矿物资源的开发，应该要倚重国有企业。原因在于，国有企业与地方政府有密不可分的关系，能够减少开发阻力，而且国有企业属于人民，也有义务"反哺"地方。通过国有企业优势在较短时间内可以快速聚集技术人员、设备产品等生产要素，产生一定的聚集效应[116]。

对于边境地区的矿物资源开发，应该以国有企业为主，其他性质企业为辅，团结可以团结的力量进行综合性质的开发。这就要求我们给予国有企业在边境矿物资源开发方面一些阶段性的优惠政策，提高企业的积极性，以激发国有企业的"火车头"效应。此外应该努力提高配套的硬件设施、基础设施，让国有企业能够无后顾之忧。同时还应该拉长边境地区矿物资源产品的价值链，增加边境地区矿物资源的附加值。比如开展工业旅游，能够给矿物资源所在地带来长期的收入。

## 六、边境区位生态价值提升的措施

1. 树立正确的边境生态环境价值观念

在观念上，生态环境的功能价值保持及提升需要超越国界、超越代际的视野。要依据实事求是原则处理生态环境问题，讲求科学性、公正性和真实性，而不是以政治原则为导向。处理生态环境问题还必须兼顾人地关系和谐、代际发展公平和区域发展公平三大原则。发达国家不能以所谓的环境保护作为剥夺发展中国家发展权利的借口。

2. 合理的生态补偿

生态补偿是将环境外部性内化的重要方法，目前常见的生态补偿方法有：生态补偿费与生态补偿税、生态补偿保证金制度、财政补贴制度、优惠信贷、交易体系、国内外基金等。通常生态补偿金额越大，就越难以使用该手段，因为牵涉到的利益相关方过多。应该灵活使用生态补偿手段，因地制宜地利用生态补偿手段保护环境和生态。

3. 设立跨境保护区和监管站

维护边境生态价值符合所有国家的利益需求，建立跨境合作机制，才能够真正意义上对于边境的生态价值予以保值。设立跨境保护区，不妄图以人的意志去让自然界改变，而是尊重自然界的客观规律。跨境保护区的范围不应该以政治和经济为主导，而是以环境保护的需要为主导。

4. 执行环境评价制度，分享采集到的信息

信息时代，利用好现代科技可以更加高效地保护生态环境与自然资源。建立生态环境信息分享网络，有助于跨国生态区域，边境生态区域生态价值保护和提升。目前中国已经在水文方面同南亚国家实现了生态信息的共享，有效地支援了防洪减灾的相关工作，这种信息分享值得推广。成立跨境生态环境的动态监测网络和信息共享平台，根据监测站的数据，通过科学、规范的方法对于可能发生的污染事件、生态灾害进行提前预防，或者阻止已经发生的生态事件继续恶化。

5. 优化产业结构升级、合理招商引资

引进对于环境和生态系统压力较小的产业，对一些落后的、生产要素利用率不足的、粗放的、排污量大的产业进行清理和整改。从根源上遏制污染的发生，刺激边境地区经济发展的同时解决环境困扰。

6. 增加科研投入，减少对于环境损害

要根本上协调环境压力和经济压力，还是要依靠科学技术力量。加大科研投入，对于那些耗能大、污染大的产业进行技术攻关，争取减排减污低耗能。而对于一些需要稀有金属珍惜原料的产品，应该积极研发新型材料或者替代材料。

7. 发挥国际组织的作用

在不同国家之间，政府部门难免出现工作不能同步，工作失调的情

况，这是国际环境组织存在的重要原因。目前国际社会已经缔结了许多环境保护条约，而国际公约组织是对于这些条约是否履行的监督机构。同时这些国际组织机构也是国家之间沟通的重要平台，这些平台也避免了霸权主义利用环保问题压迫发展中国家。"成立区域跨境生态安全风险基金，促进国际跨境生态补偿和危机处理机制建设，避免强势国家或利益集团将跨境生态安全问题作为介入或干预相关国家主权事务的理由。"

8. 现有国际秩序与合作机制的完善

现有国际秩序由霸权主义国家建立，表面上秉持公正，实际上则对发展中国家进行残酷剥削，对于发展中国家的生态价值也产生破坏。"首先，改造既有的不合理的国际经济秩序，放弃西方旧式的支配性模式，建立机会更加均等、权利更加平等、规则更加公正的国际民主机制。避免国际环境伦理成为'富人对穷人'或'发达国家对发展中国家'的单向要求。①"

---

① 何大明. 跨境生态安全与国际环境伦理 [J]. 科学, 2007, 59 (3): 14 - 17.

# 第七章

# 中国—东盟边境区位价值开发利用：
# 口岸经济带加快开发促进路径

　　口岸原来的意思是指由国家指定的对外通商的沿海港口。但现在，口岸已不仅仅是经济贸易往来（即通商）的商埠，还包括政治、外交、科技、文化、旅游和移民等方面的往来窗口；口岸也已不仅仅指设在沿海的港口。随着陆、空交通运输的发展，对外贸易的货物、进出境人员及其行李物品，邮件包裹等，可以通过铁路和航空直达一国腹地。因此，在开展国际联运、国际航空邮包邮件交换业务以及其他有外贸、边贸的地方，国家也设置了口岸。简单地说，口岸是由国家指定对外往来的门户，是国际货物运输的枢纽。从某种程度上说，它是一种特殊的国际物流结点。

　　口岸经济是指以口岸为载体，以进出口贸易和加工贸易为基础，通过人力流、资金流、物质流、信息流等经济元素双向反馈而带动贸易、加工、仓储、经济技术合作、电子商务、旅游购物、商贸金融、交通及服务行业、基础设施建设等经济活动发展，从而显现整体功能的经济系统。

　　口岸经济的研究目的是明确口岸经济如何以贸易为基础手段，使人力、自然资源和资金等物质要素在一定的技术、制度条件下相互结合最终为社会提供日益丰富的物质产品并推动经济发展的过程。经济要素主要包括物质流、人力流、资金流、信息流、技术流等众多有形和无形要素等。正是由于经济要素的流动发展带动了涵盖口岸经济众多行业、众多部门、众多领域的发展，是口岸经济发展的最根本内容。

　　口岸经济带是口岸经济发展到一定程度而形成的经济条带。口岸经济带是口岸增长极发展到一定阶段的产物，也是经济发展点—线—面关系中由"点"过渡到"线"的过程。口岸经济带是以口岸为依托，以产业链为纽带，以交通线为延伸方向，而形成的沿边发展经济带。

　　口岸经济带根据形成的区位特点，可以分为三种：口岸共同体发展而形成的口岸经济带、口岸与腹地一体化而形成的口岸经济带、同时具有口岸共同体和口岸与腹地一体化的特征而形成的复合式口岸经济带。

　　口岸共同体发展而形成的口岸经济带建立在边境地区已经形成了层次分明、功能分工明确的口岸体系的基础之上的。由于口岸的主要功能是通关服务，所以口岸之间多存在功能上的雷同，而形成竞争关系。要形成口岸共同体，必须在某个特定的沿边地区形成口岸的一体化管理体系，既要将口岸的通关功能进行有机的分解，形成口岸通关的功能分工，又要合理布局口岸增长极的各个主导产业，在产业上也要形成口岸增长极之间的合理分工，只有这样，各个口岸才能各司其职，形成口岸之间在经济发展上的"呼应"关系，这样，随着口岸增长极的不断发展，口岸经济带就逐步形成。

　　口岸与腹地一体化而形成的口岸经济带，是口岸与腹地经济互动发展形成的一种经济条带现象。在实际的地理空间中，为了服务沿边口岸，往往会依托口岸建设多条连接口岸与内陆的公路或铁路，这些公路或铁路既是经济要素流动的纽带，也是经济与产业关联的纽带。由于要素的便捷流动，在口岸增长极与腹地之间形成了明确的产业分工，口岸增长极与腹地之间逐渐形成了一体化的发展格局。这样，沿着公路或铁路就形成了口岸增长极与腹地之间的经济快速增长带，这就是口岸与腹地一体化发展而形成的口岸经济带。

　　除了口岸共同体发展而形成的口岸经济带、口岸与腹地一体化而形成的口岸经济带之外，还有一种口岸经济带，这种口岸经济带同时具有口岸共同体和口岸与腹地一体化的特征，称为复合式口岸经济带。在实际的发展过程中，复合式口岸经济带往往是口岸经济带存在的主要形式。因为，在沿边地区的发展过程中，由于地缘政治的影响，其发展往往落后于内陆地区，因此口岸增长极要么处于发展的起步阶段，口岸之间的发展无法相互呼应而形成经济条带，要么口岸功能竞争性非常强，无法形成合理的功能分工，这就严重地影响到口岸共同体的发展，也无法形成功能分工明确口岸经济带。同时，口岸与腹地之间也受到地缘政治关系的影响，使得口岸与腹地之间只是一种松散的经济关联关系。因此，在现实中，口岸经济带的形成往往是口岸共同体发展与口岸—腹地经济一体化发展共同作用下的产物。

## 第一节　中国—东盟边境口岸经济带加快开发的时代必要性

### 一、各国经济复苏缓慢背景下亟须通过口岸经济带促进经贸发展

2008 年美国爆发的"次贷危机"给世界经济的发展带来了巨大的挑战，各国经济增长速度急速下跌。受"次贷危机"的影响，中国和东盟家经济增长都呈现下滑态势，在 2009 年经济下滑到谷底。各国为了迅速走出危机的阴影，纷纷采取积极的财政和货币政策，来提振本国居民投资和消费的信心，这样，2010 年各国经济都实现了恢复性增长，但是 2011 年各国经济出现小幅的下滑，直到 2012 年才逐渐恢复到 2010 年的增长水平。2013 ~ 2015 年中国和东盟国家经济增长普遍呈现下滑的趋势。2015 年虽然中国、老挝、柬埔寨、越南等国的经济增长率超过了 6.5%，但是已经远低于之前的经济增长速度。菲律宾、马来西亚、印度尼西亚的经济增长速度下降到了 5% 左右。泰国和新加坡的经济增长速度则只有 2% 左右。文莱和缅甸的经济几乎没有实现增长，文莱 2015 年的经济增长速度甚至为 -0.81%，出现了经济负增长。总体来看，中国与东盟国家经济增长都受到"次贷危

机"的影响，出现了增长乏力的现象，急需寻找新的经济增长点。①

　　在中国与东盟国家的接壤地带，分布着数量众多的边境口岸，目前，如前文所述在广西和云南两省区的边境地区已经形成了较为完善的边境口岸体系，共有 29 对边境贸易口岸，其中国家一类口岸 16 对，地方二类口岸 13 对。这些边境口岸是中国与东盟国家陆路贸易的桥头堡，也是边境地区的经济增长极。从经济增长水平与一体化发展程度来看，中国与东盟国家接壤地带的边境口岸与腹地之间以及边境口岸之间并没有形成较为成熟的发展经济带，这成为今后各国刺激贸易发展、形成新的经济增长点的抓手。通过推动各国口岸与腹地经济的一体化发展，特别是加强国家间贸易口岸的统一规划、统一管理，实现双边口岸与双边腹地的一体化建设，这对中国与东盟国家贸易的增长将起到重要的推动作用，也将带动各国经济的复苏。

## 二、中国—东盟深化合作下亟须口岸经济带发挥桥头堡作用

　　自 2010 年中国—东盟自由贸易区建成以来，我国成了东盟的第一大贸易伙伴国，而东盟则成为我国第三大贸易伙伴和第二大进口来源地。2013 年李克强总理提出打造中国—东盟自由贸易区升级版的倡议，其主要目的就是要进一步降低中国与东盟国家间经济交流的成本，加强国家间经济一体化水平。同年，习近平主席又提出了"丝绸之路经济带"和"21 世纪海上丝绸之路"的倡议，在该倡议的框架下，东盟国家成为我国今后海上开放和边境开放的核心地区之一。在地区层面上，我国目前与东盟国家已经形成了大湄公河次区域经济合作机制、"两廊一圈"合作机制、孟中印缅经济走廊建设、中国—中南半岛国际经济走廊建设等一系列区域合作框架协议。在这些新的背景下，中国与东盟国家一体化程度不断加深，国家间经济增长的依存度不断提高，而陆路边境地区则成为国家间

---

　　① 数据来源：世界银行世界发展指标数据库：http：//databank. shihang. org/data/reports. aspx? source = % E4% B8% 96% E7% 95% 8C% E5% 8F% 91% E5% B1% 95% E6% 8C% 87% E6% A0% 87.

合作特别是次区域合作的重点地区，是经济一体化的先行先试区。

口岸经济带在促进经济一体化发展中的桥头堡作用，主要是通过跨境经济合作区、边境经济合作区的建设来实现的。跨境经济合作区、边境经济合作区是口岸经济带的重要组成部分，是实现口岸经济带跨国发展的枢纽。跨境经济合作区、边境经济合作区的主要特点是"两国一区"，即两个国家在边境地区各划出一定的区域作为经济合作区，在该合作区内实现生产、管理、投资、服务等的一体化发展，特别是在合作区内生产的产品享受原产地的规则，而且合作区产品的通关效率也远远高于传统口岸的通关效率。跨境经济合作区和边境经济合作区是双边口岸经济一体化发展的重要组成部分，也是口岸经济带跨越国境线，实现"一带两国"发展的初步尝试。通过这种方式，可以实现边境地区由行政区经济向经济区经济的转换，为更深层次的一体化发展提供参考。

### 三、沿边人民强烈发展愿望下亟须口岸经济带合作开发来带动发展

从我国的区域发展战略来看，自改革开放以来，我国经历了从沿海开放向内陆开放和沿边开放转变的一个过程。由于地缘政治的影响，我国沿边开放的过程在时间上是落后于内陆开放的。沿边地区一直是我国区域发展战略所忽视的地区，特别是与部分邻国长期处于敌对状态，这造成部分边境地区经济发展长期处于停滞状态，有些甚至出现经济的负增长。虽然我国在1992年就已经批准设立多个沿边开放城市，但是这些边境城市的发展长期落后于内陆城市，更无法和沿海开放城市相提并论。进入21世纪以后，自由贸易和区域经济一体化发展的观念深入人心，各国开始重视边境地区的发展，边境地区从经济发展的边缘区向核心区转变，边境人民积压已久的发展愿望与国家积极发展边境地区的战略不谋而合，形成了发展边境地区的合力。这也是实现边境地区与国家整体同步实现脱贫目标的重要推手。

由于边境地区经济发展长期处于停滞或半停滞状态，因此，要促进边

境地区的发展必须采用由点到面的经济发展战略，口岸经济带的形成与发展正是这种发展战略的最好实现方式。口岸经济带是以沿边分布的多个口岸和腹地城市组成的边境经济核心点与以边境道路交通网为依托的跨境经济条带所组成的边境经济快速发展区，在其带动下，边境地区能够集聚大量的人流、物流、信息流、资金流，使边境地区的区位优势得到充分的发挥。这样，口岸经济带的发展与边境地区人民的发展愿望就有机地结合在一起，形成了边境地区发展的主观与客观合力。

## 第二节　口岸经济带发展与边境区位价值<br>开发利用的内在关系

### 一、口岸经济带与边境区位价值协同演化关系

口岸经济带的形成与演化与边境区位价值的演变在时间上是同时进行、空间上耦合协调的一种关系。口岸经济带的发展演变主要是对边境地区经济要素的一种整合和重新组合，但是由于经济要素密度和组合关系的改变，边境地区的区位能力得到极大提高，从而带动边境区位其他价值的相应改变。边境区位价值的演化是价值量和价值构成的双重变化。随着口岸经济带的发展演变，边境区位经济价值不断提高，边境区位价值的开发能力也随之提高，边境区位价值的各种要素的构成比例不断地发生演变，但是总体上来看，边境区位价值会随着口岸经济带的发展演变而不断地得到提高。同时，由于边境区位价值能力的提升，为口岸经济带的发展又创造了良好的外部环境和更加多样化的需求和生产条件，为口岸经济带向一体化方向发展提供保障。

口岸经济带的发展是一种从无到有的一个现象，边境区位价值则一直存在于边境地区，两者的协同演化关系见图 7－1。

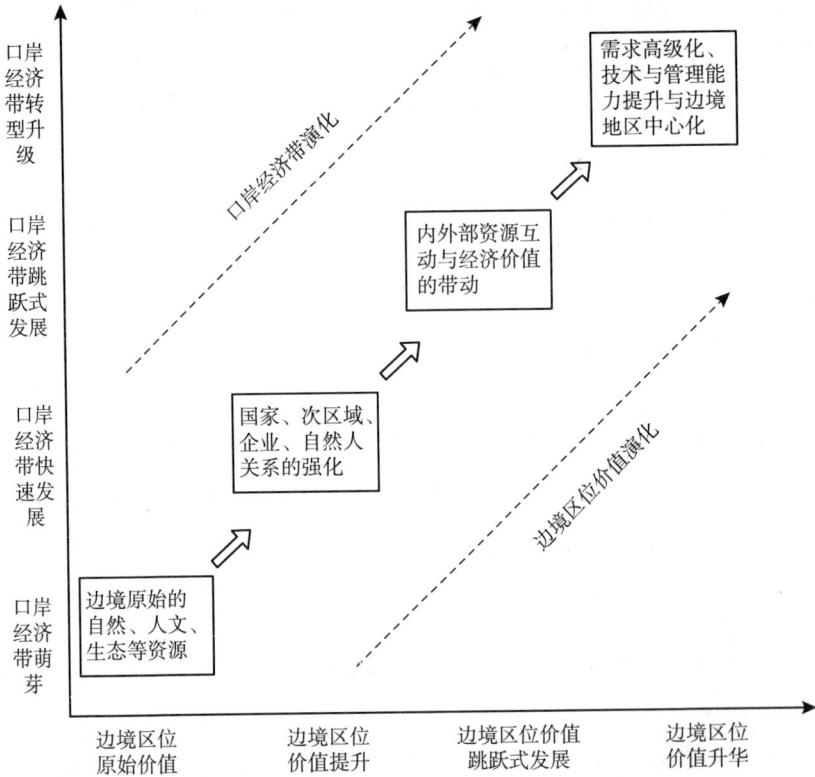

**图 7 - 1  口岸经济带与边境区位价值协同演化**

1. 自有资源条件决定了口岸经济带的形成与边境区位价值的初始开发状况

历史因素在经济演化过程中的作用是不可忽视，"第一自然"是激发某项经济活动在特定地区展开的首要因素。边境地区的自然资源、历史人文资源、基础设施资源、生态环境状况等以及口岸的建设历史、口岸原始功能、口岸之间的功能分工、口岸与腹地的原始产业分工等状况是影响口岸经济带发展与边境区位价值形成的"第一自然"。其各类资源状况决定了口岸经济带的产业发展状况，也决定了边境区位价值的原始价值大小以及初始构成状况，两者在时间上具有同步性，在空间上是一种耦合的关系。在一系列外部环境变化和内部整合重组作用下，口岸经济带的发展与边境区位价值的形成与开发将沿着一条固定的轨迹演化下去。

2. 多层嵌套的外部环境促进口岸经济带的快速发展和边境区位价值的提升

口岸经济带的快速发展与边境区位价值的协同演化是多层级协同环境共同作用下的结果。随着双边、多边关系从竞争转向合作，国家开始注重沿边地区的经济发展问题，国家层面上的自由贸易区、地区层面的次区域合作、产业层面的企业跨境合作、自然人层面的跨境往来与消费的交互嵌套影响，促使口岸增长极从货物集散、易货贸易向物流通道中心和多种贸易形式并存的方式转变，口岸经济带从简单的商品货物流通经济带转换为产业链上下游关联的经济带，并逐步向一体化的经济带过渡，同时口岸经济带资源腹地不断扩大，口岸经济带集聚特色资源的能力增强。在这个过程中边境区位价值的构成发生了巨大的变化，从以政治价值为主，经济、社会、文化、生态价值为辅，过渡到以经济和社会价值为主，政治、文化、生态价值为辅的阶段，最终在实现口岸与腹地、口岸之间一体化发展的过程中，边境区位价值的构成则转变为以经济、文化、生态价值为主，而以政治、社会价值为辅的发展阶段。整个边境区位价值构成的变化是与口岸经济带的发展阶段相对应的。

3. 双层双向正向反馈机制带动口岸经济带和边境区位价值的跳跃式发展与提升

当口岸经济带发展到以口岸特色经济发展壮大为主要推动力量时，口岸经济带与边境区位价值的互动能力与相互促进能力将得到跳跃式增长，这种增长是在双层、双向正反馈机制下实现的。第一层正反馈机制是口岸经济带与边境区位价值作为一个在时间和空间上耦合的发展整体对外界环境的双向反馈。口岸经济带的发展与边境区位价值的开发，提高了利用国内、国外双腹地资源的能力，实现更大空间范围内的资源整合（特色资源和必需补充性资源），同时将产品市场从边境两侧向更远的跨国"双市场"地区拓展，从而对跨边境基础设施和通关服务能力提出更高的要求，并提高了对边境资源的利用能力、对边境文化的开发能力、对边境生态的保护能力。这样，口岸经济带和边境区位价值与这些外部的正反馈来源之间形成第一层的双向互动关系。第二层正反馈机制是口岸经济带与边境区位价值两者之间的相互促进关系。两者任何一个发生变化都会通过这个机制反馈回来引起自身的变化。口岸经济带的发展直接提高了边境区位的经济价值，并提高了对政治、文化、社会、生态价值的开发利用能力，边境区位价值的提升，又为口岸经济带的发展创造了良好的整体环境。在这两个双层、双向正反馈机制下，系统内部和外部的细微变化都会通过乘数效应实现多倍的放大，口岸经济带与边境区位价值实现跳跃式发展。

4. 要素补强与需求高级化促进口岸经济带转型与边境区位价值升华

随着国际合作的不断深入，边界的屏蔽效应逐渐减弱而中介效应增强，双边贸易需求飞速增长，陆路过境贸易量占总贸易量的比例不断提高，"双市场"需求向个性化、特色化、高级化的产品转变，企业为了适应市场需求的变化，不断提高自身的管理能力和技术水平。在这样的背景下，边境区位文化价值和经济价值的作用凸显，特别是跨边境的文化交流与合作，成了边境口岸经济带发展的主要推手。由于边境经济带特别是边境口岸具有区位、关税（跨境经济合作区原产地待遇）、通关等便利条件，吸引大量的企业入驻，形成以主导特色产业为核心、产业链上下游产业为辅助的边境特色产业集群。相应地，边境区位价值将在这个阶段超越内陆的区位价值，成为不同文化、不同语言、不同经济体制的碰撞地带，是多样化和高级化的产品与需求的集中交汇区，边境区位价值在这样的背景下实现升华。

## 二、口岸经济带发展与边境区位价值开发的互动机理

如前面所述，口岸经济带形成的前提条件是边境口岸之间形成分工明确的口岸体系，从而形成口岸发展共同体，或者口岸与腹地实现经济的一体化发展，从而形成的口岸与腹地之间的经济纵向关联，形成口岸经济带，或者同时具有口岸共同体和口岸与腹地一体化的特征而形成的复合式

口岸经济带。这就说明，口岸经济带的形成需要一个长期的过程，并且受到多种因素的影响。而边境区位价值则与口岸经济带在这方面具有不同的特征，边境区位价值是随着国家的形成而形成的，是由于边境的存在而人为的对区位价值的一种分割，其形成之后就存在着经济、社会、政治、文化、生态价值，所以边境区位价值是一种潜在价值与现实价值的结合，随着技术水平和管理能力的提高，外部环境条件的改善，边境区位潜在价值会逐渐被开发出来，从而形成现实的价值。

因此，边境区位价值与口岸经济带的互动是边境区位价值潜在价值和现实价值互相转换的过程与口岸经济带形成发展过程的有机结合体。口岸经济带的发展通过经济增长效应、城镇化效应、政治互信效应、文化沟通效应、生态反哺效应带动边境区位经济价值、社会价值、政治价值、文化价值和生态价值的提升，带来边境区位价值的全面提高。反过来边境区位价值又通过相应的价值提升给口岸经济带的发展提供了良好的内部外条件。这样，边境区位价值和口岸经济带之间就形成了一种相互促进、互相提高的关系。见图 7-2。

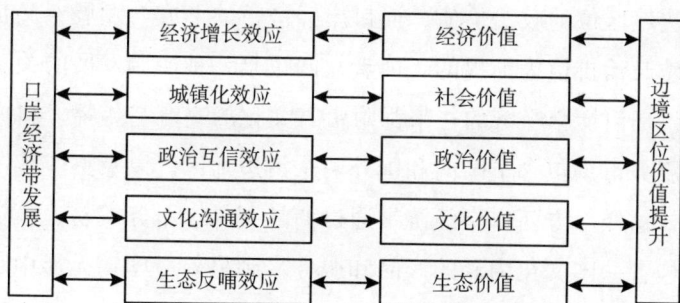

图 7-2　口岸经济带发展与边境区位价值开发的互动关系

第一，口岸经济带的发展带来边境地区经济的增长，这种增长会提高边境地区的经济基础、资本存量、基础设施水平等，会带来市场需求的增加，同时能够带动边境地区科技水平的提高，这样使得整个边境地区的经济增长基础和增长潜力都有了很大的提高，从而整体上提高了边境区位的经济价值。

第二，口岸经济带的发展能够带动边境城镇化水平的提高。这种提高既表现为城镇化质量的提高，也表现为城镇体系的合理化和高级化，是边境口岸体系和边境口岸与腹地城市之间形成的城镇体系的全面合理化。这种城镇化水平的提高，改善了边境地区的整体发展预期，同时给边境地区的社会发展提供了源源不断的内生性动力，特别是边境地区新型城镇化水平的提高，使得边境地区人口的综合素质得到全面的提升，为社会的发展奠定了基础。而从另一个侧面来看，社会的全面发展能够进一步提高城镇化的水平和质量，两者形成一种良性的互动关系。

第三，边境区位价值的构成中最原始、最重要的价值是政治价值，如果政治价值为负，就代表着两国处于对立的状态，那么边境区位价值其他构成要素的价值也将无从谈起。只有当两国处于正常邦交或者已经展开了某种政治经济合作的前提下，边境地区才能够获得发展社会经济的稳定外部环境。而两国经济的发展又会增强两国的交流与合作，使得两国进一步加强政治上的互信，从而进一步提升边境区位的政治价值。所以，口岸经济带的发展通过一种"经济带动政治"的方式提升了两国的政治互信水平，提高边境区位的政治价值，而口岸经济带的形成与发展，又是以正向的边境区位政治价值为前提的，两者之间也是一种协调发展的关系。

第四，任何社会经济的往来都附带着文化的交流与传播。口岸经济带的商品与服务市场包含了国内和国外两个沿边地区，以及更广范围的两国内部市场，这样一方面口岸经济带通过商品贸易、服务贸易、投资等跨国活动，将饱含一国文化内涵的产品和服务带到另外一国，无形中起到了文化交流的作用，提升了双边文化共识与认同，特别是边境地区作为文化碰撞的前沿，文化认同能够极大地提升边境地区的文化价值；另一方面经济往来相伴着人口的流动，人作为一国文化的载体，在流动的过程中将两国的文化融会贯通到一体，成为宣传两国文化的主体之一。而文化的交流与认同，必然会带来全方面合作的加深，特别是经济、贸易往来，这样两国会加强边境地区基础设施、城市规划等方面的交流与衔接，这又给口岸经济带的发展带来了机遇。

第五，根据西方工业化和城镇化发展的一般规律，一个地区的生态价值往往在工业化和城镇化初期是不被重视的，而到了工业化和城镇化的中后期，二者开始反哺生态。口岸经济带的形成也是工业化和城镇化的过程，因此在口岸经济带的成熟期也会出现反哺生态的现象，这时边境区位的生态价值将得到很大提升，一旦口岸经济带进入到工业化和城镇化的后期阶段，边境区位的生态价值将超越经济价值成为边境区位最核心的价值，此时，边境区位生态价值也会成为制约其他一切价值发挥的因素。

## 第三节　中国—东盟边境口岸经济带加快开发的方法途径

口岸经济带的发展是提升边境区位价值的重要途径之一，通过提升口岸经济带的发展水平，能够带动边境区位经济价值、社会价值、政治价值、文化价值和生态价值的提升。今后要加强中国和东盟边境口岸经济带的发展，必须从高层规划设计到地方区域合作再到企业的沟通交流，都要进行一系列的创新和政策激励，这样才能充分发挥边境的区位优势，带动边境区位价值的快速提高。

### 一、加强双边高层政治互信和顶层设计的协调对接

边境口岸经济带和特色经济的发展是建立在双边政治互信基础之上的，良好的政治关系是实现沿边口岸经济带与特色经济互动发展的基石。在中国—东盟自由贸易区框架下，进一步加强与接壤的越南、老挝、缅甸等国的沟通和谈判，争取与这些国家实现沿边地区的统一规划，在口岸设计、交通网布局、货物贸易与运输、通关一体化等方面提高沟通效率，形成广泛共识。

## 二、加强口岸增长极的布局优化

目前，我国口岸的设立审批权归属中央政府，但是国家层面并未对口岸的空间布局、等级建设、设施、收费等内容给予统一的规划或统一的标准，而且口岸建设采取地方申报、国家审批的程序，在审批通过后，国家调拨人员和资金实现对口岸的建设和管理，口岸的收益也归属国家，这样就造成地方政府为了政绩而申报建设口岸，在申报成功后缺乏支持口岸进一步发展的动力的现象，不利于口岸的发展，也造成了口岸的盲目建设问题。因此，国家必须尽快出台从口岸设立到口岸管理和后期利益分配的一整套标准体系，完善相关管理法规，实现沿边口岸增长极的合理布局和管理。

在现有体制下，地方政府要加强对毗邻国家经济贸易政策、沿边地区经济发展水平、对外开放规划、沿边城镇体系与人口布局、沿边口岸设置需求等相关政策和信息的调查与研究，在充分评估调研结果的基础上，根据本地发展实际向国家提出口岸建设需求，并为口岸经济带的发展提供全面而有效的地方支持。

## 三、推动跨境经济合作区的深入发展

跨境经济合作区是口岸经济带与口岸特色经济互动发展的最有利平台。跨境经济合作区将口岸增长极的功能从过境通道转变提升到集生产、加工、贸易、服务为一体的综合型沿边增长极，有力地提升了口岸特色经济在口岸经济中的比重。同时，跨境经济合作区能够充分调动双边资源，提高政府对沿边地区发展的重视程度，为沿边人口集聚、产业集聚、跨境通道的建设等提供极大地便利。而且一般来说，在跨境经济合作区生产、加工的产品享受原产地规则，从而在通关检验检疫、关税减免、货物运输与销售等方面享受极大的便利和优惠，极大地提高了口岸增长极利用"双市场、双腹地"资源的能力。

## 四、加强沿边优势资源整合

要实现边境口岸经济带做大做强，必须整合沿边地区的人口、资源和产业，实现产业增长极、人口增长极、空间增长极的高度统一。通过资源的有效整合，也能够避免口岸增长极的低端无序竞争，加快口岸经济带形成分工明确的体系。一方面要依托广西和云南的高等院校，培养口岸建设与管理的专业人才，形成高低搭配的口岸人才体系。通过政策性补贴和扶持，积极引导边境地区人口向口岸增长极集聚，提高口岸城市等级。另一方面要改变沿边特色种养业、特色农副产品加工业、特色旅游业等产业小规模经营、低端化管理的局面，通过农村合作组织、产业联盟等方式，将这些资源整合到以口岸增长极为依托的边境城镇，形成产业集聚、人口集聚与特色产业发展的双向互动的格局。

## 五、推动"园岸一体化"发展

在政府政策的支持下，边境地区依托特有的区位优势，建立了众多的特色农产品种养与加工产业园、特色资源开采与加工产业园等，这些产业园区多以资源为导向，其布局多集中于依托的资源地，距离边境口岸直线距离往往很近，这就在一定程度上分散了边境口岸城市的功能，弱化了边境口岸城市集聚人口与资源的能力，不利于边境地区在经济要素稀缺的条件下实现快速发展。因此，地方政府一方面要在政策引导上积极鼓励产业园区向口岸城市集聚，实现"园岸一体化"发展，以园区的发展带动产业和人口的集聚，以口岸的发展为园区产品的外销提供便利；另一方面要加强口岸地区交通网络建设，实现口岸周边资源顺畅、高效地运往口岸园区。

## 六、积极探索"一城两国"口岸发展模式

在具备一定发展条件的口岸城市，适当探索"一城两国"口岸城市发展模式，即：在主权归属明确的前提下，实现双边口岸城市在城市规划、城市管理、人员流动、商品贸易等方面的同城化，赋予主权之外的经济、文化交流活动以国民待遇，特别是将阻碍双边口岸要素流动的障碍因素降到最低，以生产、贸易的极度便利化，带动口岸城市的发展。我国西南边境线上具备发展"一城两国"模式的口岸主要有东兴、河口、瑞丽等口岸城市。

## 七、探索口岸与边境城市的"双核"发展模式

从我国西南边境地区城镇布局的现状来看，所有沿边地级市的行政中心都远离边境，县级行政单位的行政中心除东兴、凭祥、河口、瑞丽等县城外，也都不沿边境线布局。这种城镇布局严重影响边境地区特别是边境口岸城市的发展。由于历史原因，我国各级行政单元的行政中心对人口、资本、信息等经济发展要素形成强大的集聚引力，这就造成了非行政中心的边境口岸城市长期以来只能发展边境物流、通关等基础城市功能，集聚特色经济要素发展特色经济的功能全都集中在非口岸的行政中心城市。从目前边境口岸城市的发展状况看，兼具行政和口岸双功能的边境口岸城市，其社会经济发展水平要远高于单一口岸功能的边境口岸城市。因此，要实现边境口岸城市的全面发展，必须适当分离边境行政中心集聚特色资源的功能，逐步实现边境政治中心和经济中心的分离，实现边境口岸城市与边境行政中心的"双核"发展。

# 第八章

# 中国—东盟边境区位价值开发利用：
# 跨境合作区开发升级促进路径

## 第一节　中国—东盟跨境合作区开发
## 升级的现实紧迫性

中国—东盟自由贸易区在 2002 年开始启动，于 2010 年初步建成。2014 年，中国与东盟的经贸合作走过了"黄金十年"。中国作为世界上人口最多的国家，东盟作为世界上人口最多的区域，双方彼此之间的合作可以惠及 19 亿人。2016 年中国—东盟的贸易额在世界经济不景气的情况下依然达到了 4522 亿美元。2017 年的 1～5 月，双方的贸易增长速度达到16.2%。与此同时，双方互为重要的外资来源地，双向投资额累计已超过1830 亿美元，其中东盟国家对华累计实际投资达 1080 亿美元。此外，双方在基础设施互通互联，区域经济一体化建设方面在近年来都有很大进展①。

现在，中国—东盟双方关系在经历了数十年的高速发展后来到了一个十分微妙的时刻，在 2002 年之前双方关系由于双边往来不足，导致生产要素无法高效流通。2002 年之后，在双方政策战略引导下，改变了这种

---

① http://www.sohu.com/a/155882663_115239.

局面，双方在多个领域经历了一个高速发展的时期。在经过了十五年的高速发展之后，中国—东盟的关系来到了一个临界点，处于一种"逆水行舟，不进则退"的微妙阶段。李克强总理在第 18 次中国—东盟（10＋1）领导人会议上指出："……世界经济整体复苏乏力，东亚经济增长在继续领跑的同时，也面临着较大下行压力。中国和东盟国家正处于发展建设的关键时期……未来五年，中国愿与东盟十国一道，抓住难得历史机遇，充分对接各自发展战略，提升 11 个国家整体发展水平，力争实现 2020 年建成东亚经济共同体目标，促进东亚地区永久和平与繁荣。"①

通过升级中国—东盟跨境合作区，可以进一步加强双方在政治、经济、文化的往来。而这种"升级"，不但是"势在必行"的，而且还是"迫在眉睫"的。当前中国与东盟双方都面临着来自内部与外部的挑战与机遇，具体如下：

## 一、跨境合作开发区升级是现行国家战略的需要

"冷战"后经济竞争取代了思想意识之争成了国家之间的主要矛盾，地缘政治逐步让位于地缘经济。为了发展经济，提高生产力，常常需要对一定区域乃至全球的生产要素做出更加高效的配置。不同层次的区域经济政策和策略因此应运而生。在这个背景下，为了更好地发展经济，自 20 世纪末以来，我国各级人民政府先后提出了"兴边富民""西部大开发""泛珠三角"地区开发、开发"沿海""沿边""沿江"、建设"一带一路"经济带等政策。

1999 年开始，我国兴起"兴边富民"运动，该运动虽然出台已有近二十年时间，但是并没有过时，反而不断得到各级人民政府的重视。2017年 6 月 6 日，国务院发布了《国务院办公厅关于印发兴边富民行动"十三

---

① 资料来源：光明日报，2015 年 11 月 22 日，第 3 版。

信息来源：新华网网页：http://news.xinhuanet.com/politics/2015－11/22/c－1117218197.htm。

五"规划的通知》（以下简称《通知》）。《通知》肯定了"兴边富民"行动所取得的成果，并且提出了要在 2020 年之前将边境地区全面建成小康社会。还提出要让边境发展深度融入"一带一路"建设，实现"对外开放平台更加完善，国际经济合作成效显著，口岸功能与设施更加完备，边境货物贸易稳步发展，服务贸易增长明显加快，边境经济合作区、跨境经济合作区等开发开放平台的辐射和示范作用增强，合作层次和水平进一步提升"的目标①。

此外，近年来在福建、江西、湖南、广东、广西、海南、四川、贵州、云南等 9 省区和香港、澳门 2 特区的积极参与和推动下，建立起了"泛珠三角"合作发展平台。2016 年 3 月 15 日国务院发布《国务院关于深化泛珠三角区域合作的指导意见》（以下简称《意见》）。《意见》认为"泛珠三角"区域能够起到平衡中西部地区经济发展的目的。并且将"泛珠三角"地区的战略地位设定为"立足泛珠三角区域连接南亚、东南亚和沟通太平洋、印度洋的区位优势，充分发挥建设福建 21 世纪海上丝绸之路核心区以及相关省区作为'一带一路'门户、枢纽、辐射中心和海上合作战略支点功能，发挥港澳独特作用，共同推动'一带一路'建设，打造我国高水平参与国际合作的重要区域。"并且要"积极参与中国—东盟自贸区升级建设，打造中国—中南半岛、孟中印缅经济走廊。"②

最后，"一带一路"倡议的实施，为中国和东盟跨境合作区升级带来了很大的机遇。"一带一路"旨在从陆海两路打通中国与亚欧大陆的联系，对于中国而言，是其进一步参与全球经济体系的空间规划，对于沿线国家而言，是他们搭上中国经济快速发展便车的绝佳时机。东盟作为世界最重要的经济组织之一，中国的全球经济发展离不开东盟，而东盟的发展也离不开中国，"一带一路"不仅仅是中国自己的空间战略，而且是一个对于全世界开放的空间经济体系，通过升级跨境合作区，既是对于"一带

---

① http：//www.gov.cn/zhengce/content/2017 - 06/06/content_5200277.htm.
② http：//www.gov.cn/zhengce/content/2016 - 03/15/content_5053647.htm.

一路"的呼应,也能为"一带一路"在政策层面增加信心,减少阻力。

上述政策的核心目标是发展区域经济和国家经济。没有经济的发展,其他的目标都无从谈起。而在"地球村"时代发展经济,既要"以我为主",又必须"借力打力",必须将各种能够利用的资源与力量为我所用。中国—东盟跨境合作区成立,为双方的合作共赢打开了一扇窗户。而中国—东盟跨境合作区开发升级,就是要扩大窗户,擦亮玻璃,使得双方的经济往来更加简便,让更多的企业能够意识到中国与东盟的跨境贸易有利可图,起到示范效应。综上所述,东盟跨境合作区的升级,与地方性的、区域性的、国家级的政策都契合,能够满足我国不同层次行为主体、不同区域经济发展的诉求。

## 二、跨境合作区开发升级是地缘经济发展的需要

现今的世界经济同时经历着经济全球化和区域经济一体化过程。全球经济一体化是社会、经济发展到一定程度时出现的社会分工的高级形式,它建立在现代的交通、通信、物流等技术手段之上,这些基础设施的投入以更高的社会产出为最终目的(实际反馈证实,已在总体上达成了这种目的)。达成这种目的的方法是加强全球各个地区的联系。然而全球化并不是一个静态的过程,不是一个同步的过程,也不是匀速的过程。一个社会组织(如国家)由于早期的技术限制和实际需要总是先同周边地区先开展往来。这就使得一个国家在全球化的过程当中不会对所有的国家都"一视同仁"。根据地理学第一定律,两个空间之间的相互关系与距离呈现反比,距离越接近,空间之间的关系就强。在地区之间往往以经济往来强或者文化相似而体现。而这种较强的联系是国家之间实现联盟的重要原因。

在经济全球化的过程当中,既然以经济活动为主,那么合作过程当中必然伴随竞争,为了在竞争当中获取优势,不同国家往往会选择盟友与之联合,成立排他性组织以便获得竞争优势就成了一种必然。"世界经济区域一体化的发展趋势要求中国必须组织、参与区域合作组织,并以此构筑

和平崛起的战略依托，通过正当与和平手段拓展国际市场和解决资、能源的瓶颈制约问题。[117]"

总的来说，全球经济一体化是为了更好地开展经济合作，而区域经济一体化是为了更好地面对全球经济一体化所带来的竞争。区域合作已经在全球范围内产生了许多地区合作组织。欧洲各国依托于欧盟进一步巩固了自己的政经地位；北美自贸区的成立为各个参与国带来了帕累托次优效应。而中国—东盟真正开始展开地区性的合作不足二十年。中国—东盟都属于新兴市场，市场再开发，挖掘的潜力巨大。中国—东盟地区的贸易往来能够满足双方的需求。

因此，中国—东盟之间的合作有继续深化，继续发展的必要，双方的合作还有很多潜力可以挖掘。升级跨境合作开发区，是双方不断加强合作过程当中的一个契机，也是双方的合作由政府主导转变为企业间、民间合作的一个环节。为的就是能够不断地完善双方合作的市场机制，逐步建立起有机的空间经济关系。

## 三、跨境合作区开发升级是保护边境生态环境的需要

我国的"兴边富民"政策虽然提振了边境地区经济，加快了当地的发展，但是边境地区的产业较为单一，没能及时对产业升级转型，是一种低水平的扩张。这种粗放的发展模式没能形成产业链的整合，而是以对于资源与环境的高消耗为代价发展经济。并且，这种高消耗的生产方式使用的资源多来自于边境地区自身。由于边境地区空间有限，因此边境地区的资源无法支撑这种"短、平、快"的生产模式。当边境地区的资源潜力被消耗殆尽的时候，边境地区的企业就无法再以和原来一样低廉的价格获得生产所需。而之前的生产模式又没有给这些边境企业带来技术积累等核心竞争力，在原料成本上升后，企业原有的成本优势慢慢消失。最终的结果是企业无利可图，不得不撤离边境地区，边境地区的相关产业也渐渐地衰败。这种经济模式对于边境"自生能力"的提高，对于边境的生态环境，

对于边境企业的长期发展都是不利的。

而这种模式形成的原因，除了如企业管理者的短视等"传统"原因外，还因为"经济合作区因其规划与发展的局限性，如在边境经济中的辐射面积有限，因其数量较少且某些产业相对单一，不能对周边地区产业升级进行有效推动。[118]"如何将这种传统的"开采——加工——产品"的生产模式升级改造，关系到的不仅仅是边境地区的经济效益，更关系到边境地区人民的生存。要保护边境地区环境，保护边境地区的自然资源，除了在微观经济层面上对于边境的企业进行合理的引导和适当的激励外还应该从宏观经济层面为企业营造一个积极提升技术的氛围——升级跨境合作区。

升级跨境合作区之前，政府的管理对于边境地区往往鞭长莫及，不能够有效地对其资源进行保护，特别是边境实际上是一个较为模糊的空间，这就令边境这种原本具有所有权的空间，在事实上容易产生"公地悲剧"。而跨境合作区的升级能够让边境空间获得"第三方"的管理者，从而在事实上明确边境的管理权和收益权、使用权。让边境双方或者多方能够在保护环境、保护自然资源方面有良好的沟通，建立起规范、可行、具有持续性的法律法规。

此外，升级开发中国—东盟跨境合作区，有利于各种物资、原料的进口。给我国的能源、资源安全更多的保障。中国是人均资源极度匮乏的国家，而我们的生产方式，虽然近年来逐渐变得"绿色"，但是曾经长期属于高消耗型。因此，为中国的能源、原料等资源获得稳定的、多元化的渠道有十分重要的意义。

## 四、跨境合作区开发升级是国际产能合作的需要

改革开放三十多年来，中国的 GDP 已经在总量上位居全球第二位，所取得的成就不可谓不大。但在获得令人欣喜成就的同时，也要看到我国的经济长期以利用廉价劳动力生产劳动密集型产品为主要方式，技术密集型生产不足。而随着经济的发展，以及老龄化社会不可回避的到来，我国

的人口红利将要消耗殆尽，"刘易斯拐点"即将到来。中国参与全球价值链的老方式难以为继，亟须调整和转变。

实际上拉动中国经济发展的"老三驾马车"——投资、消费、净出口，早就已经被"新三驾马车"——新型投资、新型消费、"一带一路"所取代①。在《中共中央关于制定国民经济和社会发展第十二个五年规划的建议》当中，我国提出了要"坚持扩大内需战略，保持经济平稳较快发展"。而扩大内需的过程是要和供给侧改革相互结合的，过去我国处于全球制造链的低端，以全世界较少的人均资源水平进行着全世界最为消耗资源的粗放生产方式，并且为西方发达国家提供了许多高端的岗位。有专家认为，中国经济虽然要扩大内需，刺激国内消费，但是不能够故步自封，而是"要在扩大内需条件下，实施深度全球化战略或者发展基于内需的全球化经济[119]"。

在中国经济形成高附加值新常态之前，无论是在生产方面还是消费方面都需要过渡。在生产方面，我国的许多产业，尤其是重工业，与西方发达国家在技术方面虽然有一定的距离，但是差距已经不像改革开放之初那样巨大。如何进一步缩小我国与发达国家在制造业上的技术差距呢？如果仅仅依靠政府对于学校进行科研投入则未免太过单一，研究效率也难以保证。还需要中国的企业进一步加大科研投入，不断掌握企业自己的核心科技。

而企业要自己掌握核心技术，就需要更大的市场，虽然目前我国企业的技术尚处于劣势，但是从成本角度考虑，我国企业能够提供性价比更高的产品。而东盟十国的广大群众目前以价格敏感者为主，因此我国企业的产品能够较好地满足东盟十国人民的需求。在更大的市场当中我国企业可以获取更多的利润，继而为企业的研发提供经费。同时，"升级自贸区建设。东盟是中国在发展中国家最大的贸易伙伴，也是中国企业实施'走出去'战略的主要地区。[120]"我国的企业能够利用东盟市场"干中学"，不断地在实践当中提高自身的技术、工艺、管理水平，为以后进入其他跨国

---

① http://theory.people.com.cn/n/2015/1012/c40531-27686130.html.

市场、高端市场提供宝贵的经验。

在升级我国供给产品的同时，我国的低端生产要素在转型初期会产生不可忽视的冗余。中国在供给侧改革的同时也面临产能过剩问题，利用他国的市场，将这些低端生产要素进行再利用，通过国外市场来弥补国内市场缺口，是解决低端产品产能过剩的好方法。东盟地区的经济发展相对中国还处于较低的水平，对于中国市场而言较低端的产品，依然能够在东盟地区获得消费者的承认与青睐。中国—东盟跨境合作区开发升级，能够进一步拓宽中国与东盟的经济往来，缓解国内产能过剩问题。能够给企业明确的政策信号，让企业大胆地对于东盟国家的渠道、市场进行经营，同时也给企业一扇了解东盟市场的窗口。

## 五、跨境合作区开发升级是提升政治互信的需要

中国与东盟的关系在冷战结束后经历了一个从敌对走向对话的过程，经过双方不懈的努力，成立 CAFTA，开展经贸往来。追求经济的发展是中国与东盟国家政治上转变的内在动力，但是这个目的达成离不开政治上双方的相互理解和相互信任。有专家认为[121]，随着中国的崛起，以及中国—东盟关系的不断加强，"冷战"结束后东盟的那种能在大国之间搞平衡的策略将面临许多调整，这种调整对于中国、东盟之间的关系可能会产生消极影响。

当我们回顾双方发展的过程，会发现双方关系的发展反映了经济基础和上层建筑的对立统一关系：经济基础决定上层建筑，经济发展的诉求是推动双方在政治上加强对话与联系的根本原因。当上层建筑不掣肘时，经济基础容易发展。但随着经济的发展，上层建筑可能无法继续适应、继续匹配经济基础。目前中国与东盟之间的政治关系在经历过若干年的经济合作后，需要进一步的调整。需要加强政治互信才可以进一步推动经济往来。

近年来随着中国不断强大，尤其是我国海上的影响力不断增加，领海意识不断加强，与东盟地区部分国家在南海归属问题上产生了争执。国家主权固然神圣不容侵犯，但是捍卫国家主权的方式不一定要以牺牲经济的

发展为代价。相反，借鉴于欧盟的经验，通过加强中国与东盟国家的经济合作和经贸往来，在国家之间建立稳固的经济联系，可以争取更多和平发展的时间。

增加双方的政治互信不能流于口号，需要切实的行动。宏观上的政治不互信，如果依然求助于宏观经济政策解决，则潜在地存在很大的试错成本。为了降低试错成本，可以在小范围内进行政策实验。这样还能够产生空间上的聚集效应。因此，进一步升级跨境合作区，加强双方在各层次、各领域的合作也是一种增加双方政治互信的方法。

## 六、跨境合作区开发升级是提高中国软实力与文化影响力的需要

"软实力"是由美国哈佛大学的约瑟夫·奈最早提出的。相对于"硬实力"而言，"软实力"难以用量化指标来衡量。但是软实力并不是一个无关紧要的概念，而是可以为一个国家或者地区带来切实利益的。软实力是在文化层面、制度层面能对于其他主体产生影响的能力。对内，软实力可以增强凝聚力、提升国民士气、增加文化自信与制度自信；对外，软实力提供了一种规制力，在矛盾发生时提供了一套解决问题的基本逻辑。有专家认为"文化软实力则是指一个国家或地区基于文化而具有的创新力、凝聚力和传播力，以及由此而产生的感召力和影响力[122]"。

从以上概念可以看出"软实力"是一种隶属于空间的力量，不应该在空间博弈当中忽视这种力量的存在，而是应该积极地培育以及使用它。有些学者对于我国的软实力成长给予了肯定，但实际上我国的软实力不能与我国 GDP 总量世界第二的身份相匹配，需要加速其发展。"国内外学界对中国文化建设已形成了两方面共识，一是中国文化必然会'走出去'，二是需要高度重视如何提升中国文化软实力和扩大中国文化影响力[123]"。

我国十分重视同东盟国家的文化交流活动，2005 年，双方签署《文化合作谅解备忘录》，2012 年，在新加坡举办了第一届中国—东盟文化部长会议。2014 年，举办"中国—东盟文化交流年"活动，开展了涵盖文体、影

视、旅游、青年等领域的各类活动。在同年举办的第二届中国—东盟文化部长会议上，双方签署了《中国—东盟文化合作行动计划（2014－2018）》体现了双方对于文化领域交流的渴望。此外，双方还在教育、旅游等文化合作方面有很大进展。

边境地区是国家之间的文化过渡地带，不同的文化在国界线附近发生碰撞与交流，往往他国人士最先通过边境地区来了解中国的文化和民风民俗。而跨境合作地区各国人员往来频繁。因为中国—东盟跨境合作区承担着中国与东盟地区文化交流"桥头堡"的职能，所以中国—东盟跨境合作区开发升级，在经济进行调整的同时，也会将我国积极上进的文化风貌展现给东盟人民。

## 第二节　跨境合作区发展升级与边境区位价值开发利用

### 一、跨境合作区发展与边境区位价值开发的基本条件与障碍因素

所谓的边境区位，"是人类社会众多区位的一种特殊类型，它是受制于国家边界效应的影响，在不同的经济体制、文化、社会结构、信仰、民族、语言的边界两侧国家边境地区人类经济活动的空间关系[124]"。而跨境合作区则有以下特点：

第一，行政上分别隶属于不同的国家，因而在基本关系上是一种"国际关系"。这种国际间的区域合作，会因其分别隶属于不同国家而带来许多有利之处，比如区域间的合作更加受到重视，对各种资源与要素的投入更加得到保证，行政干预会更加审慎与科学，经济合作活动的运作更加符合国际规范（与国际接轨），也更加注重合作的效果、经济效益与国际影响等。这种关系使相互之间的合作是完全平等自愿的，不由一个行政的

"上级"来"撮合"，也不由各合作方为了政府政绩而"铺摊子"[125]。

第二，资源、要素禀赋和经济发展的互补性普遍存在，甚至要比一国之内的区域之间更为显著[126]。边境地带既是国与国之间的敏感地带，又是两国政治军事和经济文化等方面的异质地带。国家关系不和睦时是政治和军事的摩擦地带，而关系和好时则成为经济文化和民族交流的接触地带和经贸往来的主要渠道。边境作为一种特殊的空间地带具有很大的开发价值，其重要原因就是由于边境两侧存在着很大的"梯度差异"，这种差异主要包括两国之间自然资源、生产力和科技发展水平、经济结构及经济发展水平、历史文化背景等诸多方面的巨大差别，这种差别的存在使得国与国之间存在着强烈的互补性，从而使边境地带具有巨大的"梯度势能"。此外，边境也是内陆国家和地区出海出境的过境地带，在频繁的人流、物流、资金流、技术流和信息流进出过程中也会获得许多机会。比如战后美加边境、西欧各国边境的经济十分活跃，并形成了"跨国经济地带"或"跨国增长三角"等等，便是边境作为空间资源的价值的重要体现。

第三，交通联系与相互沟通不如一国之内的区域之间通畅和方便。由于跨境区域分属不同的国度，长期以来不属于经济运行系统，因此在交通联系网络、通信服务等条件大多是有待完善的。跨境区域之间还由于分别属于不同的民族，使用不同的语言，可能存在不同的风俗习惯和价值观念等，都会使相互沟通受到一定的影响。

如上述，跨境区域虽然在交通联系与相互沟通等方面存在某些不便，但由于世界经济和区域经济发展的规律与"一体化"等推动力的多方面作用，给跨境区域的协同发展带来了前所未有的有利条件。

1. 跨境区域资源、要素禀赋和经济发展的互补性隐含着巨大的"利益驱动力"。

这种驱动力就是经济规律，它会使跨境区域之间经济合作与融合不断加强和日益广泛的趋势不可阻挡。

2. 经济全球化和区域经济集团化的强大的外部推动力。

跨境区域的经济合作与联合就是经济全球化和区域经济集团化重要组

成部分，其强度和广泛性会随经济全球化和区域经济集团化趋势而加强。

3. 任何区域本身开放发展和对外联系的普遍要求，也极为有利于跨境区域之间的合作与协同发展。

为了寻求发展机会与空间，跨境区域的每个地区都会重视开放式发展和对外联合。

4. 组织区际经济合作活动的有效形式为跨境区域经济合作与协同发展提供了很好的基础。

除了商品贸易外，建立跨国公司、直接投资建立独资、合资或合作企业，共同建立出口加工区等有效方法，更加有利于跨境区域加强联合、合作与协同发展。在这种种利益的驱动下，相邻国家必然产生经济往来。在中国明清时期，虽然当时的政府实行了严格的海禁政策，但是仍然无法阻止商人从事走私。

当然跨境合作区还应该要满足一定的要求，跨境区域的合作开发首先要求是地理位置相邻，交通运输等通联条件良好，经济发展的互补性强，资源、市场及其他要素的整合空间与效益大等。按照跨国关系与跨国区域合作开发的特点与要求，跨境区域合作开发无论在宏观还是微观方面都要具备一些最基本的软硬环境条件。

1. 宏观层面的基本条件要求

最主要的包括以下几方面：第一，国际关系与双边（或多边）国家政策。基础设施与"对接"条件。包括边境地带的交通、能源等基本设施，交通与口岸等"对接"条件以及边境地带跨境区域与外部联系的交通网络条件。第二，跨境区域经贸联系状况与合作开发需求。第三，跨境区域的共生关系与互补性。边境地带跨境区域的自然条件与自然资源的互补性，发展水平与经济结构等方面的互补性状况等。第四，双边（或多边）相关地区的民族关系与文化观念等。第五，必要的跨境区域协调机制。

2. 微观层面的外部条件要求

主要包括：（1）为微观经济体提供良好的投资与发展方向咨询。比如提供相关国家区域经济发展的战略与目标、跨境区域合作开发的规划或计划、相关政策等资料，给微观经济体以有益的指导。（2）为微观经济体提供良好的经营环境咨询。比如提供全面的关于相关跨境区域的包括自然、社会、政治、经济与技术等综合要素组成的一般宏观环境分析资料等。（3）向企业、家庭与个人等经营主体和微观经济组织提供良好的运营制度环境。比如在边境区位建立完善的市场经济制度环境，从政策和制度上扶持和鼓励民营企业的发展等。

而两国之间不仅仅存在吸引力，还同时存在张力，是跨境合作区发展的阻碍。主要有：

1. 国家与地区利益障碍

跨境区域的合作开发以经济活动为主，经济活动是以其执行主体的经济利益为导向的。在跨境区域合作开发过程中，既有不同的相关国家的利益问题，也有相关国家的各个不同地区的利益问题。跨境区域合作开发，在资源的开发与共享、水平分工或垂直分工的组织、要素的流动与重组等方面都会涉及到有关利益的问题。相关国家和这些国家的相关地区，都会有以自身利益为重的倾向。使跨境区域合作开发的组织与协调会受到来自保护自身利益方面的阻力。也容易出现拘泥于局部利益或者短期利益而影响跨境经济合作区整体发展的行为。

2. 经济运作机制与运行方式障碍

不同国家之间制度、体制、经济运行机制有所不同。这些差异本身是国家之间沟通的障碍。在跨境经济合作区内，这种差异也会被继承下来，在经济活动事件当中，变成跨境区域合作开发活动向前推进的障碍。

3. 发展差距障碍

在两个或多个邻国的跨境区域合作开发过程中，不同国家和相关地区之间，经济与科技发展水平等方面，如果存在着较大的发展差距，也会形成障碍因素。比如，可能难以形成配套与联通对接的交通运输等基础设施，难以形成相对同步的开发、投资或引资能力等。

4. 国家制度、国家政策与文化观念障碍

国家制度或国家政策总是有差别的，跨境区域的合作开发会把这些具有差别的制度或政策汇聚在同一地区上，具有差别的方面形成合作开发的障碍。特别是一些差别较大甚至具有冲突性的政策等，更是如此。不同国家间由于民族文化、传统习惯与思想观念、价值观、宗教信仰、创新或变革精神等方面的差异，甚至包括经营理念、企业文化、管理模式等的差异，有时也会形成跨境区域合作开发的障碍因素。

## 二、跨境合作区发展与边境区位价值开发的主要特征

跨境区域作为一种特殊的跨境经济地域，跨境区域的合作开发是一种跨国性区域合作开发活动，属于地缘经济的合作开发，对这样的地域进行合作开发要注意到其固有的一些主要特征。现简要分析如下：

### （一）跨境区域合作开发与地缘经济区形成发展的必然性与动态性

#### 1. 必然性

在世界政治局势普遍缓和的前提下，随着经济全球化和区域经济集团化的不断发展，跨境区域成为邻国不同经济体的接触地带，是经济联系与合作的前沿地区，这些前沿地区的合作开发伴随着地缘经济区的形成发展已经成为必然的趋势。主要依据或原因有三：第一，经济全球化和区域经济集团化是跨境区域合作加快与地缘经济区形成发展的内在规律性，在这一规律的支配下跨境区域合作与地缘经济区必将取得更好的发展；第二，优势互补与劳动地域分工是跨境区域合作与地缘经济区形成发展的重要机制和推动力量；第三，异质性地区的互补性合作隐含的利益驱动也使跨境区域合作与地缘经济区形成和不断发展得到有力的推动。

#### 2. 动态性与日益广泛性

在经济全球化、区域经济集团化进程的不断迈进，以及各国对外开放的日益深化和对外经济联系日益加强的背景下。跨境区域合作与地缘经济区形成发展地进程也将随之加快，运动发展的动态性与广泛性都相当显著。跨境区域合作与地缘经济区的形成发展将主要沿着如下四个方向：一是各种新的跨境区域合作与地缘经济区将不断地产生，主要表现在跨境合

作开发区域与地缘经济区数量的不断增加上；二是跨境合作开发区域与地缘经济区发展地不断"高级化"，合作的内容更为广泛，相互关联与"一体化"程度逐步提高；三是跨境合作开发区域与地缘经济区的发展在整体规模上扩大，以及在世界经济发展中的地位和作用不断提高；四是不同跨境合作开发区域或地缘经济区之间的横向联系将逐步加强。

### （二）跨境区域合作开发活动的地缘政治关联性

跨境区域合作开发活动与地缘经济区的空间分布格局的地缘政治关联性，主要表现在几个方面：第一，跨境区作开发区域或地缘经济区的空间位置与基本政体单元（国家或地区）的分布格局密切相关。比如国家或地区等政体单元幅员的大小、同一地区的国家或地区数量的多少及其空间分布的格局，都极大地影响着跨境区域合作开发区域或地缘经济区的分布格局。第二，受国家或地区之间政治军事关系状况的影响很大。跨境区域合作开发区域或地缘经济区要建立在边境地带（或地区）上，这里既是国与国之间的敏感地带，又是两国政治军事和经济文化等方面的异质地带。国家关系状况对跨境区域合作开发区域或地缘经济区的开发活动影响很大。比如印巴关系左右着南亚联盟的发展就是一个生动的例子。第三，与国家或地区的政策和内部政治、经济与军事局势也有较大关系。一个国家或地区内部有利于经济的发展与开展国际合作政策、良好的社会环境和稳定的政治军事局面，是邻国之间开展跨境区域合作与共同建立地缘经济区的重要前提。

### （三）合作开发区域范围与对外联系的跨境性和开放性

跨境合作开发区域及地缘经济区，实质上是在经济全球化与区域集团化的过程中，由地缘相近的国家和地区所建立起来的经济合作与联系的地域组织形式，这样参与的国家（地区）就至少有两个或两个以上，所以具有跨境性。跨境合作开发区域及地缘经济区作为多国（地区）共同建立的经济合作地域，首先在参与国而言具有很强的开放性，此外作为经济全球化与区域集团化以及各国（地区）采取开放式发展过程中的产物，使跨境合作开发区域及地缘经济区对其他国家与地区也有较大的开放性。

### （四）合作形式与内容的多样性与层次性

跨境合作开发区域或地缘经济区的建设，在其合作开发形式及内容上具有多样性与层次性。按照内部经济融合程度和一体化水平由低到高来划分，跨境合作开发区域与地缘经济区可以包括一般的增长三角与紧密经贸关系安排、特惠关税区、自由贸易区、关税同盟、共同市场、经济同盟等层次。从横向看，目前世界上处于各个发展层次的跨境合作开发区域和地缘经济区是同时存在的（从最低层次的一般增长三角比如东盟的"北三角""南部三角"经济合作区等到最高层次的经济同盟即欧洲联盟 EU 并存）。从纵向看，一个跨境合作开发区域或地缘经济区在一定条件下会从低层次向高层次发展。

### （五）合作开发目标的共赢（要求）性

跨境合作开发区域或地缘经济区的建设与运营目标具有共赢性或共赢要求性。首先，从主观判断和效果的预期上必须是共赢的。没有这一基本的基础，有关各方参与协商和共同筹划与建设地缘经济区的积极性就不会被调动起来。其次，从运作机制和实践效果的具体体现上也必须是共赢的。这是跨境合作开发区域或地缘经济区建立起来以后，能否持续发展的最根本的决定性因素。实际上，目前大多数跨境合作开发区域或地缘经济区的建设与运营情况都体现出了共赢的特点。

## 三、跨境合作区发展与边境区位价值开发的基本原则

### （一）比较优势与互利共赢原则

首先要以跨境区域中的比较优势（包括相对比较优势和绝对比较优势）为合作开发的重要基础，不以比较优势为基础，就没有互补性效应和合作开发的内在动力，也不利于通过劳动地域分工与合作、"强强"联合共生或"强弱"互补而获得收集效应。其次必须保证跨境区域合作开发的成果能够共享、达到互利共赢。这既是合作开发的目的，也是合作开发

的持续推进的基础。

**（二）相互尊重与沟通协调原则**

跨境区域的合作开发，在国家层面需要相互尊重，在相关地区之间需要相互尊重，在参与跨境区域开发的不同经济主体之间需要相互尊重，这既是跨境区域合作开发的基础，也是顺利推进合作开发进程、取得应有合作开发效果的保证。由于跨境区域合作开发过程中存在诸多障碍，比如前述分析的国家与相关地区的利益障碍、经济运作机制与运行方式障碍、发展差距障碍、不同国家政策与文化观念障碍等，都需要通过沟通协调来缓解或解决，为跨境区域的合作开发铺平道路。在跨国区域合作开发的许多方面，也同样需要沟通和协调，以实现合作开发活动的顺利推进。

**（三）经济与政治分离原则**

由于历史、政治等方面的原因，在有些邻国之间往往存在政治观点上的纷争、领土纠纷或其他历史遗留问题，但这些问题都是可以逐步得到解决的。在世界政治局势普遍缓和，各国各地区以发展经济为主要任务，世界经济的关联性与互动性越来越强等背景下，相互间的经济合作与联系的需要正在日益增强。应该采取政治与经济相区别，不是原则性的"政治性问题"可以另外谈或暂时搁置，不要让一般性的政治问题影响或阻碍经济上的合作与发展。

**（四）与国际或地区性合作框架相接轨的原则**

在经济全球化与区域集团化的世界经济系统中，已经据统计当前全球范围内具有"一体化"性质和趋向的区域合作组织已超过100个，这种趋势还在加强，还会有更多的国际性或地区性合作组织不断被建立起来。使跨境区域的合作开发往往会属于某一国际或地区性合作框架之内。实现跨境区域的合作开发与国际或地区性合作框架的"上""下"衔接，使二者互促共进，分别取得更好的效果。

**（五）统筹规划与务实渐进原则**

通过相关国家与合作方充分沟通、协调，在跨境区域合作开发目标、内容、规模及其空间布局与时序安排等重要方面达成共识的基础上，要共同形成一个统筹考虑、协商规划的整体思路或合作框架方案，作为跨境区域合作开发的基本指南和行动方案。在此基础上的具体实施，这要求各合作方都要有务实的精神和态度，循序渐进与踏实推进。

## 四、跨境合作区发展升级与边境价值开发利用的内在关系

以往的边境政策虽然也对促进经济发展有所贡献，但是往往存在零散、不系统等问题。这些问题不仅仅是优惠政策层面上的零散、不系统，还体现在边境发展空间上无重点，没有办法快速聚集资金、技术、劳动力等生产要素。政策层面的破碎化以及在空间层面的非聚集，需要两国（多国）政府主动作为，通过行政手段对其进行改变，让跨境合作区的参与国甚至非参与国都能够在这里进行经济活动从中受益。

而跨境合作区属于一种制度创新，是为了适应当今社会，国家之间以经济发展为主的国家关系而提出的。跨境合作区首先是一个空间概念，并且这个空间内包含了两个或以上国家的领土。跨境合作区内"打包"了多种贸易优惠政策，是多种政策在空间上的叠加。并且在该区域内，各种要素的流动相对更加自由。这些特点令跨境合作区内容易产生生产要素的聚集，从而提高效率。

有专家将跨境合作区定义为"边境地区两国或多国政府经协商同意，共同在边界处划定一定范围，设立享有出口加工区、保税区、自由贸易区等优惠政策，封闭式管理的次区域经济合作区是集投资贸易、出口加工、国际物流于一体的多功能经济区[127]"。

而边境区位价值的高低正是由"屏障"与"中介"两种效应决定的，减少"屏障效应"意味着"中介效应"的增加，反之，"中介效应"的减少意味着"屏障效应"的增加。我国边境地区的开放模式可以总结为边境贸易、贸易通道、产业聚集、双子城、跨境合作区五大模式。这五大模式都可以起到减少"屏障效应"，增加"中介效应"的作用。

边境地区开放的五大模式的演化过程遵循三个逻辑：第一个逻辑是

点——线——面的空间扩张逻辑。该逻辑基本符合传统的经济地理学以及区域经济学当中所说的点轴发展模式，在此不赘言。第二个逻辑是由消费导向逐步转变为生产导向。在过去边境地区人口较为稀少，劳动生产率整体较低的情况下边境地区较难承担生产功能。无论是互市抑或是商道，都只是为了满足彼此的消费需要而产生的，并且仅仅实现了消费品运输的功能。第三个逻辑是边境地区的市场条件越来越成熟，游戏规则由模糊走向清晰。

而五大模式当中，跨境合作区模式最新，因此跨境合作区在五大模式当中具有最为清晰的边界，在跨境合作区边界内的政策、法律法规、市场规则具有均质性。跨境合作区在边境开发五大模式中最适合开展生产活动。此外，跨境合作区在边境地区开放模式当中市场性最为完善。跨境合作区的发展升级就是要进一步提高这三种属性，以达到解放生产力的目的，从而惠及跨境合作区参与国。

总而言之，跨境合作区开发升级是由至少两个国家的政府出于增强两国经济联系，更好地面对全球化经济趋势的竞争，主动地在双方边境地带划拨出一定空间，并且给予该空间特殊的政策。从而在客观上增加边境地区的中介效应，减少"屏障效应"，甚至将边境地区由经济上的边缘地带转变为小范围内的核心地带，以此来提升边境地区价值的措施。且跨境合作区常常通过一个能够平衡参与国利益的第三方机构进行管理维护，实施封闭式管理。

# 第三节　中国—东盟跨境合作区发展升级与边境区位价值开发的方法途径

中国—东盟跨境合作区提升的方法途径主要有：提高东盟跨境合作区的"中介效应"、提高东盟跨境合作区的区域创新能力。

## 一、东盟跨境合作区"中介效应"提升

可以从以下几方面提高东盟跨境合作区的"中介效应":

### (一) 管理提升

成立第三方管理组织,双方高层要建立长期有效的对话机制。需要在跨境合作区参与国的实权部门参与下,通过外交途径对于第三方管理者的权利以及义务、行为准则进行规范,明确跨境合作区建设的意义以及跨境合作区的具体功能,签署协议,在保障参与国的利益的前提下对于跨境合作区进行有效管理。此外,参与国之间还应该定期进行会晤,处理跨境合作区这种机制创新所产生的新的矛盾和问题。

### (二) 基础设施再升级

基础设施是地方经济发展、创新力培养、人才招募的重要先决条件。经过多年的发展,我国边境的基础设施已经大大改善,但是同东部沿海地区相比还有一定的差距,不能完全满足跨境合作区发展的需要。

基础设施建设首先要对交通设施进行完善,包括公路、铁路、海运以及航空建设。其次,要加强跨境合作区内的通信系统建设,使得跨境合作区内人员能够与区外本国、区外他国、区内进行有效沟通,方便经济行为。

### (三) 空间范围提升

可以适当增加跨境合作区的总体面积。跨境合作区要实现产品研发、产品制造、生态旅游、环境涵养、金融贸易、文化往来等功能,这些功能的建设健全需要一定的空间。同时,中国、东盟之间的经贸往来、旅游业、文化事业发展迅速,在规划上要为各类功能的进一步完善预留空间。因此,中国—东盟跨境合作区需要更多的空间以支撑其发展。

### (四) 口碑提升

俗话说酒香也怕巷子深,良好的口碑,让跨境合作区不仅仅在边境国家具有知名度,而且可以吸引更多的外资与合作机会。要形成良好的口碑

除了跨境合作区本身要有良好的投资环境外，还要注意加强对于跨境合作区自身的宣传。

## 二、东盟跨境合作区创新力提升

所谓的区域创新功能，就是在创新的过程当中，区域要起到协调、催化、化险、解惑的功能[128]。此外也有学者认为区域创新体系具有溢出效应、增强创新的可得性、产生"追赶效应"和"拉拔效应""吸聚作用"以及根植性。还有学者将区域创新环境定义为："区域创新环境应该包括两方面的含义：一是促进区域内企业等行为主体不断创新的区域环境（静态的环境）；二是为进一步促进区域内创新活动的发生和创新绩效提高，区域环境自身不断随着客观条件的变化，而不断自我创造和改善，以形成自我调节功能强的区域创新系统（动态的创新环境）。[129]"

那么对于跨境合作区而言，如何完善自己的区域创新环境、提升自己的区域创新力呢？主要有以下几个方面：

### （一）创新政策

为了保障跨境合作区的茁壮成长，应该在现有优惠政策基础上，对于政策进行适当的调整。首先应该调整区域创新政策，鼓励跨境合作区发展具有根治性的创新产业。主要从财政工具、金融工具、公共采购、专利工具等方面对于跨境合作区的创新功能进行刺激[130]。

财政工具就是要为创新型企业提供一定的经济补贴。要通过以下举措：增加企业骗补成本；推动高科技企业合作，建立内部监管机制；改革评估机制，加强外部管控；补贴的制度化和长效化；建立企业信用管理；加强宣传等手段，使得财政工具能够对企业创新产生作用等。

金融工具指的是通过金融手段，为创新型企业募集资金，分担创新试错成本。

公共采购是政府部门通过法定形式进行采购，对于高科技企业而言，是保障其产品具有一定销路的方式，能够引导社会消费。

专利工具，其本质是包括"降低创新中的不确定性和交易费用；提高对创新的奖励[131]"。要在跨境合作区内充分给予不同国家的企业申请专利的便利，保护企业的创新成果。跨境合作区应该有意识地多吸引那些具有带动优势和能够提升产业协作水平的企业进入跨境合作区。避免那些低水平的、重复性的产业进入跨境合作区。

### （二）产业创新

产业创新体系是产业内部互动学习的一个前提条件，"产业集群是行为主体间强烈相互作用的集体学习环境的最佳区域，这样的区域既是学习的结果又是学习的先决条件，是经常产生和再生的资产[132]"。现代化的社会化生产过程中，个人的聪明才智闭门造车没有办法实现脑力劳动的价值兑付。"单个企业不能支配创新的全过程，当代企业是对环境开放的组织，为了创新，它必须向上游和下游组织开放，在创新过程中达到制造商——供应商——客商三位一体。[133]"只有在产业集群当中，才能实现知识的生产和创新要素的有效沉淀。

边境地区在文化上受到中国传统文化当中"儒家思想"较少。事物都具有两面性，边境地区文化上相比于内地而言，社会风气多了几分锐气，少了一些保守。在面对新生事物的时候更能够从容面对，以包容的心态去接纳。文化上的包容性是边境地区的优势，能够减少边境地区在创新过程中的阻力。因此边境地区应该要充分利用自己在文化上的开放性，培养跨境合作区的一种创新能力。

产业创新的关键在于要形成企业之间的创新协同系统，在技术上形成一种有机关系。这种有机关系的形成，第一，必须以产业链的完善、升级、改造为导向引进新的项目和企业，跨境合作区的区位优势对于大多数企业而言都具有吸引力，要能够经受住短期利益的诱惑，引进能够促进产业链长期增长的项目。

第二，为了加强产业的创新能力，可以以高新技术企业作为龙头，分解企业不同环节业务，引进新的企业对产业链当中部分技术环节负责，以便减轻龙头企业科研压力。鼓励企业当中科研人员从原来企业分离，成立独立公司。可以衍生出一批具有科研能力的新企业。

第三，提高对于创新产业的设施配套和相关服务，提高创新企业、创新产业对于跨境合作区的地方根植性。配套应该包括咨询和中介服务机构。例如市场调查机构、技术咨询机构、科技成果交易中心、知识产权事务中心、律师事务所、会计事务所等。建立创业孵化中心，能够为创业者提供办公场所和交流场所。相对于传统的创新产业帮助机制创业孵化中心更能增加高科技创业人员之间的非官方往来，有助于培育企业之间的信任。创业孵化中心的开放性有助于人才快速流动，能更合理地提高劳动力的利用率。

### （三）人才培育

人是生成过程当中最关键，最活跃的元素，科技的发展亦离不开"人"的努力。跨境合作区内劳动力素质的提升是跨境合作区成功的重要条件。而劳动力的保障以及劳动力的流通性又是跨境合作区内劳动力能否支撑区内创新能力的关键。

而创新产业劳动力又有高下之分，高素质的科学家和工程师属于创新劳动力当中的高级要素，而技术熟练的工人这是低级要素，但是二者都不可或缺。配套培训机构能够有效地为创新产业提供稳定的技术工人。而对于科学家和工程师，要在政策上予以优惠以吸引其前来就业，此外要紧密联系高校。高校既可以为社会提供新鲜的血液，同时又是产学研协同发展当中不可或缺的一环。

### （四）制度创新

传统的制度创新有两种，"自上而下"的供给主导型制度变迁以及"之下而上"的诱发型的制度变迁。互联网时代"创造需求"的特性使得制度创新不仅仅可以减少"制度成本"，而且可能为经济主体带来额外利益。这就使得制度创新特别重要。跨境合作区这种形式本身是一种重要的制度创新，其功能类似于一些专家口中的"中间扩散型"的制度变迁方式[134]。

所谓的"中间扩散型"制度变迁方式，就是说通过部分权力下放的方式在高层与底层之间建立许多个具体主管底层的中间层，使得中间层的效用函数尽量接近与底层。由于中间层是隶属于高层，既受到了高层的管制，又具备了与高层"讨价还价"的条件，同时因为负责的范围较小，更加专注，因此中间层能在高层和底层之间建立一个制度需求与制度供给的沟通渠道。这样在一定程度上解决了"诺斯悖论"。

而在跨境合作区模式当中，中间层承担的是沟通外国企业、在跨境合作区投资的中方企业和跨境合作区所属国家高层之间沟通的工作。跨境合作区涉及到"主权让渡"，十分敏感，如果没有中间层作为"润滑"，企业不敢提出相关的制度需求。而政府高层作为宏观层面的掌控者，有足够的视野可以预见制度变迁的后果，有制度变迁绝对的控制权利，可以做出对母国最为有利的选择。

因此跨境合作区是一种制度创新，但是这种制度创新本身提供的是一种制度创新的潜力，需要不断地利用这种潜力，结合经济形势和客观环境进行制度创新。

# 第九章

# 中国—东盟边境区位价值开发利用：
# 梯次开发与渐远式辐射带动路径

## 第一节　边境区位价值的梯次开发利用

### 一、边境区位价值梯次提升与开发利用

#### （一）边境区位价值梯度结构

边境区位价值以边境区位的资源属性为基础，主要体现在边境区域自身发展所带来区域本身及其周边地区的福利效应的提升。边境经济地域系统中，由于各子地域系统的资源属性条件的异质性，资源开发基础及强度的差异性，以及区域经济发展的不平衡性，边境子地域系统所附加的区位价值大小也会出现不同，从而在整个区域地域系统中呈现边境区位价值的梯度结构，位于更高阶次的区域边境区位价值则更大。

1. 边境区位价值梯度结构特征

（1）层次性

边境区位价值分布的梯度结构根据其价值内涵，可抽象概括为五个层面。一是政治价值层面，主要体现在上级政府政策倾斜度、机遇因素、相

邻国家政治安全与稳定性及其与我国的政治外交关系等综合要素价值所体现的梯度分布性。二是经济价值层面，不同边境地区的经济发展基础、基础设施、市场开放度、资本与科技水平的差异性构成边境区位经济价值的梯度结构。三是社会价值层面，劳动力结构与质量、社会安全状况及社会保障水平决定了边境区位社会价值的大小。四是文化价值层面，边境地区长期形成富有特色的人文风情及多样丰富的民族文化及其文化影响力构成了边境区位文化价值的梯度结构。五是生态环境价值，各边境地区的自然资源禀赋状况、生态脆弱性、环保意识及国家主体功能区划中的功能价值定位共同构成边境区位的生态环境价值，其是边境区位价值开发的重要前提和保障。

（2）系统性

边境区位价值梯阶分布是政治价值、经济价值、社会价值、文化价值及生态环境价值系统作用的综合体现，其在同一边境地区的不完整性与分离性构成边境区位价值梯度的阶层等级差异性，而价值子系统内在的协调耦合性决定了边境区位价值所处的梯阶。单一层次价值（边境区位价值子系统）集聚与多层次价值综合集聚（边境区位价值综合系统）的相互作用而形成边境区位价值梯度系统结构的稳定平衡性。[135]边境区位价值各价值子系统间相辅相成，单一价值子系统通过整体系统作用于其他价值子系统，同时也受其他价值子系统的影响，因而边境区位价值开发应注重边境区位各价值子系统的系统开发与综合利用。

（3）动态性

边境区位价值在梯度结构中会出现动态变化及梯度转移。边境区位政治价值、经济价值、社会价值、文化价值及生态环境价值之间的动态变化共同构成边境区位价值的动态变化。当这些子价值同时出现正向提升或正向提升力度大于负向衰减力度，则边境区位价值得到动态提升；反之，当边境区位子价值同时出现负向衰减或正向提升力度小于负向衰减力度，则边境区位价值会出现动态下降。另外，高阶边境区位价值与低阶边境区位价值间存在双向的梯次转移。由高阶向低阶转移形成扩散效应，由低阶向高阶转移则形成极化效应，扩散效应和极化效应共同作用于边境区位价值的动态变化，从而形成边境区位价值的梯度结构。

2. 边境区位价值梯度结构形成机制

（1）地缘关系

边境区位价值的地缘关系表现在边境地区与其接壤国家地区的关系及国内区域经济中心的空间临近性。对外而言，地缘关系指国家之间以地理空间为基础形成的政治、经济、文化、军事、环境等关系。我国西南边境地区，中国与越南、缅甸、老挝间的地缘关系直接影响到相应接壤地区的边境区位价值。此外，边境接壤地区的社会安全情况也是重要影响因素，社会安全预期的不稳定性直接影响到外商投资者的投资意愿及地区民众的生活质量，如中缅边境的果敢地区长期受地方民族武装冲突的影响，云南腾冲、耿马、勐海等县区的边境区位价值深受其影响。

对内而言，受空间距离衰减规律影响，距离区域性经济中心近的边境地区容易接受经济的辐射带动，其边境区位价值较大。如广西的凭祥与东兴，由于距离首府南宁的地理位置较近，又有较为发达的公路、铁路等交通基础设施与越南对应口岸互联互通，因而边境区位价值处在高阶梯次。

（2）口岸因素

口岸作为边境地区对外开放合作的重要窗口，其级别、数量及过货能力对边境区位价值产生重要影响。一般而言，国家一类口岸的边境区位价值大于国家二类口岸，而国家二类口岸的边境区位价值又要大于边民互市点。口岸数量较多的地区对外交往的密度越大，边境区位价值往往也越大。此外，口岸的地理位置也是重要因素，口岸所在地是当地的行政中心则边境区位价值更大，口岸位于非行政中心的城镇则边境区位价值相对较小。与口岸对接的周边国家口岸的区位因素及经济社会发展条件也是重要影响因素，对接口岸的经济发展水平高，口岸对子经济关联性强，构成两国经贸合作的通道及汇集地，能形成口岸间的良性互动，因而边境区位价值较大。经济腹地大小与口岸边境地位价值密切关联，一般意义上，腹地范围广阔、资源丰富、经济发展水平高，能为边境口岸带来更多的经济要素资源集聚与溢出效应，因而边境区位价值较大。

（3）路径依赖

改革开放以来，我国长期实行区域经济非均衡发展政策，从设立经济特区、沿海开放城市到中部、西部地区逐次开放，边沿地区开放开发起步较晚，边境地区长期处于原始而又封闭落后的经济发展状态，市场经济并不活跃。受历史因素的影响，边境地区经济开发力度较小，经济发展落后，如受中国与越南两国外交关系的影响，广西边境口岸，如凭祥、东兴等，直到 20 世纪 70 年代才重新开放，受军事、安全的影响，广西边境地区长期处于闭塞的发展状态，市场发育尚不成熟，因而边境地区相对其他地区经济普遍不发达。

边境地区各地域子系统由于自然要素条件、经济技术及市场制度的惯性作用使得其经济发展路径形成一定程度的强化和锁定，因而出现边境区位价值的梯度格局，历史上是两国经贸交往要塞的口岸，边境贸易和边民互市繁荣的边境地区则商业较为繁荣，经济相对发达，边境区位价值处于高阶，有色金属资源等矿产资源禀赋丰富的地区则采掘业和资源加工业相对发达，农业资源丰富地区则形成特色农业生产基地，生态环境脆弱的边境地区，经济开发力度较弱，属于生态环境保护区，边境区位价值则处于低阶梯次。

3. 边境区位价值梯度结构动态演化与提升

（1）梯度转移

边境区位价值梯度转移主要针对边境区位价值的梯度开发而言。地区开发的梯度转移理论告诉我们，地区产业布局沿经济发展梯度方向推移或扩散，其依据是工业产品在研发、成长、成熟及衰老等不同生命周期阶段对不同程度经济发展水平地区的经济条件要求和偏好不同，从而工业产品产业出现从高梯次经济发展区域向低梯次经济发展区域梯度转移和扩散。产品的创新研发阶段，对产业基础和技术条件要求较高，往往出现在经济发展水平发达的高梯级地区；产品的成长成熟阶段，考虑到运输成本及市场的临近性，产品产业在效益和利润的驱使下转移扩散至经济发展水平相对较高的中梯级地区；产品的衰退阶段，产品产业已沦为夕阳产业，由于经济发展高（中）梯级产业转型升级及低梯级地区承接产业转移的需要，该产业将转移扩散至低梯级地区[136]。

边境地区经济开发的产业布局适应性则取决于边境区位价值，由边境区位政治价值、经济价值、社会价值、文化价值和生态环境价值综合决定，是五者价值系统协同互动的动态结果。边境地区口岸城市（镇）边境贸易发达，商业基础好，交通便利则适合发展加工制造业；矿产资源丰富的边境地区，适宜发展资源采掘业和资源加工工业；边境地区少数民族民俗文化丰富多彩，社会文化资源丰富，适宜发展旅游业和民族文化产业；生态环境脆弱的边境地区则根据国家主体功能区划的要求，发展生态农业和旅游观光业，保护好周边地区的生态环境。

边境地区实行梯度开发战略，根据边境区位价值与产业发展属性的相互适应性和匹配度进行产业谋篇布局，整个边境地域系统中各地域子系统不同梯级的边境区位价值将得到相应提升，从而形成螺旋上升式的稳定均衡的边境区位价值梯度结构。

（2）反梯度转移

边境区位价值反梯度转移与梯度转移相对应，强调低梯级边境区位价值地区通过自身的后发优势，进行区域经济要素再组合，形成新的要素集聚优势，实现边境区位价值提升，甚至对当前阶段高梯级边境区位价值区域的赶超。边境区位价值梯度转移注重按照先进技术引进和经济开发的顺序依次开发，使原先处于价值高梯级的区域依然保持高梯级，位于价值低梯级的区域依旧保持低梯级，维持原有边境区位价值梯次结构，甚至使边境区位价值梯度差异扩大，低梯级边境区位价值区域发展严重滞后，就区域经济发展整体而言，不利于边境地区的可持续发展[137]。

边境区位价值梯度结构地域系统中，开放市场条件下充分发挥低梯级边境地区价值地区后发优势，经济要素资源的重新配置组合，该区域就具有经济要素集聚新优势的可能性，可以实现边境区位价值的跨越式提升，从而形成边境区位价值的反梯度转移。具体而言，低梯级边境区位价值地区具有资本收益率较高、劳动力和土地成本低廉、经济部门生产率结构差异大的先天优势；同时还具有技术和制度创新溢出效益形成的后发优势，通过"干中学"，对相对发达地区先进技术进行学习——模仿——吸收——再创新，对先进制度进行效仿和创新，从而节约高额的试错成本，并且注重各类人才的引进。先天优势与后发优势的有效组合促进低梯级地区边境区位价值将实现跃升。

边境地区实行反梯度开发战略，积极发挥低梯级边境区位价值的后发优势，并充分利用相对发达地区技术创新和制度创新的溢出效应，形成经济要素集聚新优势，实现低梯级边境地区边境区位价值的跃升，甚至实现向更高级梯度地区反向推移，这种情况下原先高梯级地区边境区位价值优势可能会相对弱化，从而突破原有区域边境区位价值梯度结构格局，形成此起彼伏式新型边境区位价值梯度结构。

（3）梯度交叉转移

边境区位价值梯度转移和反梯度转移这两种边境区位价值开发战略都具有一定的现实合理性和实践可行性，究竟采取何种开发战略需要根据边境地区经济发展需要和可能来决定。边境地域子系统在不同时期面临着不同的发展约束，边境区位价值梯度开发战略的选择，应采取区别对待、因地制宜的方针，切不可"一刀切"，可以根据各地域子系统的初始条件、经济发展的不平衡状态、发展阶段及发展潜力等不同情况而采取不同的开发战略。

边境地区处于工业化初期，资金匮乏、管理方式粗放、技术发展水平低，工业基础薄弱，为实现边境区位价值提升，应采取梯度开发战略，充分利用发达地区的综合竞争优势的辐射带动，促进产业发展布局的梯度转移，实现边境区位价值的梯度提升。

当边境地区经济发展具备一定的工业基础，区域发展不平衡加剧，落后边境地区或边境区位价值尚未充分发掘的区域发展或将引发较为严重的社会性问题，则应采取反梯度开发战略，缩小边境地区发展差距，促进边境地区经济协调发展。然而，在落后地区及边境区位价值开发潜力大的低梯级地区内部选择若干个综合条件相对较好的区域进行先行开发，积极引进区内外资本、技术、人才，促进新兴产业发展，培育主导产业，形成经济增长极，通过增长极的扩散效应，辐射带动落后边境地区的发展，缩小区域发展差距。这样就形成在整个边境地区的工业化初期实行边境区位价值梯度开发战略，工业化发展到一定程度时实行边境区位价值反梯度开发战略；在较大范围边境地区实行反梯度开发战略的同时在其内部小范围实行价值梯度开发战略，从而实现边境区位价值的梯度交叉转移。[138]

**（二）边境区位价值梯次开发提升**

1. 边境区位价值梯次开发内涵

边境区位价值梯次开发是在边境区位价值梯度结构的框架下遵循梯次规律，承认边境区位价值各梯级的差异性，对于具有不同特征的边境区位价值对象，厘清其所处的价值梯级，全面综合考虑边境地区自然资源价值梯度、经济社会文化价值梯度及生态环境价值梯度等各子价值系统梯度的协同耦合性，与边境地区生态环境保护的近——中——远期目标协调推进，在空间组织上实行点——线——面系统结构和谐共生的多元化、全方位、深层次的综合立体式区域开发模式。梯次开发所表述的是边境区位价值梯级间的动态发展，即梯级间由低向高的发展趋势，这一趋势过程既包含低梯级价值的提升和高梯级价值更高位的提升，也包括低梯级边境区位价值地区向高梯级价值地区的赶超提升。[139]边境区位价值梯次开发的实质是打破原有边境地区经济社会发展格局，促进屏蔽效应向中介效应转化，因而在边境区位价值梯次开发时需要注重这种转化能力的培育提升及实践应用，最终实现边境区位价值的提升，促进边境地区经济社会价值与生态环境价值的全面增殖。

2. 边境区位价值梯次开发路径

（1）完善基础设施，加速要素流动

基础设施建设是边境区位价值梯次开发的重要基础，也是边境地区经济发展环境改善及边境区位价值潜力开发的重要前提。基础设施完备能够有效缩短时空距离，降低运输和交易成本，有效地促进经济要素集聚与流动，助力边境地区经济发展。中国—东盟边境地区深处高原山脉及丘陵盆地地区，且经济发展长期处于区域经济发展的边缘地带，基础设施薄弱，建设滞后，致使边境地区经济发展闭塞，边境口岸经济腹地范围狭窄，严重阻碍边境区位价值进一步提升。因而，加强边境地区基础设施建设，是实现边境区位价值梯次开发的重要一步。

第一，交通设施。对已有公路设施扩容改造，打通边境地区村—镇—县—市（州）—省会城市交通体系的关键节点，扩展相应道路等级，并加强边境省区（广西、云南）与中国东、中、西部周边省区的道路联通；加强铁路建设，尤其是高铁建设，以泛亚铁路的接驳为切入点，强化省会城市昆明、南宁与我国其他地区的高铁联结；加强港口设施建设，加强广西北部湾港港口基础设施建设，提升港口货运吞吐能力，加强广西北部湾港与东盟国家各海港的合作，形成港口联盟，增加港口间的直航班次；此外，还应加强能源资源管道建设，以及航空港建设，完善交通设施接驳系统，实现边境地区公路运输、铁路运输、港口运输、航空运输与管道运输的无缝对接的完备立体式交通运输网络。同时，积极协调边境地区交通大通道境外段建设，重点做好中国（广西）——越南——老挝——泰国陆路道路、中缅陆水联运通道的扩能改造，澜沧江—湄公河航道建设，积极推进泛亚铁路西线、亚铁路中线、泛亚铁路东线及泛亚铁路东中线联络线等建设，广西北部湾港融入中国—东盟港口联盟建设等。针对越南、老挝、缅甸等毗邻国家基础设施建设投入资金短缺等瓶颈，将大通道境外段建设纳入中国对外援助的优先项目，估计社会民间资本积极参与大通道建设，实现中国—东盟边境地区交通基础设施互联互通，变交通设施末梢为交通设施枢纽，压缩了边境地区内部间及其与区域经济中心、市场中心的时空距离。

第二，信息通信设施。加强边境地区信息通信设施建设，提升互联网信息服务水平，主动融入"互联网＋"潮流，积极推进边境地区农村电商发展，强化电商服务平台建设，实现特色产业与农村电商完美融合，打造"电商＋产业＋市场＋冷链"新模式，激活边境地区农村经济。"一带一路"倡议背景下，紧紧围绕习近平总书记赋予广西的"三大"定位，充分发挥广西背靠大西南，面向东南亚的地理区位优势，加强中国—东盟信息港建设，深入实施"宽带广西"战略，大力推进面向东盟的信息基础设施互联互通建设，加快实现国际网络互通、省际高速互联、区内宽带全覆盖，广泛开展各类对话交流，搭建项目建设的平台纽带，充分发挥互联网载体作用，促进文化交融共享，增强互联网对经贸服务支撑能力，促进网络贸易畅通，使广西等边境地区成为中国与东盟国家信息互联互通的枢纽地带。

第三，制度软环境。边境地区市场主体并不活跃，市场体制机制尚不完善，经济市场化程度不高，边境地区地方政府简政放权改革步伐较慢。具体而言，边境口岸通关手续繁琐，通关便利化程度不高，经营服务性收费较高，增加通关时间成本和交易成本；边境地区处于"开而不放"局面[140]，边境地区开放平台，如中老磨憨—磨丁跨境经济合作区、中越凭祥—同登跨境经济合作区、东兴开发开放实验区、凭祥综合保税区等管理机构的权责利并没有在国家法律法规层面给予明确规定，大部分有所在地的省级（地市级）政府授权，权力下放较少且不规范，致使这些边境地区开放平台的自主发展和创新意识薄弱，限制了边境地区发展。因而需要完善边境地区制度建设，加强对发达地区相关制度的学习、模仿、吸收与再创新，简政放权，促进政府职能向服务型政府转变，优化边境口岸通关程序，促进口岸通关便利化；给予边境开放平台更多的放权和特殊优惠政策，培育良好的市场发展环境。

（2）合理产业布局，促进协同发展

产业发展是边境区位价值提升的直接体现，边境区位价值梯次开发的核心是边境地区的产业开发。边境区位价值不同梯级的区域对象的资源要素禀赋、产业基础、产业发展路径、产业政策及市场条件存在差异，需根据不同边境地区的"地情"培育、扶持、发展、壮大适宜的相关产业，利用产业间的关联集聚，通过边境地区产业协同发展促进边境区位价值提升。

第一，特色农业。中国西南边境地区位于亚热带季风气候区，群山环绕，阳光、水源充足，丘陵盆地相间，农业种植自然条件优越，历史传统悠久。在现有农业生产基础上进行农业产业化升级，形成边境地区特色农业产业种植区：一是提高农业现代化、机械化、规模化水平，提升农业生产效率；二是改良农产品品种，提升农产品的品质和产量；三是对农产品进行精深加工，提升农产品附加值；四是培育农产品品牌，打造边境地区"一县一品"项目和地理标志产品，如芒市咖啡和贡米、龙陵黄山羊、那坡八角、勐海普洱茶、宁明中药材、靖西桑蚕养殖、金平瑶医药材等；五是创新农产品销售模式，充分利用"互联网＋特色农产品"模式，积极构建农村电子商务平台，扩展农产品销售渠道。

第二，制造业。中国西南边境地区工业普遍不发达，工业基础薄弱，需要当地资源禀赋基础与承接发达地区产业相结合、传统产业转型升级与新兴产业培育相结合，促进边境地区产业发展上进新台阶。一是充分利用本地区或邻近国家周边地区自然资源禀赋优势，发展壮大传统产业。如，大新和靖西的锰矿、宁明的膨润土、芒市和瑞丽的硅、福贡和贡山的水电等，这些矿产资源、水电资源丰富的边境地区应大力发展资源采掘业和矿产资源深、精加工，改进传统生产工艺和流程，积极引进先进生产制造技术和管理经验，促进传统资源型产业提质增效。二是积极承接发达地区产业转移，充分利用劳动力、土地成本优势，临近周边国家市场优势，以及优惠的招商引资政策，培育新兴产业，促进生产要素集聚，打造主导产业，并延伸产业链，形成产业发展集群。

第三，服务业。服务业是产业发展的一种高级业态，第一产业、第二产业是服务业发展的基础，服务业反过来也是促进第一产业、第二产业发展的重要保障。我国西南边境地区产业发展薄弱，发展服务业只要为旅游业、生产性服务业、文化产业。首先是旅游业，我国西南边境地区自然地理风貌独特，少数民族众多，边境民族文化风情别有韵味，兼具丰富多彩的自然和人文景观，为发展边境旅游业提供了得天独厚的资源条件基础。充分发掘边境各地区的特色旅游资源，打造独具特色的旅游品牌，如宁明的花山岩画、龙州的爱国主义红色旅游、瑞丽的珠宝游、福贡和贡山的怒江景观游、春绿、盈江和勐腊的少数民族风情游等；同时，少数民族边境各地区旅游业要错位发展与协同发展联动，形成几条特色旅游路线，游客集聚。其次是生产性服务业，在商业基础较好的边境口岸城市，如东兴、凭祥、瑞丽、河口、畹町等，大力发展会展、商业服务、仓储运输、金融等生产性服务业，为其他产业发展创造良好的服务环境，实现生产性服务业"服务"的梯度辐射与转移。最后是发展文化产业，充分利用独特的西南少数民族边境地区民俗文化资源，创造出优秀的少数民族文化产品，并实现文化产品与旅游产品的有效融合。

（3）完善城镇体系，培育增长极

边境地区城镇是边境区位价值开发的主要空间载体。完善边境地区城镇系统，形成大、中、小型城镇的功能齐全、结构合理的城镇等级系统，充分发挥各级城镇的不同等级增长极辐射带动作用，促进边境区位价值的梯度提升。[141]

第一级增长极，区域性国际中心城市。广西南宁与云南昆明作为边境省区省会城市，是边境地区政治、经济、文化中心，城市首位度较高，经济发展位居要素集聚能量大，经济腹地辐射范围几乎覆盖整个西南边境地区。中国—东盟自由贸易区升级版和"一带一路"建设背景下，西南边境地区作为中国与东盟国家经贸往来日益密切的中介地带，南宁和云南作为经济要素能量集聚与扩散的枢纽，承担着区域型国际性经济中心职能。

第二级增长极，经济基础较好的国家一类口岸城市。其功能定位于边境地区中心城市，是中国与东盟国家货物及服务贸易的主要陆路物流通道及产业转移承接地，具体包括东兴、凭祥、瑞丽3个边境口岸城市（县市级），其特点是均位于中国与东盟国家接壤地带陆路口岸边境区位价值的第三阶梯，且在边境区位价值动态变化中始终处于高值区域，边境区位价值开发基础优越，交通基础设施条件较为优越，具有口岸城市或较大的边境城镇为依托，且设立有边境经济合作区、跨境经济合作区、边境综合保税区等产业园区，毗邻国家对应口岸经济基础也相对较好，加强口岸对子互动，如打造以广西东兴—越南芒街、广西凭祥—越南谅山、云南瑞丽—老挝木姐、云南畹町—缅甸九谷等4对口岸对子为中心的增长三角式地缘经济区增长极，发展边境加工贸易，实现贸工互促。

第三级增长极，除第二级增长极口岸外的其他国家一类口岸城市，与其邻国口岸对子共同构成增长极对子辐射周边地区，并接受第一级增长极和第二级增长级的辐射。具体包括龙州（水口）、靖西（龙邦）、磨憨（磨丁）、麻栗坡（天保）、金平（金水河）、河口（河口）、腾冲（猴桥）。第三级增长极的经济发展条件及其相应的腹地范围及辐射能力介于第二级增长极和国家二类口岸之间。[142]

（4）争取国家政策扶持，创造发展新机遇

中央和地方各级政府的政策帮扶是边境地区区位价值开发利用及其经济社会实现跨越式发展的重要实现手段。边境地区与中心地区相比，经济基础薄弱，经济内生增长能力弱，不易引进资本、技术及人才等先进生产要素，需要政府强有力的宏观调控，积极出台财税、金融、产业、社会保障等各类经济社会发展帮扶政策，创造良好的边境区位价值利用开发环境，在市场规律原则下合理引导要素向边境地区集聚，实现边境地区经济社会发展。目前，国家积极出台了一系列促进边境地区开发措施，如边境地区扶贫攻坚、沿边金融改革试验区、边境地区经济开发区等，取得了良好效果。我国社会主要矛盾已经转化为人民日益增长的美好生活需要和不平衡不充分的发展之间的矛盾的新的历史时期，更应加大边境地区的扶持开发力度，实现区域经济均衡发展。具体而言，在坚持睦邻友好外交政策基础上，加强邻国边境地区开发合作，通过共建跨境经济合作开发区，优化通关便利化手续和成本等，破除产业和贸易发展壁垒，促进要素资源向边境地区汇集。同时，积极因地制宜出台相关产业政策、市场环境优化政策及人才引进政策、发达地区对口帮扶政策等，促进边境区位价值开发环境优化。

（5）保护生态环境，实现可持续发展

金山银山不如绿水青山。西南边境地区生态环境保护是中国的一道生态屏障，是边境地区区位价值提升的重要保障。然而西南边境地区生态环境较为脆弱，水土流失、泥石流、石漠化现象及跨境河流的区域治理并没有得到根本解决。因而需要根据国家主体功能区划要求，限制开发区域要坚持保护优先，确保生态功能的恢复和保育，鼓励发展特色产业，限制不符合主体功能定位的产业扩张；严格对禁止开发区域（云南三江并流保护区）的土地用途管制，严禁改变生态用地用途，要依法严格保护。

## 二、边境区位价值提升与开发利用途径的综合运用

### 1. 高梯阶边境区位价值开发利用

中国与东盟国家接壤的边境地带，高梯阶边境区位价值区域往往属于第一级、第二级、第三级增长极，经济发展水平较高，交通通信设施、市场制度环境等基础设施相对优越，需要更进一步扩大开放。位于第一级增长极的云南和南宁需建设成为区域性国际化城市，并与越南首都河内一起为形成培育中国—东盟国家接壤地带跨境城市体系，发挥辐射带动作用。

位于边境线上的第二级、第三级增长极则需充分发挥互市贸易通道及临近东盟国家广阔市场的优势，不断壮大产业基础。第二级增长极口岸设立不断壮大经济技术开发区、跨境经济合作区，赋予经济园区里更大的行政审批权，积极吸引区内外资本，并努力壮大会展、物流、仓储、金融、商业服务等生产性服务业；充分发挥第三级增长极口岸的资源禀赋优势，培育特色产业和专业市场，积极壮大边境贸易。

### 2. 低梯阶边境区位价值开发利用

低阶边境区位价值区域则主要包括边境地区三级增长级的腹地地区，一方面需要主动靠近高梯阶边境区位价值区域，接受高梯阶地区的辐射带动，另一方面则要从自身的客观条件属性入手，培育自身经济发展自组织能力，从而形成推动其经济发展及边境区位价值提升的主要动力。需要保持经济发展与生态环境保护的动态平衡，尊重环境保护的硬约束，充分利用已有生态资源，发展生态特色农业，发挥边境地区丰富独特的边关风貌、民族风情、历史文化等旅游资源，打造边境特色旅游城市（镇），加强旅游市场，充分发掘特色旅游产品，优化旅游路线，完善旅游景区基础配

套设施，提升旅游服务水平，积极开拓国际市场，促进旅游业与生态农业、民族文化产业有机融合，使边境旅游成为中国西南边境地区的文化名牌。

3. 高梯阶与低梯阶边境区位价值联动开发

中国—东盟边境地区的边境区位价值梯次开发，需要全面摸清整个边境地区各子区域的经济社会发展及生态环境状况，把高梯级边境区位价值区域努力发展成边境地区经济发展的"增长极"体系，不同级增长极之间相互配合，功能分工，通过扩散效应，辐射带动低梯级地区经济发展。同时，低梯级边境区位价值地区的发展也能通过极化效应，为高梯级边境区位价值地区提供生产要素集聚，促进高梯级边境地区区位价值提升。并且高低梯级边境区位价值地区需注重生态环境的协同保护，增加对边境地区限制开发和禁止开发区域用于公共服务和生态环境补偿的财政转移支付。因而，正确处理好中国西南边境区位价值高梯级与低梯级区域关系，坚持边境地区工业化与城镇化互动、城乡互动及工贸互促，促进区域联动发展，使边境地区经济发展达到一种和谐共生的上升状态。

## 第二节　区位价值开发利用的渐远式辐射带动

### 一、渐远式辐射带动形成机理

1. 渐远式辐射带动形成条件

（1）边境地区经济发展水平

边境地区经济发展水平与其渐远式辐射带动能力密切相关，尤其是边境地区增长极，如南宁、昆明等第一级增长极与东兴、凭祥、河口、瑞丽、畹町等第二级增长极，需要在人才、资本、科技创新、产业结构、商业服务水平、市场环境等方面积攒巨大的经济势能，足以形成集聚和扩散边境地区经济要素，即要素资源配置自组织能力，从而产生对经济腹地区域的持续辐射。可以说，边境地区，特别是增长极区域的经济发展水平是边境区位价值辐射带动得以形成的前提。

（2）产业互补性

边境增长极地区与其经济腹地间的产业互补性程度决定渐远式辐射带动速度。产业互补性强，边境增长极地区与经济腹地形成产业间的横向关联与纵向关联，互为产业发展的供需方。一般而言，增长极地区的产业结构高级化程度更深，生产性服务业较发达，城市综合服务功能强大，能够为腹地区域经济发展提供市场及综合服务，而腹地地区则以农业和工业为主，为增长极地区提供原材料和生产性服务需求，产业互补形成要素资源互动，导致增长极地区人流、物流、信息流、技术流逐渐辐射到经济腹地区域。反之，边境地区与其经济腹地间产业同质化较为严重，则容易导致两区域间的竞争多于合作，甚至是为了争夺市场和资源而进行恶性竞争，重复性建设，造成资源浪费，生产效率低下，区域间的良性经济联系减弱，从而辐射带动则演变成相互排挤。

（3）区域市场一体化

区域市场一体化是边境区位价值辐射带动载体——经济要素流动市场空间组织形式，区域市场一体化程度越高，经济要素在区域子系统间流动的交易成本越低，区域合作协同机制就越完善，从而形成市场化的经济要素分配机制及区域产业功能分工与空间布局机制，最终最小化要素流动在市场空间组织中的摩擦力，致使边境地区增长极与经济腹地间相互作用增强。反之，如果边境地区与周边省区行政分割严重或与邻近周边国家边境口岸贸易便利化水平低，则区域市场一体化程度不高，边境地区经济发展处于封闭状态，此时边境区位的屏蔽效应大于中介效应，不利于边境区位价值的辐射带动。

2. 渐远式辐射带动形成机制

（1）集聚效应

边境区位价值渐远式辐射带动的集聚效应是指以企业组织为主体，生产要素在某一区域集聚，使产品生产成本下降，收益增加，从而产生以规模经济和范围经济为主要形式的集聚经济。这种集聚经济可能来源于共用企业生产所需的基础设施，产业间供需关联企业邻近所带来运输成本及交易成本下降，以及共享产业劳动力组合池。集聚效应一旦形成则会产生滚雪球式的累积循环因果关系，其本质是为边境区位价值渐远式辐射带动积攒经济势能，为接受辐射带动的经济腹地提供提升经济发展水平渠道。

（2）扩散效应

扩散效应是边境区位价值渐远式辐射带动的直接体现，其包括产业扩散、服务扩散及技术创新扩散三个层次。产业扩散是指边境地域系统，经济发达城镇（增长极）由于土地租金、劳动力成本及环保门槛高，交通拥堵等形成的拥挤效应而导致农业与工业制造业向周边经济水平相对较低的区域（经济腹地）转移，转而发展产业形式更加高级的服务业；服务扩散是指边境地区经济增长极的商业、物流、会计、金融、会展、培训等生产性综合服务辐射能力强，从而为经济腹地地区的农业和工业制造业提供产业服务支持；技术创新扩散是指边境地区增长极地区经济技术和创新服务水平高，因区域间的贸易投资、产业转移及人才交流等而形成的技术溢出效应。扩散效应是缩小区域经济发展差距，促进经济收敛，实现经济均衡发展的有效途径。

（3）网络效应

网络效应是边境区位价值辐射带动发展到一定程度的产物。边境地区与周边地区经济互动而形成区域经济合作网络，随着区域经济一体化程度不断加深及信息技术不断发展，区域经济合作网络规模逐渐扩展，网络节点区域间的相互作用日益增强，网络价值的扩大导致生产报酬递增。互补和共享是网络效应对促进边境区位价值渐远式辐射带动影响因素。互补指的是各子区域在整个由节点和连接构成的经济合作网络的经济要素差异，共享则是指网络节点间通过有形或无形的方式进行经济要素交流与共享。互补和共享构成网络节点参与者从前其他网络成员交往中所得到的价值。[143]网络效应促使边境区位价值在边境合作网络中心节点沿着网络连接通道实现渐远式辐射带动。

### 3. 边境区位价值辐射带动形式

（1）临近辐射

临近辐射是边境区位价值按空间距离大小由高梯度区域向低梯度区域，从近距离向远距离渐进式辐射带动。例如，南宁—东兴—芒街—下龙—海防。这种辐射形式主要囿于空间距离衰减效应，受运输成本及交易成本的影响，临近高梯度区位价值地区的区域享受"近水楼台先得月"的红利优势，远离边境区位价值高梯度区域则受其辐射带动影响将会减弱。

（2）等级辐射

等级辐射是指高梯度边境区位价值区域对其经济腹地的辐射带动主要是通过城镇等级系统由规模等级较大的城镇向规模等级较小的城镇自上而下进行渐远式辐射带动。例如，南宁—崇左—龙州—口水、云南—德宏—瑞丽等。这种辐射形式主要是考虑到城镇发展功能相近性，一般而言，边境地区城镇系统中规模等级梯度临近的城镇间功能梯度差较小，相对等级规模小的城镇更容易接受或承载得起其临近的相对规模等级较大城镇的辐射带动。

（3）跳跃辐射

跳跃辐射是指高梯度边境区位价值区域向外辐射带动表现辐射空间的无媒介性和不连续性，也被称为飞地辐射。例如，文莱—广西经济走廊中广西对文莱乃至东盟东部成长区的辐射带动。跳跃辐射主要源于发达的交通通信设施，特别是航空、港口运输的发展，信息技术的提升，或源于政府间区域合作政策导向，抑或源于高梯度边境区位价值区域周围的低梯度地区成为其经济发展的阴影区，这使得经济要素形成跨区域的飞地流动，从而形成高梯度边境区位价值的跳跃辐射带动。

现实实践中，以上三种辐射带动形式同时存在，相互交织，相辅相成，共同形成中国西南边境区位价值渐远式辐射带动局面。

## 二、边境区位价值渐远式辐射开发路径

我国沿边开放日益深化、地缘经济关系愈加紧密的大背景下，经济要

素流动加快，中国—东盟边境地区经济社会发展应考虑到当边境区位价值
提升到一定程度，边境地区经济发展自组织能力增强，成为区域性增长极
时，通过集聚效应、扩散效应和网络效应对周边地区会产生渐远式辐射带
动，具体路线包括双方开放的两个层次，即对内辐射我国大西南地区、对
外辐射东盟国家；对内辐射全国、对外辐射"一带一路"沿线国
家。[144、145]（见图9－1）

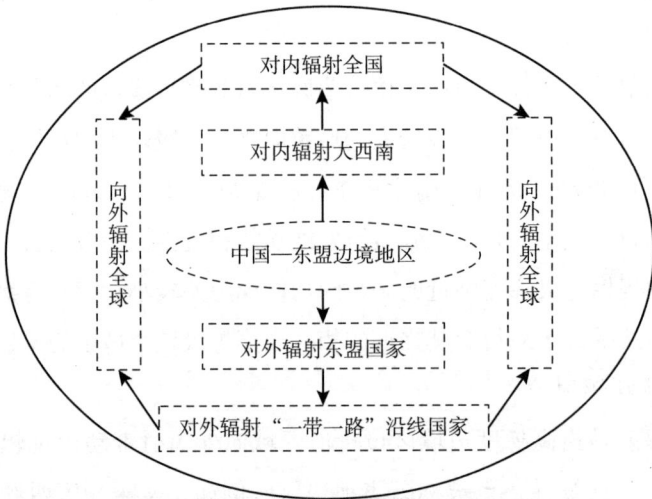

图9－1　中国—东盟边境地区辐射路线图

第一层次，对内辐射我国大西南地区、对外辐射东盟国家。我国西南
边境省区是中国与东盟接壤的边境地带，边境区位优势明显，广西背靠大
西南省区，是西南省区最便捷的出海口，是中国通往东盟最便捷的国际大
通道。云南则是中国通往东南亚、南亚的窗口和门户，地处中国与东南
亚、南亚三大区域的结合部。辐射带动首先从边境地区临近省区或周边国
家开始，具体路线包括：对内路线，广西（南宁）、云南（昆明）——贵
州、四川、湖南；对外路线，广西（南宁）、云南（昆明）——越南、老
挝、缅甸——东盟其他国家。其中，对东盟国家的辐射带动又是从西南边
境地区（口岸）与其接壤周边国家地区（口岸）开始，如云南（昆

明）——河口——老街——河内——海防；广西（南宁）——凭祥——谅山——河内——海防；广西（北海）——钦州——防城港——东兴——芒街——下龙——海防等。

第二层次，对内辐射全国、对外辐射"一带一路"沿线国家。中国西南边境地区（广西）作为"一带一路"有机门户，在经历了第一层次辐射带动后，基于公路、铁路、航空、国际河流及海港航运等基础设施通道及次区域经济合作机制等形成进一步的辐射带动，从而形成辐射范围更广、辐射领域更多、辐射层次更深的第二层次辐射带动，具体包括：对内路线，云南、广西——西南、中南地区——全国；对外路线，广西——东盟国家——南海航线——南亚——中亚——非洲——欧洲，云南——东盟（缅甸）——孟加拉国——印度洋航线——南亚次大陆——中东——非洲——欧洲。其中对内路线的延伸段可以为广西、云南——中南、西南地区——西北地区——亚欧大陆桥——中西亚——欧洲，这样中国西南边境地区对内、对外双向开放辐射，最终实现"路上丝绸之路"和"21世纪海上丝绸之路"的有效对接，使其"一带一路"有机门户功能得以充分发挥。

## 三、边境区位价值渐远式辐射开发合作现状与趋势

1. 边境区位价值渐远式辐射开发合作机制现状评析

（1）中国—中南半岛国际经济走廊

中国—中南半岛国际经济走廊是"一带一路"沿线国家规划建设的六大经济走廊之一。经济走廊分为东、西两线，分别以南宁和昆明为起点，以新加坡为终点，纵贯中南半岛的越南、老挝、柬埔寨、泰国、马来西亚等国家，是中国连接中南半岛的大陆桥，也是中国与东盟合作的跨国经济走廊。随着"一带一路"建设持续推进，广西、云南作为中国与中南半岛接壤边境地区，在积极融入中国—中南半岛国际经济走廊建设中也取得了显著进展。

第一，中国西南边境地区联通中南半岛国家陆路通道建设持续推进。截至2016年5月，广西境内通往中南半岛的国际公路通道接点共12个，获批

国际道路运输线路 28 条，已开通客货运输线路共 11 条。北部湾港已开通至越南、缅甸、新加坡、泰国等国家的集装箱班轮航线。昆明通往越南、老挝、缅甸等周边国家的高速公路省内段已建成；新滇越铁路已建成通车；中老铁路、中缅铁路云南境内段已全线开工建设。中缅天然气管道建成通气①。

第二，境外经贸合作区与跨境经济合作出现雏形。中马钦州产业园与马中关丹产业园的中马"两国双园"项目进展顺利，并有企业相继入驻；跨境经济合作区方面，中老磨憨—磨丁跨境经济合作区建设总体方案已达成，中越跨境经济合作区的征地、路网设施及专业市场建设已启动，中泰（崇左）产业园与中泰玉林文化产业园合作框架协议也已签署。

第三，沿边金融改革综合试验区建设出现成效。2016 年，广西跨境人民币结算量 1709.69 亿元，全国首家专业跨境保险服务中心在东兴挂牌，14 家企业从新加坡、泰国等境外银行融入低成本跨境人民币资金 57 亿元，发布了中国—东盟（南宁）货币指数。2016 年，云南跨境人民币结算金额达 657.36 亿元，推出了人民币与泰铢、越南盾、老挝基普等挂牌兑换业务和近 20 种东南亚、南亚国家货币的特许兑换业务，德宏州成立了全国首个中缅货币兑换中心，形成了"瑞丽"指数[146]。

第四，形成以澜沧江—湄公河合作机制为主体的次区域合作平台。2015 年 11 月，中国与湄公河流域国家共同启动了"澜沧江—湄公河合作机制"（LMC），2016 年 3 月，澜沧江—湄公河合作机制首次领导人会议在三亚举行，会上确定了澜沧江—湄公河合作机制将以政治安全、经济和可持续发展、社会人文为三大合作支柱，优先发展互联互通、产能、跨境经济、水资源、农业和减贫方面的合作。至此，澜沧江—湄公河合作机制进入全面推进阶段[147]。

（2）文莱—广西经济走廊

2013 年 9 月，第 10 届中国—东盟博览会期间，文莱工业与初级资源

① 综述：中国中南半岛经济走廊建设加速推进，中国新闻网，http://finance.ifeng.com/a/20160526/14428014_0.shtml，2016 年 5 月 26 日.

部部长叶海亚与广西壮族自治区陈武主席会谈时提出开展文莱—广西经济走廊合作项目研究的建议，希望与广西共同推进该项目，形成资源优势互补，深化双边经贸合作，实现互利共赢，陈武主席予以积极回应。2014年9月17日，广西壮族自治区政府与文莱政府在第11届中国—东盟博览会专场签约仪式上正式签署了《文莱—广西经济走廊经贸合作谅解备忘录》，文莱—广西经济走廊正式启动建设。2015年3月30日，广西壮族自治区党委书记彭清华率广西代表团访问文莱，2015年3月底，广西壮族自治区党委书记彭清华率团访问文莱，提出"一港双园三种养"的先期合作建议，即推动北部湾国际港务集团参与文摩拉港运营，建设南宁文莱农业产业园和玉林文莱中医药健康产业园，并在文莱进行渔业、生蚝养殖和水稻种植。双方最终就农业、渔业、食品加工、旅游、交通物流等领域12个项目达成合作意向，同意加强双方联合委员会机制；5月，广西代表团赴文莱参加"国际食品与生物技术投资大会"，与文莱相关机构分别进行了对口洽谈，并就中国（南宁）—文莱农业产业园、中国（玉林）—文莱中医药健康产业园、文莱海洋养殖和文莱水稻种植合作等4个项目与文方签署合作意向；9月，文莱政府与广西北部湾国际港务集团签署合作意向书，共同探讨将文莱打造成东盟及东盟东部增长区航运中心，为文莱与广西在更多领域、更深层次的合作与发展奠定坚实基础。

"一带一路"倡议持续推进和中国—东盟自由贸易区升级版建设深入发展的背景下，文莱—广西经济走廊是文莱与中国加强经济合作的重要载体和纽带，也是东盟东部增长区与中国加强经贸合作的重要桥梁。中国作为全球第二大经济体，文莱在致力于本国经济持续增长的努力中希望搭乘中国经济发展的便车，分享中国巨额经济体的经济发展红利外溢，借助中国庞大的消费市场、先进的科技和管理经验及丰富的资本，通过两国贸易投资及产业合作，推动国内产业结构转型升级及经济多元化发展。

2. 边境区位价值渐远式辐射开发合作的主要趋势

（1）"一带一路"无缝对接结合点："渝桂新"国际联运通道建设

"渝桂新"国际联运通道建设对"一带一路"的有机连接具有重要战

略意义。该通道从中国重庆出发，利用铁路运输，经贵阳、南宁到广西北部湾三港，向南经海运至新加坡及全球的海铁联运通道，向西北连接川渝地区及"渝新欧"通道，全长4080公里。南向通道比重庆由长江航运经上海至新加坡的江海联运通道运输距离缩短2100公里，运输时长减少20天以上，比兰州从连云港出海至新加坡运距至少缩短一半。

"渝桂新"南向通道重庆是"一带一路"和长江经济带的重要战略支点，"中新（重庆）战略性互联互通示范项目"又是中国和新加坡设立在中国西部地区的中新第三个政府间合作项目，也是"一带一路"倡议中的有机组成部分。重庆—贵州—广西—新加坡通道打通，向南可辐射南亚、大洋洲，向北可通过"渝新欧"通道由亚欧大陆桥辐射中亚、西亚和欧洲，这样就实现"丝绸之路经济带"与"21世纪海上丝绸之路"的无缝对接、长江经济带与西江—珠江经济带的无缝对接，也有利于中国西部地区的开放开发，协同发展。

深化"渝桂新"南向通道建设，除了铁海联运外，还可以中国—中南半岛国际经济走廊的东线，南宁—新加坡经济走廊的陆路通道为依托，形成铁公（海）联运、铁铁（海）联运，并进一步扩展中国—中南半岛国际经济走廊西线，强化广西、云南两省区的交通设施互联互通，打通西部地区经由云南进入缅甸，联通印度洋的渝滇印通道，形成铁公海、铁公河联运。当然，西南边境地区作为"渝桂新"南向通道的主要节点，不能仅发展通道经济，承担要素流动通道功能，还应促进要素的根植与集聚，发挥要素增殖与辐射功能。

（2）中国—中南半岛经济一体化延伸线：东盟东部增长区（文莱）—广西经济走廊

文莱—广西经济走廊升级版—东盟东部增长区（文莱）—广西经济走廊，将成为我国西南边境地区促进中国—中南半岛经济一体化，甚至是促进我国西南省区乃至整个西部地区与整个东盟国家经济一体化的延伸线。因为中国—中南半岛国际经济走廊只涉及到中国与中南半岛的7个东盟国家，而文莱、菲律宾与印度尼西亚3个东盟国家并不包括在内。东盟东部增长区（简称 BIMP – EAGA）是东盟内部三大次区域合作区之一，地理范围主要包含马来西亚东部的沙捞越州、沙巴州和纳闽岛，印尼东部的加里曼丹、苏拉威西、伊利安查亚和马鲁古群岛，菲律宾南部的棉兰老岛和巴拉望岛，以及文莱全部地区，总面积 156 万平方公里，占东盟国家总面积的 35.1%，人口约 7000 万，占东盟国家总人口的 12.2%。这样东盟东部增长区（文莱）—广西经济走廊与中国—中南半岛经济走廊一并构成中国—东盟边境地区对东盟国家辐射的全面覆盖。

　　文莱作为东盟东部增长区中唯一一个独立主权国家参与，是该次区域的经济、文化、航运中心，对其他区域形成辐射带动，广西—文莱经济走廊将中国腹地与东盟东部增长区连接，形成中国—东盟东部增长区经贸合作桥梁。东盟东部增长区多由群岛组成，岛上山脉连绵，相互阻隔，其在基础设施建设、农业、旅游业、电子商务及中小企业发展等领域需求巨大，与广西，乃至中国国际产能合作互补性强。东盟东部增长区（文莱）—广西经济走廊经贸合作增强又会进一步辐射带动与菲律宾、印度尼西亚、马来西亚等东盟东部增长区成员国其他区域经贸合作。

## 第三节　中国—东盟边境区位价值梯次开发与渐远式辐射带动的方法途径

### 一、促进西南边境地区与周边省区协同发展

1. 畅通交通基础设施运输网络

根据西南边境地区经济发展需要，统筹与周边省区的公路、铁路、航空、港口、管道等五位一体的交通基础设施建设，建设省际、城际交通网络，修通断头路，加强各交通运输方式间的接驳枢纽建设，提升省际区间交通可达性，变交通基础设施网络末梢为区域性交通设施网络中心。如，

加快推动昆明至成都高速铁路，贵阳至南宁高速铁路，宁夏银川至广西百色高速公路乐业至百色段、百色靖西至龙邦段等项目建设；尽早开通郑（郑州）桂新、兰（兰州）桂新通道等；强化与粤港澳之间的交通基础设施运输网络建设，使边境地区区位优势得以充分发挥。

2. 增强省际间产业关联度

西南边境地区与周边省区应依托各自产业基础和比较优势，加强省际间产业分工与协作，提升产业间横向和纵向关联度，搭建跨省区产业合作平台，实现优势互补、互利共赢。如，充分利用广西作为中国西部地区拥有海港省区的区位优势，鼓励广西与云南、重庆、贵州、甘肃合作建设无水港，通过物流业发展对其他省区进行辐射带动；充分发挥边境地区临近东盟国家市场的区位优势及土地资源与劳动力资源的要素禀赋优势，积极承接东部发达省区产业转移，促进产业集聚，产业链培育，形成独具特色的边境地区产业发展新模式，构建边境地区产业发展新优势。

3. 破除省际间行政壁垒

减少地方保护主义，清除清理阻碍经济要素合理流动的地方性政策法规，打破市场、行业壁垒，推动劳动力、资本、技术、信息等要素在省际间流动和优化配置，实现省际间市场一体化。同时，加强省际各级政府间政策协调与联动，建立健全省区联席会议制度，对省际间合作进展进行定期协调推进。如，在"渝桂新"南向通道建设中，广西应尽快成立通道协调领导小组，并与重庆、贵州、甘肃建立四省区联席会议制度，或将陕西、河南纳入其中的六省区联席会议制度。

## 二、促进西南边境地区与跨国区域协同发展

1. 加强沟通衔接，凝聚合作共识

积极加强西南边境地区次区域合作区域内国家及地方政府间的沟通合作，增强政府高层互访，密切友谊，积极发挥现有多边和双边合作机制作用，搭建项目合作建设沟通协调新平台。通过建立定期联席会议制度，设

立边境地区跨国次区域合作委员会、合作工作小组等合作组织机构，积极推进跨国区域合作发展战略、规划及政策深入协调对接，加强务实合作，回应合作各方共同关切，协同解决区域合作中存在的问题。

2. 推动互联互通，畅通合作通道

共同加快以泛亚铁路东中西线、跨国高等级公路、港口运输、航空线路、管道路线、网络信息并举的骨干交通通信基础设施通道建设，优先推进关键节点项目建设，加强中国与周边国家交通通信基础设施建设规划和技术标准体系的交流对接，创新交通基础设施建设投融资模式，逐步形成畅通便捷、快速高效的西南边境地区跨境合作大通道。此外，注重我国西南省区与东盟国家交通大通道沿线产业融合发展，依托市场规律和资源禀赋优势，合理产业布局，形成交通沿线产业链和产业集群，从而增强以交通干线为轴心的边境地区产业发展活力。

3. 推动便利化，扩大投资贸易往来

共同推动投资、贸易和人员往来便利化，推进"两（多）国一检"等海关合作，以及检验检疫、认证认可、标准计量、统计信息等方面的双（多）边合作，消除贸易壁垒，推动通关一站式服务，加快便利化进程，降低通关费用与时间成本，促进要素资源充分有序流动。充分发挥沿边重点开发开放试验区、跨境经济合作区平台作用。积极搭建产业投资合作洽商、推介平台，增进相互了解与共识，充分挖掘商机及合作潜能，扩大贸易易投资合作范围，依托广西、云南沿边金融综合改革试验区建设，稳步推进跨境金融合作，促进贸易投资便利化①。

## 三、构建"N国N方"区域合作机制

广西、云南等西南边境省区作为中国与中南半岛国家或东盟国家开展

---

① 第九届泛北论坛发布共建中国—中南半岛经济走廊倡议书，中国新闻网，http://news. xinhuanet. com/fortune/2016－05/26/c_129018906. htm，2016 年 5 月 26 日.

区域合作的中间地带，其边境区位价值渐远式辐射带动涉及到对中国周边及其他省区（对内）和对其周边国家或地区（对外）的双向开放以及双向联动开放，合作对象包括区内多个省区及周边多个国家。因此，需构建多层次"N国N方"区域合作机制，统筹协调推进区域合作。如，云南与澜沧江—湄公河沿线国家建立澜沧江—湄公河合作机制；文莱—广西经济走廊需成立文莱—广西经济走廊联席会议机制；"渝桂新"南向通道建设中，广西应尽快成立"渝桂新"南向通道协调领导小组，与贵州、重庆、甘肃建立四省区联席会议制度；并与新加坡签署两国四方合作协议。

第十章

# 提升与开发利用边境区位
# 价值的保障措施

随着时代特征的改变，目前边境地区已经从经济发展的边缘区转变为核心区，边境的中介功能发挥着主要的作用，而屏蔽功能正在被一系列的一体化发展战略和发展举措所削弱。在这样的背景下，边境区位从区域经济发展的拖累转变为区域经济发展的优势，边境区位的经济价值、社会价值、文化价值、生态价值、政治价值开始不断地被发掘并放大，边境区位价值已经成为边境地区开放发展、赶超发展、跨越发展的重要保障。

虽然与历史上的任何时期相比，边境区位价值的发展速度都要更快，但是并不是说边境区位价值的发展已经一帆风顺，而是依然存在很多阻碍边境区位价值提升的因素。今后要进一步提升边境区位价值，必须采取一系列的保障措施，在多方协调下，使得边境区位价值一直保持蓬勃向上的发展。

## 第一节　综合动员整合外力推进与内力
## 奋进的协同助推

### 一、加强宣传指导与组织推进

随着经济全球化和区域经济一体化的深入推进，边境地区的社会经济价值被越来越多的国家所重视，各种边境开放合作政策不断出台，这在一定程度上提高了边境地区的发展水平。但是目前无论是政府还是企业对于边境地区综合价值的认识还不够充分和全面，特别是对边境地区文化价值、生态价值等的认识仍然处于较低的层次。因此，要进一步提升边境区位价值，必须加强边境地区综合价值的宣传工作，一方面要提升各级政府部门工作人员对边境区位价值的综合认识，提高对边境地区的规划与管理水平，将提升边境区位的社会、经济、政治、文化、生态价值有机地整合到区域整体发展中来；另一方面要加强对企业的指导与培训，提高企业对边境区位价值的利用能力，真正地将边境区位价值转化为企业的生产能力。

## 二、加强"一带一路"建设与边境区位价值开发的"互嵌耦合"

"一带一路"倡议是我国适应世界经济发展趋势、提高区域经济一体化水平的重要举措。"一带一路"倡议涵盖了亚洲、欧洲、非洲、大洋洲四个大洲的大多数国家，是目前世界上涵盖国家最多的跨国合作倡议。"一带一路"倡议进一步提高了边境地区在一国社会经济发展中的地位和作用，随着"一带一路"倡议的不断实施，边境地区会逐渐从经济发展的边缘区转变为核心区，边境区位价值也将得到极大的提升。

要加强"一带一路"倡议与边境区位价值开发的耦合发展，首先要加强规划方面的协调统一。边境开放发展方面的规划要以《推动共建丝绸之路经济带和21世纪海上丝绸之路的愿景与行动》为纲领性参考文件，将开放发展的规划纳入到"一带一路"发展规划的体系之中。其次要提升边境城市在整个城镇体系中的地位和作用，提高边境城市的开放发展水平，通过边境城市的发展带动边境区位价值的提升，提高其在"一带一路"建设中的桥头堡作用。再次要不断完善边境基础设施，通过资金、资源、人才、政策等方面向边境基础设施建设的倾斜，形成立体化、高效率的边境基础设施体系，这既能形成有利于"一带一路"建设的基础设施畅通体系，其本身也是边境区位价值提升的有效措施。

## 三、加强 CAFTA 升级版打造动能的"边境集聚"

CAFTA 升级版的打造是中国—东盟命运共同体建设的重要一步，其主要目的在于进一步降低中国与东盟国家经贸、投资、金融、服务、人员等方面的壁垒，提高便利化水平。CAFTA 升级版的打造必将带来各种要素在空间地域上的重新组合，给各个地区带来不同的发展机遇。

要提升边境区位价值水平，就要充分利用好打造 CAFTA 升级版的机遇，第一要引导要素向边境地区集聚，CAFTA 升级版的打造，进一步降低了边境贸易的壁垒，提高了边境要素流动的便利性，这就为边境地区的要素集聚带来了机遇，因此边境地区政府要制定各种吸引要素集聚的政策措施，将边境地区打造成人才、资金、商品等的集聚中心；第二要引导政策向边境地区集聚，CAFTA 升级版的打造就是要通过各国高层的协商，形成更加有利于合作发展的统一政策，因此，要加强边境区位价值的开发，中央和地方政府必须形成一整套系统的边境开放发展政策，并根据发展中遇到的问题，对这些政策及时做出调整，将边境地区打造成 CAFTA 升级版的先行先试区；第三要引导信息向边境地区集聚，随着互联网＋产业的发展，信息的重要性凸显，而边境地区由于其区位优势，具有获得国外信息的先天优势条件，因此要在边境地区打造跨国信息交流平台，使得边境地区成为跨国信息的集聚中心。

## 四、边境地带基于区域结构与功能优化重塑的自我发展能力提升

边境区位价值的开发利用实际上就是对边境区域结构和功能的改变，边境区位价值提升的结果就是边境区域结构与功能的优化与重塑，通过对边境区域结构与功能的优化与重塑，最终使得边境区位价值形成一种自我综合发展的能力。

　　边境地带的结构优化主要包括经济结构优化和空间结构优化。在经济结构优化方面，边境地区要实现对其他地区的弯道超车，必须跳出传统的经济发展路径，根据地区环境要素特点，发展新产业、新业态，要摆脱以工业特别是重工业为主导的发展思路，着力发展信息、金融、加工、仓储等服务产业，以及以旅游为主导的跨境文化产业，逐步缩小资源密集型和劳动力密集型产业的比例，形成边境地区经济、环境、资源的有序发展。在空间结构优化方面，边境地区一方面要协调各口岸、边境城镇、跨境经济合作区的空间布局状况，形成有序协调的边境口岸体系，另一方面要提升对现有已开发国土空间的利用效率，提高单位空间的产出率，形成已开发国土和未开发国土空间的良性互动。

　　边境地带的功能优化主要是指边境各类经济体之间的功能整合与有效分工。边境地带的经济体按照行政级别分为跨境经济合作区、各类边境口岸、边境城镇以及边境经济带（有些边境口岸本身也是边境城镇）。这些边境经济体由于具有相同的区位优势，所以在功能上会产生一定的重叠，特别是同类别的边境经济体之间功能竞争现象非常严重。要提升边境区位价值水平，就要对边境经济体的功能进行优化。对于不同类别的经济体，要进一步明确其功能分工，跨境经济合作区要以加工、生产功能为主，边境口岸要以通关服务为主，边境城镇要以服务边境整体发展为主，边境经济带由于在空间上涵盖了以上三种经济体，所以其包含以上三种功能，在这种功能分工原则下，要逐步调整各类别经济体的主要功能，着力发展核心功能，逐渐剥离非核心功能。对于同类别经济体之间的功能竞争，要分两个方面进行功能协调，一方面要对某种功能进行功能细分，从而使得各经济体能够按照细分功能进行定位；另一方面要对同类别经济体的腹地进行有效划分，从供给方面来倒逼经济体功能的细分。通过经济体之间和同一经济体类别内部的功能分工优化，最终形成各类经济体之间功能的有机分工和整合，从而形成边境地区的一种内生性发展动力。

# 第二节　加强政治互信与政策沟通

## 一、创造稳定的国内政治环境

国内政局稳定是发展经济的首要保证。东盟部分国家由于历史原因，在国内仍然存在着分裂势力、民族势力等不稳定因素，国内部分地区（特别是边境地区）冲突不断，国家政局的不稳导致政策的摇摆，不利于国内经济的发展，更不利于边境区位价值的提升，因此，这些国家要加快建立完善的国内法律体系，以立法的形式维护国内政局的稳定和政策的持续性。执政的党派或民族还必须提高执政智慧，将国内社会稳定和民族团结作为执政的第一要务，让整个国家进入到以经济建设为中心的道路上来，以经济的发展带动政治问题、民族问题的解决。

## 二、建立高效的政策沟通机制

国家间经济关系的不断深入发展是建立在政治互信的基础之上的，良好的政治关系是经贸关系发展的保障，也是促进边境地区稳定发展，提升边境区位价值的重要保障。

第一，中国和东盟国家要继续保持并加强政府高层的对话与沟通，保证政府高层能够准确地掌握每个国家的政治意图，做出正确的政治判断，特别是东盟国家要以更加平和的心态接受中国的崛起，消除西方国家所鼓吹的"中国威胁论"的影响，真正从中国的崛起中寻找到自己发展的定位，并从中获得经济发展的利益。

第二，针对在领土、贸易、投资等方面存在的问题，各个国家政府之间要切实遵守已经签署的各项宣言或协定，并且要以问题的解决为目标，在新的内外部环境下，本着公平、正义的原则，协商签署更加切实可行的争端解决方案，乃至完全解决历史遗留的各种问题。

第三，通过政府高层的沟通与协商，实现顶层设计的统筹协调。在产业发展规划、跨境交通基础设施联通、人员交流、金融一体化等方面，要进一步加强国家间顶层设计的对接与协调，充分发挥政府统筹规划的作用，真正实现中国与东盟国家经济的一体化发展。

# 第三节　建立立体化的设施联通体系

边境区位价值提升最重要的一个措施就是要加强边境地区与内陆地区的经济联系，使得边境地区从边缘区逐步向核心区转变，这种联系的加强最主要的就是要构建起边境地区与内陆地区的立体化设施联通网络。

## 一、建设综合交通运输体系

在公路建设方面，要加强中国与中南半岛高等级公路网建设。与越南、老挝、缅甸等国，要在国家和地区两个层面上加强规划的协调性，在公路等级、公路通关便利化等方面达成政府层面的一致。由于缅甸、越南、柬埔寨等国公路等级较低，因此各个国家要充分利用亚投行、"一带一路"建设基金等国际资本，提升各国公路等级水平。中国一方面要进一步加强昆明至新加坡、南宁至新加坡的高等级公路建设，另一方面要逐步开通南宁至金边、南宁至仰光、昆明至内比都、昆明至曼谷的高速公路；在铁路建设方面，要进一步统一各国铁路建设的标准，逐步淘汰越南等国的米轨铁路，建设以国际标准铁轨为基础的泛亚铁路网。要创新铁路建设的模式，引入PPP、受托承包运营、协议联合运营等铁路建设与运营新模式。由于中国在高铁建设方面所取得的巨大成就，要逐步推进泛亚高铁网的建设，建设由我国的昆明和南宁为起点，经越南、柬埔寨、泰国和马来

西亚等国，并以新加坡为终点的泛亚高铁；在港口建设方面，要加快中国
与缅甸、老挝的内河港口建设，提升跨国通航便利化水平，并通过港口间的
合作，带动港口物流、港口运输、海洋旅游、临港产业等方面的发展。通过
公路、铁路、内河港口的建设，提升边境区位的经济价值和社会价值。

## 二、搭建高效信息联通网络

互联网时代，信息具有传播速度快、不受地理距离限制的特点，可以
实现短时间内的长距离传播。信息的这个特点，决定了信息更加倾向于向
经济发展水平较高的地区集聚，而不会向发展较为落后的边境地区集聚，
这看似对边境地区不利，但是，边境地区由于区位优势，具有非边境地区
所不可比拟的外部信息集聚优势。边境地区由于紧邻他国，大量的外部信
息会通过边境地区流入一国内部，这些信息是非系统性、非正式的，但是
却包含了大量的贸易、投资、环境信息，价值极高，所以要促进边境区位
价值的提升，必须利用好这些信息。

首先要搭建信息网络平台，将具有边境优势的信息整合、集中到统一
的管理体系之下，并通过信息的有效披露，带动贸易和经济的发展，将边
境的信息优势转化为经济优势；其次要加强信息与物流网络的对接，建立
跨国物联网。跨国电子商务广义上来讲是跨国信息服务的一部分，跨国电
子商务的发展必须与边境地区的物流网络相结合，实现边境信息、跨国电
子商务、边境物流的有机整合。

# 第四节　进一步促进贸易网络畅通

在和平年代里，边境区位价值最重要的组成是经济价值，边境地区的
发展主要依赖于边境区位经济价值的提升。而边境区位经济价值的提升离
不开双边贸易的不断发展，因此，必须进一步降低自由贸易的壁垒，提升

贸易的便利化水平，增加双边贸易量特别是跨境贸易量，才能提升边境区位价值水平。

## 一、促进产业的国际分工

中国与东盟国家在对外贸易方面存在一定的竞争性，这种竞争性的来源主要是国际产业分工还不够合理，产业资源在国家间流动还不够顺畅，国家间进出口产品同质性较强，在国际上形成相互竞争的局面。虽然合理的竞争能够提高一国资源的利用效率，使资源得到优化配置，但是由于国家间资源流动的种种限制，这种竞争更容易带来的是产品的低质化竞争，不利于各国真正的提高国际竞争力。因此，必须加快中国与东盟国家产业的国际转移，形成合理的产业分工，提高整体竞争力。

第一要加强国家间产业资源的流动。各国要通过各种途径消除各类阻碍产业资源跨国流动的不利因素，让产业资源能够在市场机制的作用下，流向收益率最高的国家或地区，从而在中国和东盟国家间形成更加合理的国际产业分工，各国依据本国优势资源，形成具有国际或区域竞争力的产业集群。

第二要在政府层面构建起产业信息披露平台。国家间产业的协同离不开政府层面的协调。为了能够使中国与东盟国家更好地掌握各国产业发展状况，产业信息的披露是其中的重要一环。得益于互联网的发展，目前中国与东盟国家已经发展起来了产业信息披露的基础平台，国家和地区层面都有相关产业信息披露的网站建设，中国还与东盟国家定期举行中国—东盟博览会等形式的产业交流平台。但是要真正实现产业的互补性发展，还需要各国在产业发展规划、产业技术发展路径、产业转移路径、产业升级路径等方面展开更深层次的合作与交流，逐步建立起产业信息披露与合作的综合信息服务平台。

第三要培育壮大跨国企业，鼓励企业间的合作与交流。跨国公司在国际经济联系中发挥着越来越重要的作用，是跨国资本流动、跨国劳动力流动和跨国技术流动的主要载体之一，因此，中国和东盟国家一方面要不断培育本国跨国公司，鼓励本国公司到区域内其他国家建立子公司，另一方面要积极协调各方资源，组建由各个国家公司共同出资的大型国际企业，从而集中各国优势资源，形成具有国际竞争力的产业和产品。

## 二、大力发展互补性贸易

国际贸易之间的竞争很大一部分原因是因为信息不通畅而导致的产业发展同质化和产品输出的盲目性。随着互联网技术的发展，这种信息的不通畅有望得到有效的缓解。跨境电子商务的发展能够有效地克服信息不通畅而带来的产业同质化发展和贸易的无序竞争，成为今后国际贸易的最重要形式之一。同时，境外经济合作区和跨境经济合作区的建设，能够使企业有效地把握东道国的经济发展战略和产品市场需求情况，增强贸易的针对性，提高国家间贸易的互补性。

第一，大力发展跨境电子商务。随着互联网技术的发展，互联网＋大数据平台将大量的跨国购买、物流、仓储、运输等信息整合到统一的技术平台之下，跨国的供给和需求被高效地联系在一起，有效地提高了市场配置资源的能力，成为今后跨境贸易的主要方式之一。跨境电子商务通过方便快捷的信息交流，能够有效地发现国外的商品市场需求，使得跨境贸易更加具有针对性，从而降低贸易风险，提高贸易的互补性。目前，中国与东盟国家跨境电子商务的发展还处于起步阶段，但发展前景广阔。

促进中国与东盟跨境电子商务的发展，第一要建立起统一的跨境交易结算机制，在结算币种、交易方式、风险规避方式、运输方式、通关方式等方面，各国要通过协商，共同制定跨境电子商务新规则，规避由于技术差异而带来的障碍。第二要建立中国与东盟国家电子商务综合服务平台，主要包括信息服务平台、通关服务平台、政府公共服务平台、企业服务平台等多个有利于电子商务信息共享与交流的基础服务平台。第三要建设电子商务海外仓储基地，跨境电子商务的发展离不开仓储基地的建设，因此中国和东盟国家的电子商务企业既要运用自身资源在各国建立跨境仓储基地，又要加强企业间的合作，实现仓储基地的共享。

第二，推动境外经济合作区和跨境经济合作区建设。境外经济合作区和跨境经济合作区的建设能够有效地规避跨国贸易风险，使得企业的跨境贸易可以更好地切中东道国的产品需求，并且更加准确地把握东道国的产业、贸易发展战略，成为今后跨境投资乃至贸易的重要载体。

在境外经济合作区建设方面，中国和东盟国家既要不断增加国家间境外经济合作区的数量，以满足日益增加的贸易需求，又要提升现有经济合作区的范围和开放程度，使现有境外经济合作区成为贸易、投资一体化的桥头堡。在跨境经济合作区建设方面，要加强跨境经济合作区建设的理论可行性分析，加快针对跨境经济合作区的法律制度建设，探索符合中国与东盟实际的共建、共管、共赢机制，从而形成切实可行的跨境经济合作区发展模式。中国与东盟国家由于陆地上的接壤关系，很多边境贸易发达的地区已经形成或正在形成跨境经济合作区，特别是中国与越南、老挝、缅甸等国已经形成了跨边境的若干个跨境经济合作区，并已经在跨境贸易中发挥着越来越重要的作用。

## 三、提高口岸通关的便利化水平

边境口岸是口岸经济带建设的核心，如前面所述，口岸经济带的发展能够极大地提升边境区位价值。因此，加强边境口岸基础设施建设，提升边境口岸的通关便利化水平，是提升边境区位价值的重要举措之一。

要提升边境口岸的通关便利化水平，首先要加强口岸基础设施建设，整合口岸现有设施资源，完善口岸仓储服务区、检验检疫区、配套生活区等设施；其次要积极探索创新口岸通关管理模式，逐步建立人、货分流的通关模式，提高通关的效率；最后要创新通关服务模式，通过属地管理、前置服务等方式，将口岸通关现场非必需的工作向后推移，减少口岸工作量，建立口岸"一站式"服务作业模式，实现人员、货物、交通工具的检验检疫一体化管理，并对企业进行分类，针对不同类别的企业实行不同的通关管理模式，对符合条件的重点企业可以实行免检过关等。

## 第五节 增强风险管控下的资金融通

### 一、加快沿边金融综合改革试验区建设

沿边金融综合改革试验区是提高边境地区贸易投资便利化水平、促进与周边国家建立紧密经贸合作关系的重要举措之一，要提升沿边地区的边境区位价值，必须逐步建立起系统的跨国金融服务体系，提高金融服务边境发展的能力和水平。随着中国国力的增强，人民币在世界上的影响力也越来越强，许多国家都将人民币作为储备货币，部分东盟国家与中国的接壤地区将人民币视为可流通的货币，所以，在以后的金融合作中，要逐步扩大人民币在东盟国家贸易中的应用范围，将人民币作为部分贸易和投资的结算货币，提高人民币的国际影响力。在这个基础上，要进一步培育多层次的跨国资本市场，完善金融组织体系，提高金融服务边境贸易、边境投资的水平。要加强金融基础设施的跨境合作水平，利用好亚投行、丝路基金等建设资金，发展边境经济。

### 二、提高金融服务边境投资的水平

资本跨国流动的一个重要途径就是跨国投资，边境地区虽然由于发展基础较差，不能吸引大规模的跨国投资，但是边境地区由于沿边的区位优势，会吸引大量的中、小规模投资，这些投资会集中在边境口岸或沿边特色产业集聚区，成为提升边境区位价值的重要力量。要加快边境投资的集聚，除了增强基础设施服务水平外，最重要的就是要提高沿边金融服务对边

境投资的支持力度。就中国和东盟国家而言，在政府层面要加快中国—东盟投资信息披露平台建设，切实执行《中国与东盟关于修订〈中国—东盟全面经济合作框架协议〉及项下部分协议的议定书》中关于投资便利化的内容，完善本国法律、法规对于外商直接投资的保护，在投资机会、投资优惠政策、投资收益流动等方面给予外资以优惠的待遇，简化投资审批手续，提高审批的效率，使外资真正享受与内资相同的待遇。在企业层面，要根据投资国的投资环境和产业发展状况，慎重选择资本进入国外的形式，并且建立完善的风险防控体系，制定灵活的经营策略，规避各种投资风险。

### 三、切实防范跨国金融风险

在加强各项金融合作的同时，要注意金融风险的防范。中国和东盟国家要加强国际流动资本的监管，通过建立各国中央银行信息共享渠道，对国家间金融资本的异常流动进行实时监管，并逐步形成系统的国家间资本监管机制。同时要构建中国与东盟国家之间金融风险预警机制，将金融风险控制在发生的早期阶段。要充分发挥保险业在风险防范中的作用，简化跨国保险业务流程，建立中国—东盟保险业监督管理委员会，为贸易、投资、项目合作等提供保险支持。跨国企业自身也要建立完善的风险管控机制，对于跨国子公司的建立，可以通过吸引东道国政府机构、企业等资本联合持股的方式，降低金融和政治风险。

## 第六节 以文化交流促进民心相通

### 一、形成边境文化交流机制

中国与东盟许多国家在文化上具有同宗、同源的特点（例如中国的广西与越南北部地区、东南亚的佛教国家），充分利用好这个特点，能够有效地提升边境区位的社会价值和政治、经济价值。要逐步形成边境文化交流的长效机制。以边境地区共同节气为纽带，常态化举办大型主题庆祝活动，定期举办边境文化交流周、民间工艺展、体育友谊赛等活动。要加快建立具有国家和民族特色的双边文化产业园，以构筑双边文化交流与合作的更高平台。

## 二、加强边境旅游合作

边境地区在自然景观上既存在一定的相似性，又有各自的特点。由于边境线的存在，许多边境旅游资源被人为地划分为两个部分，分属两个不同的国家，这给本来就有限的边境旅游资源的开发带来了极大的不便。要提升对边境旅游资源的开发水平，要将跨边境的旅游资源进行有效的整合，形成具有较大开发价值的边境旅游目的地，并在跨国旅游签证、通关便利化等方面给予跨边境旅游以最大限度的方便，同时国家间要在旅游宣传、旅游规划、旅游管理等方面形成长效的合作机制，推动边境旅游的跨越式发展。

旅游合作有利于人员交往，加深相互了解与情感交流，也有利于促进民心相通。

## 三、提升跨国教育交流合作水平

跨国教育交流合作虽然以国家层面为主，但是由于文化上的邻近性，边境地区的跨国教育交流强度则普遍高于内陆地区。教育交流合作的影响具有长期性的特点，接受过两个甚至多个国家教育的学生，除了接受不同知识体系的教育外，还对当地文化有了深刻的理解，并且建立起了跨国的人脉资源优势，在回国以后，往往会积极推动两个国家或地区经济、文化等方面的交流与合作。

提升跨国教育交流合作水平，一方面要加强职业技术教育的合作，充分利用好中国—东盟职业教育高峰论坛的平台，推动制度标准的统一化，探讨构建国家资历的互相认证模式，推动中国与东盟国家更多的企业加入到跨国职业技能人才培训中来，加强在资源共享共建方面的合作，并同建设适应信息化教学需要的专业课程体系，建立跨国职业教育培训中心；为培养跨国技能人才提供广阔的平台；另一方面要提高高等教育的合作水平，要进一步扩大中国与东盟国家大学之间联合培养的学生规模，提高交换生的比例与资助水平，探讨中国与东盟国家共同承认的学历认证体系，探索多国合作共建的、具有区域影响力的大学建设模式，进一步扩大孔子学院的数量和规模，扩大中国在东盟国家的影响。

# 第十一章

# 结　语

## 第一节　研究结论与创新之处

### 一、基本结论

本书以新时期经济全球化与"一带一路"建设背景下的边境区位价值形成演化与开发利用为研究对象，分析了研究边境区位价值形成演化与开发利用的主要背景与研究意义，对已有相关研究成果进行了梳理与评价，分析揭示了边境区位价值客观存在与形成基础、边境区位价值的理论依据与理论内涵及基本构成、边境区位价值的动态演化规律等理论问题，对边境区位价值"存量"进行定量分析评估与动态预测；以中国—东盟边境地带为例论述加快提升与开发利用边境区位价值的驱动因素促进路径、口岸经济带加快开发促进路径、跨境合作区开发升级促进路径、梯次开发与渐远式辐射带动路径，以及提升与开发利用边境区位价值的保障措施。综观全书的研究，主要得到以下基本结论：

（1）边境区位价值形成演化与开发利用的理论与应用研究，具有非常突出和鲜明的时代意义。当前，在经济全球化日益深化，沿边开放水平与要求不断提升,"一带一路"建设方兴未艾,中国—东盟自由贸易区升级版正在打造等宏观背景下,中国共产党十九大适时提出了"贯彻新发展理念,建设现代化经济体系","推动形成全面开放新格局"以及要以"一带一路"建设为重点、坚持引进来和走出去并重等要求。而开放发展和"一带一路"建设重在"落地"出成效,本书研究边境区位价值形成演化与开发利用,对边境跨国地带合作开发较系统给出了改变边境地带结构与功能的新理念、新思维与新举措,有利于在新时期与新形势下把边境地带开发与构筑成为沿边开放开发与"一带一路"建设的重要枢纽与桥头堡,为新时期沿边开放开发与"一带一路"建设等系统工程更有效地推进。

(2)已有的相关研究具有重要指导意义,但在新时期形势要求下,亟须加强边境地带开发、边境区位价值开发利用的理论与实践应用研究。经过对已有相关研究的梳理与综述,如前面所述,发现已有相关研究对边境区位价值形成演化与开发利用研究具有重要的指导作用,也提供了良好研究基础。但按照新时期开放发展与推进"一带一路"建设等迫切需要,特别是如何看待沿边地带,如何赋予推动沿边地区构建新的区域结构与区域功能,如何把边境地带构筑成为跨国要素集聚与优化组合的区域新平台等,本书导入区位理论与价值理论及其整合等理论依据,研究提升与开发利用边境区位价值的理论与实践应用问题,研究边境区位价值理论概念、理论内涵、基本构成等理论基础,构造边境区位价值的存量评估模型与动态变化测度模型,提出了边境区位价值开发利用的驱动因素促进路径、口岸经济带加快开发促进路径、跨境合作区开发升级促进路径以及梯次开发与渐远式辐射带动路径等开发利用模式等,为相关实践提供指导。

(3)研究认为,区位理论与价值理论是研究提出边境区位价值理论的主要理论依据。包括区位理论尤其是现代区位理论、工业区位理论、海港区位理论以及劳动价值论、效用价值论等相关理论观点、分析方法及其在实践应用中的指导作用等,都为边境区位价值理论的理论概念、理论内涵、边境区位价值的构成与动态演化等提供了最根本的理论依据。使边境区位价值理论的研究以及边境区位价值的开发利用具备了最根本的理论起点、理论思路和理论方法，也使得边境区位价值理论及其开发利用的研究不是无本之源、缺乏理论基础与理论逻辑。

（4）研究认为，边境区位价值是由动态变化的经济、政治、文化、社会、生态因素的影响而形成与动态变化的。由于边境区位价值的形成演化因素是动态变化的，边境区位价值也因此有其动态变化的特点与趋势。边境区位价值的形成与动态变化，显然会随着经济、政治、文化、社会、生态因素的变化而变化。这些因素中，有利于边境区位价值的形成与提升的变化方向与内涵，就会促进边境区位价值的形成与提升；相反就不利于边境区位价值的形成与提升，甚至下降。

（5）研究认为，边境区位价值是可以计量测度与定量评估的。本书的研究，以中国与东盟边境中方口岸城市（城镇）为基本样本，以主要一类口岸所在城市（城镇）相应县（市）为基本地域单元，经过定量评估，得出中国与东盟国家接壤的边境地带边境区位价值有明显的差异，呈现出大致可以分为三个层次的梯度结构，边境区位价值由高到低的情况是：第一层次东兴市、瑞丽市、凭祥市、腾冲县、靖西县；第二层次勐海县、龙州县、勐腊县、麻栗坡县；第三层次耿马县、河口县、金平县。

（6）研究分析的结果表明，影响边境区位价值动态变化的各类因素贡献差异明显。比如，基尼系数和科技创新因素对边境区位经济价值存在负向影响：基尼系数越大，收入分配越不平等，则边境区位经济价值越小；R&D占GDP比重越大，直接用于经济与社会发展的GDP越小，从而导致其经济价值反而更小；城市登记失业率越高，则边境区位社会价值越低；犯案件数越高，相应边境区位社会价值越低；人口越多，劳动力越多，科技活动人员数越多，公共教育支出越大，医疗卫生条件越好，则边境区位社会价值越高等等。

（7）研究认为，通过对边境区位价值影响因素的正向影响路径的驱动有利于边境区位价值的提升与开发利用。即可以通过经济因素优化与经济价值提升与开发利用途径、政治价值提升与开发利用路径、文化价值提升与开发利用路径、社会价值提升与开发利用路径、生态价值提升与开发利用路径及其系统实施，促进边境区位价值的提升与开发利用。

（8）研究认为，口岸经济带发展与边境区位价值开发利用存在着必然的内在关系，利用口岸经济带加快开发可以有效提升与开发利用边境区位价值。认为通过加强双边高层政治互信和顶层设计的协调对接、加强口岸增长极的布局优化、推动跨境经济合作区的深入发展、加强沿边优势资源整合、推动"园岸一体化"发展、积极探索"一城两国"口岸发展模式、推动口岸与边境城市的"双核"发展模式等具体方法途径，会有力推动口岸经济带发展与边境区位价值提升与开发利用的相互促进，推动边境区位价值有效提升与高效的开发利用。

（9）研究认为，跨境合作区是边境地带发展新的重要增长极，通过跨境合作区开发升级途径将有利于边境区位价值的有效提升与开发利用。认为跨境合作区发展升级与边境区位价值开发利用是殊途同归和异曲同工之效，跨境合作区发展升级与边境区位价值开发利用也是现行国家战略的需要、地缘经济发展的需要、保护边境生态环境的需要、国际产能合作的需要、提升政治互信的需要、提高中国软实力文化影响力的需要，认为通过东盟跨境合作区"中介效应"提升、东盟跨境合作区创新力提升的具体措施会有力促进中国—东盟跨境合作区发展升级与边境区位价值开发。

（10）研究认为，边境区位价值开发利用具有层次性与辐射带动功能，按照梯次开发与渐远式辐射带动方式，有利于边境区位价值开发利用，也有利于边境区位价值更广泛深入的开发与有利于发挥更广泛的辐射带动作用。认为可以通过促进西南边境地区与周边省区协同发展、促进西南边境地区与跨国区域协同发展、构建"N国N方"区域合作机制等方法途径，促进中国—东盟边境区位价值梯次开发与渐远式辐射带动作用的发挥。

（11）研究认为，综合动员整合外力推进与内力奋进的协同助推、加强政治互信与政策沟通、建立立体化的设施联通体系、进一步促进贸易网络畅通、增强风险管控下的资金融通、以文化交流促进民心相通等，是提升与开发利用边境区位价值最为重要的保障措施。

## 二、创新之处

本书是关于边境区位价值形成演化及其开发利用的系统性专门研究，在深入研究边境区位价值及其开发利用理论依据与理论基础前提下，以中国与东盟国家接壤边境地带为例进行边境区位价值及其开发利用研究，具有较强的创新性。主要创新之处包括：

（1）系统论证"边境区位价值"的理论依据与实践背景依据的基础上，结合边境区位的基本特征及其资源属性，首次提出"边境区位价值"的理论概念并系统阐释了"边境区位价值"的理论内涵与基本构成（经济价值、政治价值、文化价值、社会价值与生态价值）。

（2）基于分析确定边境区位价值形成与动态演化的经济、政治、文化、社会、生态等引致因素，分析它们对边境区位价值的影响方式或路径基础上，揭示了边境区位价值形成演化的内在机理，阐明边境区位价值"形成演化影响因素——形成演化路径、机理"等基本规律与趋势。

（3）在确定边境区位价值"存量"指标体系设定的原则、边境区位价值"存量"影响因子等基础上，确定边境区位价值"存量"的影响因素及其影响指标，构建边境区位价值"存量"指标体系及其评估模型；运用评估模型对中国—东盟边境区位价值"存量"进行评估，获取边境区位价值"存量"评估值及其空间差异的梯次结构。

（4）建立与运用边境区位价值动态变化测度指标体系，进行边境区位价值动态变化测度、分析边境区位潜在价值及其"增量"空间；分析测度经济、政治、文化、社会、生态与经济价值、政治价值、文化价值、社会价值与生态价值对边境区位价值动态变化的贡献差异，为有效调控和促进边境区位价值提升、开发利用效果提供指导。

（5）提出了边境区位价值开发利用的驱动因素与分类价值促进路径、口岸经济带加快开发促进路径、跨境合作区开发升级促进路径以及梯次开发与渐远式辐射带动路径等交叉综合的开发利用模式，形成了边境区位价值开发利用与边境区位价值功能转换、功能传递与功能发挥的理论路径，构建了边境地带区域结构与功能重构优化的实践框架，为边境区位价值的提升与开发利用提供新的理论指导和新的实践机制。

（6）构建了边境区位价值的提升与开发利用实施方面"内外力协调助推＋创新推进五通"的保障措施框架。强调综合动员整合外力推进与内力奋进的协同助推，具体包括以加强宣传指导与组织推进、加强"一带一路"建设与边境区位价值开发的"互嵌耦合"、加强 CAFTA 升级版打造动能的"边境集聚"、边境地带基于区域结构与功能优化重塑的自我发展能力提升等组成的"内外力协调助推"；强调加强政治互信与政策沟通、建立立体化的设施联通体系、进一步促进贸易网络畅通、增强风险管控下的资金融通、以文化交流促进民心相通等方面的"创新推进五通"。

# 第二节　不足之处与遗留问题

## 一、理论研究还不够系统深入

本书是对边境区位价值形成演化及其开发利用的专门研究，相关理论问题研究需要开创性，极具挑战性。同时，相关理论问题研究的推演、凝练、创新与系统化，赋予其实践性与应用性的过程，需要较强的理论研究能力，需要涉及地理学、区域经济学、国际贸易学、社会学、生态学或环境科学、管理学与系统科学等学科和经济、政治、社会、文化与生态环境相关领域的理论基础与理论知识，虽然研究过程中注意到相关学科理论知识与理论问题，努力吸取多学科的理论、方法与成果，也已注意到从多学科的角度进行边境地带发展与边境区位价值开发利用的研究，但由于笔者的理论知识基础、知识结构和知识储备、学术水平与研究能力等方面的局限，加之理论研究固有难度的限制，使本书的理论研究还不够系统深入，有待在今后的研究中进一步系统深化。

## 二、相关国家边境地带资料不够充分

中国—东盟跨国边境地带相关地区、口岸、边境城镇等所需相关资料，涉及到中越、中老、中缅边境的口岸、边境城镇等的经济、政治、社会、文化与生态环境等相关资料，但受到取得国外边境地区统计资料的局限，又难以进行普遍性的实地调研，使越南、老挝、缅甸等国家的边境口岸或口岸地区、边境城镇等相关资料不够充分或资料不全与难以更新，直接影响了部分研究内容的深入程度。

也正由于缺乏相关国家边境地带的充分资料，而在边境区位价值"存量"评估、"增量"分析等内容中，难以对越南、老挝、缅甸等国家的边境口岸所在地区的边境区位价值的评估与预测。有待于进一步创造条件，进行更深入的研究。

# 参 考 文 献

[1] 李向荣. 论边境区位 [J]. 开放研究，1994（5）：26 - 28.

[2] 李铁立，姜怀宇. 边境区位、边境区经济合作的理论与实践 [J]. 人文地理，2004（6）：1 - 5.

[3] Niles Hansen. Border Regions：A Critique of Spatial Theory and a European Case Study [J]. Annals of Regional Science，1997（11）：1 - 14.

[4] 李铁立. 边境效应与跨边界次区域经济合作研究 [D]. 长春：东北师范大学，2004.

[5] Hanson G H. Integration and the Location of Activities-economic Integration, Intraindustry Trade, and Frontier Regions [J]. European Economic Review，1996（40）：941 - 949.

[6] Venables A J. Equilibrium Locations of Vertically Linked Industries [J]. International Economic Review，1996（37）：341 - 359.

[7] 李铁立，姜怀宇. 边境区位：一个基于企业集聚的理论框架和实证分析 [J]. 世界地理研究，2005（2）：7 - 13.

[8] 李铁立，姜怀宇. 边境区位及其再创造初探 [J]. 世界地理研究，2003（4）：38 - 43.

[9] [70] 黎鹏. CAFTA 背景下中国西南边境跨国区域的合作开发研究（D）. 长春：东北师范大学，2006.

[10] 王谷成，李宇薇，阮思阳. 广西边境区位价值对桂越贸易的影响研究 [J]. 广西社会科学，2017（2）：46 - 49.

[11] 王谷成. 边境区位价值的要素体系及开发路径 [J]. 改革，

2008（12）：73－77.

［12］张必清，鲍鲲．云南边境区位价值的评价与开发利用策略［J］．云南农业大学学报（社会科学版），2014（4）：16－21.

［13］［71］方晓萍，黎鹏，丁四保．边境区位价值的梯度结构与梯次开发——以中国与东盟国家接壤的边境地带为例［J］．经济地理，2011（9）：1409－1413.

［14］王谷成，吴彦辉．少数民族地区边境区位价值战略探讨——基于"低端锁定"与"创造性破坏"理论［J］．中央民族大学学报（哲学社会科学版），2017（2）：53－61.

［15］王谷成．嵌入性"高效率"路径依赖：边境区位价值开发路径的一个研究视角［J］．经济论坛，2013（8）：16－21.

［16］姚秋君．广西凭祥边境区位价值实证分析——基于因子分析和DEA方法［J］．广西经济管理干部学院学报，2014（4）：8－12.

［17］［44］冯革群，丁四保．边境区合作理论的地理学研究［J］．世界地理研究，2005，14（1）：53－60.

［18］［43］汤建中，张兵，陈瑛．边界效应与跨国界经济合作的地域模式——以东亚地区为例［J］．人文地理，2002，17（1）：8－12.

［19］Peter Maskell，Gunner Tomquvist. Building a Cross－Broder Learning Region［M］. Copenhagen Business School Press，1999. 79.

［20］冯革群．欧洲边境区合作模式探析——以上莱茵边境区为例［J］．世界地理研究，2001，10（4）：54－61.

［21］Jorunn Sem Fure. The German－Polish Border Region. A Case of Regional Integration? ARENA Working Papers，1997. 19.

［22］B. Martin R. van der Velde. Labour Market In a Border-area，Searching for jobs and the influence of borders［Z］. Paper prepared for the 38th European Congress of the European Regional Science Association，Vienna，Austria，1998. 82－96.

［23］Maurice Schiff，L. Alan Winters. Regional Cooperation，and the Role of International Organizations and Regional Integration, The World Bank Development, Research Group Trade July 2002 [J]. Policy Research Working Paper, 2000 (7).

[24] Joachim Blatter. Emerging Cross – Border Regions As a Step Towards Sustainable Development? [J]. International Journal of Economic Development. 2000 (3): 402 – 439.

[25] William Collier & Roger Vickerman. Cross – Border Activity in the Kent – Nord – Pas de Calais – Belgium Euroregion: Some Comparative Evidence on the Location and Recruitment Decisions of Internationally Mobile Firms, Paper for 42nd Congress of the European Regional Science Association, Dortmund, 2002. 27 – 31.

[26] Laura. Economic integration and regional patterns of industry location in transition countries, Paper to be present at the 43rd ERSA European Conference Jyvaskyla, 2003. 27 – 30.

[27] Silvia Stiller. Integration in the German – Polish border region – Status Quo and Current Developments, 43rd Congress of the European Regional Science Association "Peripheries, Centres and Spatial Development in the New Europe", 2003.

[28] Christiane Krieger – Boden. European Integration And The Case For Compensatory Regional Policy, Paper to be presented at the 42nd European Congress of the European Regional Science Association, 2002.

[29] Tiiu Paas. Social Consequences of Transition and European Integration Processes in The Baltic States, Paper prepared for the ERSA (European Regional Science Association) Conference. 2003.

[30] Andreas P. Cornett. Economic integration in a cross border perspective: An emerging new system of production? 45rd European Congress of the Regional Science Association Amsterdam, The Netherlands, August, 2005.

[31] Izet Ibreljic, Salih Kulenovic. Economic regional and cross-border

cooperation in the South – East Europe for the purpose of its faster integration in the European Union, 44th Congress of the European Regional Science Association Porto, Portugal 25 – 29 August, 2004.

[32] Anna Iara, Iulia. Traistaru. Integration, Regional Specialization and Growth Differentials in EU Acceding Countries: Evidence from Hungary, 2003 Annual INFER Conference.

[33] Morales, Isidro. NAFTA: The Institutionalisation of Economic Openness and the Configuration of Mexican Geo-economic Spaces, Third World Quarterly, 1999 Special Issue.

[34] Christian Volpe Martincus, Andrea Molinari. Regional Business Cycles and National Economic Borders: What are the Effects of Trade in Developing Countries? [J]. March 2005. 132 – 156.

[35] Gordon H. Hanson. U. S. – Mexico Integration and Regional Economies: Evidence from Border – City Pairs [J]. Journal of Urban Economics 50, 2001. 259 – 287.

[36] Shujiro Urata. The Shift from "Market – led" to "Institution – led" Regional Economic Integration in East Asia in the late 1990s [J]. RIETI Discussion Paper Series 04 – E – 012, January 2004.

[37] Suthiphand Chirathivat. ASEAN – China Free Trade Area: background, implications and future development [J]. Journal of Asian Economics 13 (2002): 671 – 686.

[38] Leong, Ho Khai. Rituals, Risks and Rivalries: China and ASEAN in the coming decades [J]. Journal of Contemporary China; Nov. 2001, Vol. 10 Issue 29, 683 – 694.

[39] Narine, Shaun. ASEAN into the twenty-first century: problems and prospects [J]. Pacific Review; 2002, Vol. 12 Issue 3, 357.

[40] Xiaojiang Yu. Regional cooperation and energy development in the Greater Mekong Sub-region [J]. Energy Policy 31 (2003) 1221 – 1234.

[41] Medhi Krongkaew. The development of the Greater Mekong Subregion (GMS): real promise or false hope？[J]. Journal of Asian Economics 15 (2004), 977 – 998.

[42][126] 黎鹏. 论广西经济的"双弓"型战略[J]. 人文地理, 1995, 10 (3): 20 – 24, 46.

[45] 蔡运龙. 自然资源学原理[M]. 北京: 科学出版社, 2000. 39 – 55.

[46] 封志明. 资源科学导论[M]. 北京: 科学出版社, 2004. 39 – 58.

[47] 唐本佑. 论资源价值的构成理论[J]. 中南财经政法大学学报, 2004 (2): 15 – 19.

[48] 南京大学地理系, 南京师范学院地理系, 华东师范大学地理系等. 地理学词典[M]. 上海: 上海辞书出版社, 1983. 455.

[49] Suthiphand Chirathivat. ASEAN – China free trade area: background, implications and future development [J]. Journal of Asian Economics, 2002 (13): 671 – 686.

[50] 赵春明, 刘振林. 论"中国—东盟自由贸易区"的前景与挑战[J]. 世界经济与政治, 2002 (11): 32 – 37.

[51] 孙郁葱, 吴冬梅. 东亚区域经济合作新模式: 中国—东盟自由贸易区[J]. 财经问题研究, 2002 (6): 49 – 53.

[52] 杨晋丽, 谭建新. 中国—东盟建立自由贸易区理论与现实依据初探[J]. 思茅师范高等专科学校学报, 2004, 20 (1): 16 – 18.

[53] 黎鹏, 朱华友. 中国—东盟自由贸易区建设与我国的经贸策略响应[M]. 南宁: 接力出版社, 2004. 3 – 72.

[54] 王子昌. 试析中国—东盟自由贸易区的两层次[J]. 特区经济, 2004 (1): 9 – 12.

[55] 邱丹阳. 中国—东盟自由贸易区的构建及意义[J]. 国际问题研究, 2004 (2): 19 – 23.

[56] 周茂荣, 贺春临. 中国—东盟自由贸易区建立的效应和前景分

析 [J]. 湖北经济学院学报, 2003 (4): 36 – 39.

[57] 李光辉. 中国—东盟自由贸易区走向双赢的区域合作 [J]. 瞭望新闻周刊, 2002 (22): 35 – 37.

[58] 王士录. 中国—东盟自由贸易区的背景、意义及前景 [J]. 云南社会科学, 2002 (1): 26 – 31.

[59] 李德顺. 价值论 [M]. 北京: 中国人民大学出版社, 1987.9 – 20.

[60] 蔡继明, 李仁君. 广义价值论 [M]. 北京: 经济科学出版社, 2001.4 – 6.

[61] 吴新民, 潘根兴. 自然资源价值的形成与评价方法浅议 [J]. 经济地理, 2003, 23 (3): 323 – 326.

[62] 唐本佑. 论资源价值的构成理论 [J]. 中南财经政法大学学报, 2004 (2): 15 – 19.

[63] 宴智杰. 经济价值论再研究 [M]. 北京: 北京大学出版社, 2005.52 – 63.

[64] 许劲, 孙俊贻, 罗平. 自然资源价值探讨 [J]. 重庆建筑大学学报, 2003, 25 (6): 100 – 103.

[65] 洪远鹏. 经济理论比较研究 [M]. 上海: 复旦大学出版社, 2002, 25 (6): 151 – 152, 100 – 103.

[66] 冯兵, 唐松, 李飞. 工业化进程中河南主导产业选择指标体系研究 [J]. 当代经济, 2007 (6).

[67] 王谷成, 边境区位价值的要素体系及开发路径 [J]. 改革, 2008 (12).

[68] 张丽君, 毗邻中外边境城市功能互动研究 [M]. 北京: 中国经济出版社, 2006, 55.

[69] 李月升, 文云朝, 胡欣等主编. 中国口岸 [M]. 上海: 立信会计出版社, 1997, 1.

[72] 吴汉洪, 苏睿. 边境贸易对广西产业发展的影响 [J]. 广西民

族研究，2013（1）：163－172.

　　[73] 杨磊. 中越边境口岸经济优势分析与沿边产业规划研究 [J].经济研究参考，2014（5）：32－35.

　　[74] 刘丽琴，李秀敏. 论边境县域经济优势产业的选择——以珲春市为例 [J]. 经济问题探索，2005（8）：91－94.

　　[75] 尹继志. 货币互换与人民币国际化 [J]. 金融与经济，2014（6）：26－31.

　　[76] 刘文娟. 中国—东盟货币互换与推进人民币国际化作用机理研究 [J]. 广西社会科学，2013（8）：29－34.

　　[77] 张昱，田兴. 深化中国—东盟区域金融合作的可行性条件：经济周期同步性研究 [J]. 经济与管理研究，2012（1）：69－76.

　　[78] 文淑惠. 中国与东盟区域金融合作二重框架解析 [J]. 经济问题探索，2007（7）：94－99.

　　[79] 孙诚. 中国—东盟建立区域货币基金的可行性分析 [J]. 中国证券期货，2013（1）：185－185.

　　[80] 黄良波. 中国—东盟自由贸易区建成对广西金融发展的影响及其对策 [J]. 区域金融研究，2009（10）：4－8.

　　[81] 文学，武政文. 中国与东盟国家金融合作的现实问题及对策思考——基于国际金融话语权视角 [J]. 新金融，2014（4）：25－29.

　　[82] 屠年松，朱雁春. 全球金融危机后中国与东盟金融合作再思考 [J]. 经济问题探索，2010（9）：115－119.

　　[83] 韦斐琼. "一带一路"战略红利下跨境电商发展对策 [J]. 中国流通经济，2017，31（3）：62－70.

　　[84] 李红，张婷. 边境省区交通基础设施空间效应分析：门槛、溢出与邻边 [J]. 经济问题探索，2016（2）：97－105.

　　[85] 刘家凯，农敏福，裴希明等. 完善边境地区基础设施建设的财政政策研究 [J]. 经济研究参考，2009（11）：35－42.

　　[86] 姚素英. 试谈边境旅游及其作用 [J]. 北京第二外国语学院学

报, 1998 (3): 17 - 22.

[87] 中华人民共和国国家旅游局.《边境旅游暂行管理办法》, 2010. 12.

[88] 姚素英. 试谈边境旅游及其作用 [J]. 北京第二外国语学院学报, 1998 (3): 17 - 22.

[89] 钟林生, 张生瑞, 时雨晴等. 中国陆地边境县域旅游资源特征评价及其开发策略 [J]. 资源科学, 2014, 36 (6): 1117 - 1124.

[90] 丁志刚. 政治价值研究论纲 [J]. 政治学研究, 2004 (3): 68 - 75.

[91] 马克思, 恩格斯. 马克思恩格斯全集 [M]. 北京: 人民出版社, 1979 (42): 123.

[92] 田志文. 政治价值及其实践意义 [J]. 道德与文明, 2008 (1): 44 - 45.

[93] 赵虎吉. 重构政治价值: 中国政治发展的内在属性与发展逻辑 [J]. 学习与探索, 2011 (1): 83 - 90.

[94] [95] [96] 黄仁伟. 当代国际关系中的利益和价值重构 [J]. 国际观察, 2013 (6).

[97] [98] 汤光鸿. 论国际关系的双重价值标准 [J]. 现代国际关系, 2004 (1): 56 - 61.

[99] 冯光辉. 合作共赢理念在国际关系中的价值探析 [J]. 学理论, 2015 (19): 67 - 68.

[100] 邹广文. 当代中国大众文化及其生成背景 [J]. 清华大学学报 (哲学社会科学版), 2001 (2): 48 - 55, 69.

[101] 于兰, 潘忠宇. 少数民族文化与社会主义核心价值观 [J]. 云南师范大学学报 (哲学社会科学版), 2013, 45 (6): 73 - 79.

[102] 邱安昌. 文化价值论: 一个宇宙秩序论的视角 [J]. 东疆学刊, 1998 (1): 53 - 56.

[103] 何显明, 揭扬. 漂泊的心灵: 现代化进程中的文化价值失范现

象［J］. 学习与探索，1996（1）：78 - 82.

　　［104］费孝通. 重建社会学与人类学的回顾和体会［J］. 中国社会科学，2000（1）：37 - 51，204 - 205.

　　［105］Murphy A. Justice and the Politics of Difference. By Iris Marion Young. （Princeton：Princeton University Press，1990. P. 316. MYM45. 00 hard，MYM12. 95 paper. ）［J］. Ethics，1990，3（1）：168 - 170.

　　［106］温开照. 对少数民族文化保护与发展的思考［J］. 广东省社会主义学院学报，2007（3）：49 - 54.

　　［107］曾路. 探析中国少数民族文化对外话语体系之主流文化价值观建设［J］. 西南民族大学学报（人文社科版），2015，v. 36；No. 282（2）：26 - 29.

　　［108］陈兴贵. 少数民族文化的创新与传承［J］. 云南民族大学学报（哲学社会科学版），2004，21（4）：87 - 90.

　　［109］付春，任勇，王玥. 中国少数民族文化权利的挑战及回应：全球化的视野［J］. 贵州社会科学，2011（3）：19 - 24.

　　［110］王建民. 扶贫开发与少数民族文化——以少数民族主体性讨论为核心［J］. 民族研究，2012（3）：46 - 54.

　　［111］于兰，潘忠宇. 少数民族文化与社会主义核心价值观［J］. 云南师范大学学报（哲学社会科学版），2013，45（6）：73 - 79.

　　［112］王家庭. 中国区域经济增长中的土地资源尾效研究［J］. 经济地理，2010，30（12）：2067 - 2072.

　　［113］李伟地，王冬艳. 土地资源可持续利用水平提升路径探析［J］. 人民论坛，2013（14）：144 - 146.

　　［114］杨理智，张韧，洪梅等. 基于云模型的我国西南边境水资源安全风险评估［J］. 长江流域资源与环境，2014，23（s1）.

　　［115］程国栋. 虚拟水——中国水资源安全战略的新思路［J］. 中国科学院院刊，2003，18（4）：260 - 265.

　　［116］吕曼秋. 中越边境地区资源型国企推动"兴边富民行动"路

径研究 [J]. 广西民族研究, 2014 (3): 141 - 146.

[117] 邱丹阳. 中国"和平崛起"战略的地缘经济实践——以中国—东盟自由贸易区为例 [J]. 暨南学报 (哲学社会科学版), 2006, 28 (1): 8 - 12.

[118] 战成秀, 韩广富. 边境经济合作区的生态化经济模式构建 [J]. 延边大学学报 (社会科学版), 2013, 46 (5): 112 - 117.

[119] 刘志彪. 基于内需的经济全球化: 中国分享第二波全球化红利的战略选择 [J]. 南京大学学报 (哲学·人文科学·社会科学).

[120] 徐步, 杨帆. 中国—东盟关系: 新的启航 [J]. 国际问题研究, 2016 (1): 35 - 48.

[121] 王玉主. 利益捆绑与中国—东盟关系发展 [J]. 南洋问题研究, 2014 (4): 1 - 7.

[122] 冯留建, 王炳林. 实现中国梦需要提升文化软实力 [J]. 思想理论教育导刊, 2014 (5): 74 - 79.

[123] 张丽君. "一带一路"背景下我国陆路边境口岸文化功能的重新审视 [J]. 甘肃社会科学, 2016 (4): 44 - 48.

[124] 李铁立, 姜怀宇. 边境区位、边境区经济合作的理论与实践——以辽宁省—朝鲜边境地区经济合作为例 [J]. 人文地理, 2004, 19 (6): 1 - 5.

[125] 宿景昌. 论区域经济一体化组织的类型、作用及发展趋势 [J]. 齐鲁师范学院学报, 2000 (6): 1 - 6.

[127] 胡超, 张莹. 我国边境地区的开放模式、形成机理与启示 [J]. 西南民族大学学报 (人文社科版), 2017, 38 (05): 126 - 131.

[128] [130] 黄鲁成. 关于区域创新系统研究内容的探讨 [J]. 科研管理, 2000, 21 (2): 43 - 48.

[129] [131] 盖文启. 论区域经济发展与区域创新环境 [J]. 学术研究, 2002 (1): 60 - 63.

[132] 朱英明. 论产业集群的创新优势 [J]. 中国软科学, 2003

(7)：107 - 112.

[133] 王缉慈. 知识创新和区域创新环境 [J]. 经济地理，1999 (1)：11 - 15.

[134] 杨瑞龙. 我国制度变迁方式转换的三阶段论——兼论地方政府的制度创新行为 [J]. 经济研究，1998 (1).

[135] 李国平，李具恒. 梯度理论创新与西部开发的战略选择 [J]. 中国软科学，2003 (4)：128 - 131.

[136] 刘艳. 论东部产业集群对西部开发的影响——对传统"梯度转移"理论的一种质疑 [J]. 经济问题探索，2004 (1)：22 - 25.

[137] 吉新峰，荆娟. 论中观区域的梯度与反梯度开发及其战略选择 [J]. 山西师范大学学报（自然科学版），2007，21 (3)：117 - 120.

[138] 方晓萍，黎鹏，丁四保. 边境区位价值的梯度结构与梯次开发——以中国与东盟国家接壤的边境地带为例 [J]. 经济地理，2011，31 (9)：1409 - 1413.

[139] 黄征学. 中国边境地区发展面临的问题及对策建议 [J]. 发展研究，2013 (8)：28 - 33.

[140] 冯邦彦，叶穗瑜. 从增长极理论看我国区域经济的梯度开发——兼论西部大开发的推进策略 [J]. 暨南学报（哲学社会科学版），2001，23 (4)：12 - 17.

[141] 李国平，许扬. 梯度理论的发展及其意义 [J]. 经济学家，2002 (4)：69 - 75.

[142] 张红历，周勤，王成璋. 信息技术、网络效应与区域经济增长：基于空间视角的实证分析 [J]. 甘肃金融，2002 (10)：112 - 123.

[143] 杨宏昌，黎鹏. 中国和东盟国家经济增长的空间关联及其动力 [J]. 经济问题探索，2017 (5)：123 - 131.

[144] 张红历，周勤，王成璋. 信息技术、网络效应与区域经济增长：基于空间视角的实证分析 [J]. 中国软科学，2010 (10)：112 - 123.

[145] 争啁，公丕萍，李大伟. 中国—中南半岛经济走廊建设的主要

任务及推进策略 [J]. 经济纵横，2017 (2)：50 - 56.

[146] 卢光盛. 澜沧江—湄公河合作机制与中国—中南半岛经济走廊建设 [J]. 东南亚纵横，2016 (6)：31 - 35.

[147] 汪增洋. 增长、结构升级与城市经济对县域经济的辐射带动——基于长三角城市群外围区的实证研究 [J]. 云南财经大学学报，2014 (3)：65 - 70.

# 后　记

　　本书以中国—东盟边境地带为例，对边境区位价值及其开发利用进行研究，这是极有挑战性的理论及其相关实践探讨。其基本思想与研究的逐步推进，首先源于本人 2006 年在东北师范大学完成并通过答辩的博士论文《CAFTA 背景下中国西南边境跨国区域的合作开发研究》，论文中首次提出了"边境区位价值"的概念，并对其相关理论问题做了初步探讨；其次，是本人于 2006 年申报立项了广西哲社规划项目《"M"型战略背景下的边境区位价值及其开发利用对策研究（批准号 06BJL001）》，以及 2007 年申报立项了国家自然科学基金项目《边境区位价值形成演化机理及其开发利用模式研究——以中国与东盟国家接壤的边境地带为例（批准号 70763001）》、广西"新世纪十百千人才工程"人选专项研究项目（2006227）等，并开展了较长时间的研究，这些项目结题以后，也继续进行研究完善。由此逐步形成了较系统的边境区位价值及其开发利用思想观点与实践构想，也初步完成了相关的理论思想积累与学术研究积累。有道是"十年磨一剑"，虽然确实经历了十多年的研究，确实谈不上是已经磨成了"剑"。本书的出版，就当是抛砖引玉吧！

　　在十多年研究积累的基础上，并在经济科学出版社的支持下，筹划出版本专著。本著作由黎鹏完成基本思路与书稿框架，并负责协助其他作者开展撰著工作、参与各部分内容的撰著及修改、负责书稿的统撰定稿。撰著工作有分工有合作，各章主要完成人是：第一章（何民、黎鹏），第二章（杨宏昌、黎鹏），第三章（黎鹏、何民），第四章（方晓萍），第五章（方晓萍），第六章（李实、黎鹏），第七章（杨宏昌、黎鹏），第八章

（李实、黎鹏），第九章（王勇、黎鹏），第十章（杨宏昌、黎鹏），第十一章（何民、李丽华、黎鹏）。此外，李丽华为项目实施策划、多章资料收集、书稿校对等方面做了大量工作，梁宗勇为项目实施推进与实地调研、项目成果咨询与论证修正等方面做了大量工作，管梓妤为多个章节的资料核对、文字凝练做了许多工作，陈俊秀为第五章等相关研究内容提供了较多的基础性工作。其他包括王中昭、李红、潘永、王谷成、古惠冬、孙碧清、张恒松、朱新华、徐美翠等原课题组成员也提供了许多帮助。

能够完成本书的撰著和出版，得益于老师的教育与培养、领导的关心与支持，还有我的同事、学生与家人的帮助，以及经济科学出版社的大力支持，在此我要特别感谢他们。包括感谢我所有的老师，特别是我攻读博士学位的导师东北师范大学城市与环境科学学院博士导师袁树人教授，以及陈才教授、刘继生教授、宋玉祥教授等其他任课老师；感谢广西大学科研处、社科处领导以及商学院领导和同事对我科研工作的关心支持；感谢在本书的写作过程中，参阅了已有研究而让我受益匪浅的许多专家学者；感谢经济科学出版社领导以及李雪等同志的大力支持！也要感谢朋友，我的家人，所给予的支持和鼓励，特别是我父母的默默支持、理解包容与最为朴素的鼓励！

黎鹏

2017 年 8 月 18 日